北史

四部備要

史部

中華書局據武英殿本校刊

桐鄉　陸費逵總勘
杭縣　高時顯
　　　吳汝霖輯校
杭縣　丁輔之監造

北史目錄

唐　李　延　壽　撰

本紀一十二卷

列傳八十八卷　凡一百卷

北史卷十四

列傳第二

后妃下

齊武明皇后婁氏　蠕蠕公主郁久閭氏

隋文獻皇后獨孤氏　宣華夫人陳氏
容華夫人蔡氏　煬愍皇后蕭氏

北史卷十五

列傳第三

魏諸宗室

上谷公紇羅 建德公嬰文 真定侯陸　武陵侯因 長樂王壽樂
望都公頹　曲陽侯素延 順陽公郁 宜都王目辰
六脩　吉陽男比干 江夏公呂 西江公敦 高涼王孤 司徒石
武衞將軍謂 淮陵侯大頭 扶風公處真　河間公齊 文安公泥
寔君　秦王翰
常山王遵 五世孫亨　陳留王虔 五世孫暉
毗陵王順　遼西公意烈
窟咄

北史卷二十

列傳第八

北史卷二十一

列傳第九

燕鳳　許謙

崔宏子浩　張袞弟恂

鄧彥海

北史卷二十二

列傳第十

長孫嵩五世孫儉　儉子平

長孫道生曾孫幼　幼曾孫熾　熾弟晟
晟從祖紹遠　紹遠子覽　紹遠弟澄

長孫肥

北史卷二十三

列傳第十一

于栗磾孫勁　六世孫謹　謹子寔　寔子顗　仲文
寔弟翼　翼子璽　翼弟義　義子宣道　宣敏

北史卷二十六

列傳第十四

北史卷二十七

列傳第十五

北史卷二十八

北史卷三十四
列傳第二十二

北史卷三十五

列傳第二十三

北史卷三十六

列傳第二十四

北史卷三十七

列傳第二十五

北史卷四十六
列傳第三十四

北史卷五十
列傳第三十八

北史卷五十一
列傳第三十九

列傳第四十一

北史卷五十四

列傳第四十二

北史卷五十五

列傳第四十三

北史卷五十六

列傳第四十四

魏收　魏長賢

魏季景子澹　魏蘭根族子愷

北史卷五十七

列傳第四十五

周宗室

邵惠公顥子什肥　導　護　叱羅協　馮遷

杞簡公連　莒莊公洛生

虞國公仲　廣川公測弟深　深子孝伯

東平公神舉弟慶

北史卷五十八

列傳第四十六

周室諸王

列傳第四十九

王盟子勱 孫誼　獨孤信子羅

竇熾子榮定 兄子毅　賀蘭祥

叱列伏龜　閻慶子毗

史寧子雄祥　權景宣

北史卷六十二

列傳第五十

王羆孫長述　王思政

尉遲迥弟綱 綱子運　王軌樂運

北史卷六十三

列傳第五十一

周惠達　馮景

蘇綽子威 從兄亮

北史卷六十六

列傳第五十四

王傑　王勇

宇文虯　耿豪

高琳　李和子徹

伊婁穆　達奚寔

劉雄　侯植

李延孫　韋祐

陳欣　魏玄

泉仚　李遷哲

楊乾運　扶猛

陽雄　席固

任果

北史卷七十

列傳第五十八

北史卷七十一
列傳第五十九

北史卷七十二

北史卷七十八

列傳第六十六

北史卷七十九

列傳第六十七

北史卷八十

列傳第六十八

外戚

北史卷八十一

列傳第六十九

儒林上

北史卷八十二

列傳第七十

儒林下

北史卷八十三

列傳第七十一

文苑

北史卷八十四

列傳第七十二

孝行

北史卷八十五

列傳第七十三

節義

北史卷八十六

列傳第七十四

循吏

北史卷八十九

列傳第七十七

藝術上

北史卷九十

列傳第七十八

藝術下

北史卷九十一

列傳第七十九

列女

北史卷九十二

列傳第八十

恩幸

王叡　王仲興　寇猛

趙脩　茹皓

趙邕　侯剛

徐紇　宗愛

仇洛齊　段霸　王琚

趙默　孫小

張宗之　劇鵬

張祐　抱嶷

王遇　符承祖

王質　李堅

秦松　白整

劉騰　賈粲

北史卷九十三
列傳第八十一

北史目錄

北史目錄考證

列傳第一恭帝皇后若干氏○干監本訛于今從本傳改正

列傳第十長孫道生曾孫幼幼曾孫熾熾弟晟晟從祖紹遠○監本誤作元孫幼兕兕子熾熾弟晟從弟紹遠本傳道生子旃旃子觀觀子冀歸高祖賜名幼則幼爲曾孫也又幼子子裕子裕子義貞義貞弟兕兕子熾則熾又爲幼之曾孫而紹遠係幼之子乃從祖矣今俱改正

列傳第十三慕容白曜○白監本訛曰今改正

列傳第二十三鄭羲附譯叔祖儼○祖監本誤孫今改正

列傳第三十二崔光弟子鴻○鴻監本訛湛今改從本傳

列傳第四十二司馬子如附裴藻○裴監本訛斐今改正

列傳第五十二韋瑱○瑱監本訛填今改正

列傳第五十四泉仚○佘監本訛仚今改從本傳

列傳第六十七宇文述○宇監本訛宋今改正

列傳第六十九邢峙○監本邢峙訛刑峙又郭遵誤郭遒今俱改從本傳
列傳第七十一柳晉○晉監本訛晉又王胄兄脊訛脊南監本誤育今俱改正
列傳第七十三門文愛○監本作文門愛今改從本傳
列傳第七十七庾季才○季監本訛李今改正
列傳第七十九列女○列監本訛烈今改正
列傳第八十三赤土○土監本訛上今改從本傳

北史目錄考證

北史卷一

唐　李延壽撰

魏本紀第一

魏之先出自黃帝軒轅氏黃帝子曰昌意昌意之少子受封北國有大鮮卑山因以爲號其後世爲君長統幽都之北廣莫之野畜牧遷徙射獵爲業淳樸爲俗簡易爲化不爲文字刻木結繩而已時事遠近人相傳授如史官之紀錄焉黃帝以土德王北俗謂土爲托謂后爲跋故以爲氏其裔始均仕堯時逐女魃於弱水北人賴其勳舜命爲田祖歷三代至秦漢獯鬻獫狁山戎匈奴之屬累代作害中州而始均之裔不交南夏是以載籍無聞積六七十代至成皇帝諱毛立統國三十六大姓九十九威振北方成帝崩節皇帝貸立節帝崩莊皇帝觀立莊帝崩明皇帝樓立明帝崩安皇帝越立安帝崩宣皇帝推寅立宣帝南遷大澤方千餘里厥土昏冥沮洳謀更南徙未行而崩景皇帝利立景帝崩元皇帝俟立元帝崩和皇帝肆立和帝崩定皇帝機立定帝崩僖皇帝蓋立僖帝

崩威皇帝儈立威帝崩獻皇帝鄰立時有神人言此土荒遐宜徙建都邑獻帝年老乃以位授于聖武皇帝命南移山谷高深九難八阻於是欲止有神獸似馬其聲類牛導引歷年乃出始居匈奴故地其遷徙策略多出宣獻二帝故時人並號曰推寅蓋俗云鑽研之義

聖武皇帝諱詰汾嘗田於山澤欻見輜軿自天而下既至見美婦人自稱天女受命相偶旦日請還期年周時復會于此言終而別及朞帝至先田處果見天女以所生男授帝曰此君之子也當世爲帝王語訖而去卽始祖神元皇帝也故時人諺曰詰汾皇帝無婦家力微皇帝無舅家帝崩神元皇帝立

神元皇帝諱力微元年歲在庚子先是西部內侵依於沒鹿迴部大人竇賓神元有雄傑之度後與賓攻西部賓軍敗失馬步走神元使以所乘駿馬給之賓歸求馬主帝隱而不言賓後知大驚將分國之半奉帝帝不受乃進其愛女賓猶思報恩乃從帝所欲徙所部北居長川積數年舊部人咸來歸附及賓臨終戒其二子使謹奉神元其子不從乃陰謀逆帝召殺之盡并其衆諸部大人悉

服控弦之士二十餘萬三十九年遷於定襄之盛樂四月祭天諸部君長皆來助祭唯白部大人觀望不至徵而戮之遠近肅然帝乃告諸大人爲與晉和親計四十二年遣子文帝如晉且觀風土是歲魏景元二年也文帝諱沙漠汗以國太子留洛陽後文帝以神元春秋已高求歸晉武帝具禮護送五十六年文帝復如晉其冬還國晉征北將軍衞瓘以文帝雄異恐爲後患請留不遣復請以金錦賂國之大人令致間隙五十八年方遣帝神元使諸部大人詣陰館迎帝酒酣帝仰視飛鳥飛丸落之時國俗無彈衆大驚相謂曰太子被服同南夏兼奇術絕人若繼國統變易舊俗吾等必不得志乃謀危害帝並先驅還曰太子引空弓而落飛鳥似得晉人異法自帝在晉後諸子愛寵神元頗有所惑及聞諸大人請因曰當便除之於是諸大人馳詣塞南矯害帝其年神元不豫烏丸王庫賢親近任勢先受衞瓘之貨欲沮動諸部因於庭中礪鉞斧曰上恨汝曹讒殺太子欲盡收諸大人長子殺之大人皆信各各散走神元尋崩凡饗國五十八年年一百四歲道武卽位尊爲始祖子章皇帝悉鹿立時諸部離叛帝

九年而崩弟平皇帝綽立七年而崩文帝少子思皇帝立
思皇帝諱弗政崇寬簡百姓懷服一年而崩神元子昭帝祿官立帝元年分國
爲三部一居上谷北濡源西東接宇文部自統之一居代郡之參合陂北使文
帝長子桓帝諱猗㐌統之一居定襄之盛樂故城使桓帝弟穆帝猗盧統之自
神元以來與晉和好是歲穆帝始出幷州遷雜胡北徙雲中五原朔方又西度
河擊匈奴烏丸諸部自杏城以北八十里迄長城原夾道立碣與晉分界二年
葬文帝及皇后封氏初思帝欲改葬未果而崩至是述成前意焉三年桓帝度
漠北巡因西略諸國凡積五歲諸部降附者三十餘國桓帝英傑魁岸馬不能
勝常乘安車駕大牛牛角容一石帝曾中蠱嘔吐之地仍生榆參合陂土無榆
故時人異之十年匈奴別種劉元海反晉於離石自號漢王幷州刺史司馬騰
來乞師桓帝與帝大舉以助之大破元海衆於西河上黨桓帝與騰盟於汾東
而還乃使輔相衞雄段繁於參合陂西累石爲亭樹碑以記行焉十一年晉假
桓帝大單于金印紫綬是歲桓帝崩桓帝統部凡十一年後定襄侯衞操樹碑

於大邗城以頌功德子普根代立十三年昭帝崩穆帝遂總攝三部爲一統帝天姿英峙勇略過人元年劉元海僭帝號自稱大漢三年晉幷州刺史劉琨遣子遵爲質乞師帝使弟子平文皇帝助琨破白部大人次攻鐵弗劉武晉懷帝進帝大單于封代公帝以封邑去國縣遠從琨求句注陘北地琨大喜乃徙馬邑陰館樓煩繁時崞五縣人於陘南更立城邑盡獻其地東接代郡西連西河朔方數百里帝乃徙十萬家以充之六年城盛樂以爲北都脩故平城以爲南都帝登平城西山觀望地勢乃更南百里於灅水之陽黃瓜堆築新平城晉人謂之小平城使子六脩鎮之統領南部八年晉愍帝進帝爲代王置官屬食代常山二郡先是國俗寬簡至是明刑峻法諸部人多以違命得罪凡後期者皆舉部戮之或有室家相攜悉赴死所人問何之曰當就誅其威嚴若此九年帝召六脩不至怒討之失利遂崩普根先守外境聞難來攻六脩滅之普根立月餘薨普根子始生桓帝后立之又薨思帝子平文皇帝立

平文皇帝諱鬱律姿質雄壯甚有威略元年歲在丁丑二年劉武據朔方來侵

西部帝大破之西兼烏孫故地東吞勿吉以西控弦士馬將百萬是歲晉元帝即位於江南劉曜僭帝位帝聞晉愍帝爲曜所害顧謂大臣曰今中原無主天其資我乎曜遣使請和帝不納三年石勒自稱趙王遣使乞和請爲兄弟帝斬其使以絶之五年晉元帝遣使韓暢加崇爵服帝絶之講武有平南夏志桓帝后以帝得衆心恐不利己子害帝遂崩大人死者數十人天興初追尊曰太祖桓帝中子惠帝賀傉立以五年爲元年帝未親政事太后臨朝遣使與石勒通和時人謂之女國使四年帝始臨朝以諸部人情未悉款順乃築城於東木根山徙都之五年帝崩弟煬帝紇那立以五年爲元年三年石勒遣石季龍寇邊部帝禦之不利遷於大寧時平文帝長子烈帝居於舅賀蘭部帝遣使求之賀蘭部帥藹頭擁護不遣帝怒召宇文部幷力擊藹頭宇文衆敗帝還大寧五年帝出居於宇文部賀蘭及諸部大人共立烈帝烈皇帝諱翳槐以五年爲元年石勒遣使求和帝遣弟昭成帝如襄國從者五千餘家七年藹頭不修臣職召而戮之國人復貳於是煬帝自宇文部還入諸部大人復奉之煬帝以烈帝七

年爲後元年時烈帝出居於鄴三年石季龍納烈帝於大寧國人六千餘家部落叛煬帝出居於慕容部烈帝復立以煬帝三年爲後元年城盛樂城在故城東南十里一年而崩弟昭成皇帝立

昭成皇帝諱什翼犍平文皇帝之次子也生而奇偉寬仁大度身長八尺隆準龍顏立髮委地臥則乳垂至席烈帝臨崩顧命迎帝曰立此人則社稷乃安故帝弟孤自詣鄴奉迎與帝俱還建國元年十一月帝卽位於繁時北時年十九二年春始置百官分掌衆職東自穢貊西及破落那莫不款附五月朝諸大人於參合陂議定都㶟源川連日不決乃從太后計而止聘慕容晃妹爲皇后三年春移都雲中之盛樂宮四年築盛樂城於故城南八里皇后慕容氏崩十月劉武寇西境帝遣軍大破之武死子務桓立始來歸順帝以女妻之七年二月遣大人長孫秩迎后慕容氏於和龍晃送女於境七月慕容晃遣使來聘求交婚帝許之以烈帝女妻焉十四年帝以中州紛梗將親率六軍乘石氏之亂廓定中原諸大人諫乃止十八年太后王氏崩十九年正月劉務桓死其弟閼頭

立潛謀反二十一年闕頭部人多叛懼而東走度河半濟而冰陷後衆盡歸其兄子悉勿祈初闕頭之叛悉勿祈兄弟十二人在帝左右盡遣之歸欲其自相猜離至是悉勿祈奪其衆闕頭窮而歸命帝待之如初二十二年春帝東巡桑乾川四月悉勿祈死弟衛辰立二十三年六月皇后慕容氏崩七月衛辰來會葬因求婚許之二十五年帝南巡君子津二十八年正月衛辰謀反度河東帝討之衛辰懼遁走三十年十月帝征衛辰時河冰未成帝乃以葦絙約澌俄然冰合乃散葦於上冰草相結若浮橋衆軍利涉衛辰與宗族西走收其部落而還三十四年春長孫斤謀反伏誅斤之反也拔刃向御坐太子寔格之傷脇五月薨後追諡焉是爲獻明皇帝七月皇孫珪生大赦三十九年苻堅遣其大司馬苻洛帥衆二十萬及其將朱彤張蚝鄧羌等諸道來寇王師不利帝時不豫乃率國人避於陰山之北高車雜種盡叛四面寇抄不得芻牧復度漠南堅軍稍退乃還十二月至雲中旬有二日皇子寔君作亂帝暴崩時年五十七道武卽位尊曰高祖帝性寬厚時國少繒帛代人許謙盜絹二疋守者以告帝匿之

謂燕鳳曰吾不忍視謙之面卿勿洩之謙或慚而自殺爲財辱士非也帝嘗擊西部叛賊流矢中目賊破後諸大臣執射者各持錐刀欲屠割之帝曰各爲其主何罪也釋之其仁恕若此

太祖道武皇帝諱珪昭成皇帝之嫡孫獻明帝之子也母曰獻明賀皇后初因遷徙游於雲澤寢夢日出室內寤而見光自牖屬天欻然有感以建國三十四年七月七日生帝於參合陂北其夜復有光明昭成大悅羣臣稱慶大赦告于祖宗保者以帝體重倍於常兒竊獨奇怪明年有榆生於藏胞之坎後遂成林帝弱而能言目有光曜廣顙大耳六歲而昭成崩苻堅遣將內侮將遷帝長安賴燕鳳乃免堅軍既還國衆離散堅使劉庫仁劉衛辰分攝國事南部大人長孫嵩及元他等盡將故人衆南依庫仁帝於是轉在獨孤部元年葬昭成皇帝於金陵營梓宮木柹盡生成林帝雖冲幼而嶷然不羣劉庫仁常謂其子曰帝有高天下之志必興復洪業七年十月晉敗苻堅于淮南慕容文等殺劉庫仁弟眷代攝國部八年慕容暐弟冲僭立姚萇自稱大單于萬年秦王慕容垂僭

稱燕王九年劉庫仁子顯殺眷而代之乃將謀逆商人王覇知之履帝足於衆中帝乃馳還是時故大人梁盆子六眷爲顯謀主盡知其計密使部人穆崇馳告帝乃陰結舊臣長孫犍元他等因幸賀蘭部其日顯果使人殺帝不及語在獻明太后傳是歲乞伏國仁私署秦河二州牧大單于姚萇殺苻堅堅子丕僭卽皇帝位於晉陽

登國元年春正月戊申帝卽代王位郊天建元大會於牛川復以長孫嵩爲南部大人以叔孫普洛爲北部大人是月慕容垂僭卽皇帝位于中山國號燕二月幸定襄之盛樂息衆課農慕容冲爲其部下所殺夏四月改稱魏王五月姚萇僭卽皇帝位於長安國號大秦秋八月劉顯遣弟亢泥迎皇叔父窟咄於慕容永以兵隨之來逼南境帝左右于桓等與諸部大人謀應之事洩誅造謀者五人餘悉不問帝慮內難乃北踰陰山幸賀蘭部阻山爲固遣行人安同長孫賀徵師于慕容垂垂令其子賀驎率師隨同等軍未至而寇逼於是北部大人叔孫普洛等十三人及諸烏丸亡奔衛辰帝自弩山幸牛川屯於延水南出代

谷會賀驎於高柳大破窟咄悉收其衆冬十月苻丕爲晉將馮該所殺慕容永僭卽皇帝位於長子十一月苻登僭卽皇帝位於隴東十二月慕容垂遣使奉帝西單于印綬封上谷王帝不納

二年夏五月遣安同徵兵於慕容垂垂遣子賀驎率衆來會六月帝親征劉顯顯奔慕容永盡收其部落冬十二月巡松漠還幸牛川

三年夏五月癸亥北征庫莫奚大破之六月乞伏國仁死其弟乾歸立私署河南王秋七月庫莫奚部帥鳩集遺散夜犯行宮縱騎撲討盡滅之八月使九原公儀於慕容垂冬十月垂遣使朝貢

四年春正月甲寅襲高車諸部落二月癸巳遂至女水討叱突隣部並大破之是月呂光自稱三河王夏五月使陳留公虔於慕容垂冬十月垂遣使朝貢

五年春三月甲申西征次鹿渾海襲高車袁紇部大破之慕容垂遣子賀驎來會夏四月景寅行幸意辛山與賀驎討賀蘭紇奚諸部落大破之秋八月還幸牛川使秦王觚於慕容垂九月壬申討叱奴部囊曲水破之冬十月討高車豆

陳部於狼山破之十二月帝還次白漠
六年春正月幸紐垤川三月遣九原公儀陳留公虔等西討黜弗部大破之夏四月祭天秋七月壬申講武于牛川慕容垂止秦王觚而求名馬帝絶之乃遣使於慕容永永使其大鴻臚慕容鈞奉表勸進尊號九月帝襲五原屠之收其積穀還紐垤川於棝陽塞北樹碑記功冬十月戊戌征北蠕蠕追破之於大磧南商山下十一月戊辰還幸紐垤川戊寅衞辰遣子直力鞮寇南部壬午帝大破之於鐵岐山南衞辰父子奔遁十二月滅之衞辰少子屈丐亡奔薛干部自河以南諸部悉平收衞辰子弟宗黨無少長五千餘人盡殺之是歲起河南宮
七年春正月幸木根山遂次黑鹽池饗羣臣北之美水三月還幸河南宮秋七月行幸漠南仍築巡臺冬十二月慕容永遣使朝貢
八年春正月南巡二月幸羖羊原赴白樓夏六月北巡秋七月臨幸新壇先是衞辰子屈丐奔薛干部徵之不送八月帝南征薛干部屠其城九月還幸河南宮

九年春三月北巡使東平公元儀屯田於河北五原至於栢陽塞外夏五月田於河東秋七月還幸河南宮冬十月蠕蠕社崙等率部落西走是歲姚萇子興僭立殺苻登慕容垂滅永

十年秋七月慕容垂遣其子寶來寇五原八月帝親兵於河南冬十月辛未寶燒船夜遁己卯帝進軍濟河乙酉夕至參合陂景戌大破之禽其王公以下文武將吏數千人於俘虜中擢其才識者賈彝賈閏晁崇等參謀議憲章故實十二月還幸雲中之盛樂

皇始元年春正月大蒐於定襄因東幸善無北陂三月慕容垂寇桑乾川陳留公虔死之垂遂至平城西北聞帝將至乃築城自守疾甚遂遁死於上谷子寶祕喪還至中山乃僭立夏六月丁亥皇太后賀氏崩是月葬獻明太后呂光僭稱天王國號涼秋七月左司馬許謙上書勸進尊號於是改元始建天子旌旗出警入蹕八月己亥大舉討慕容寶帝親勒六軍四十餘萬南出馬邑踰句注旌旗駱繹二千餘里鼓行而前人屋皆震别詔將軍封真等從東道襲幽州圍

薊九月戊午次陽曲乘西山臨觀晉陽寶并州牧遼西王農棄城遁并州平初建臺省置百官封拜公侯將軍刺史太守尚書郎以下悉用文人帝初拓中原留心慰納諸士大夫詣軍門者無少長皆引入人得盡言苟有微能咸蒙敘用己未詔輔國將軍奚牧略地晉川獲慕容寶丹陽王買得等於平陶城九月晉孝武帝殂冬十一月庚子朔帝至真定自常山以東守宰或捐城奔竄或稽顙軍門唯中山鄴信都三城不下別詔東平公儀攻鄴冠軍將軍王建左軍將軍李栗等攻信都軍所行不得傷桑棗戊午進軍中山己未圍之帝曰朕量寶不能出戰必憑城自守急攻則傷士久守則費糧不如先平鄴信都然後還取中山諸將稱善丁卯車駕幸魯口城

二年春正月壬戌帝引騎圍信都其夜寶冀州刺史宜都王慕容鳳踰城奔中山癸亥寶輔國將軍張驤護軍將軍徐超舉城降是月鮮卑禿髮烏孤私署大單于西平王二月丁丑帝軍于鉅鹿之栢肆塢臨滹池水其夜寶悉衆犯營燎及行宮兵人駭散帝驚起不及衣冠跣出擊鼓俄而左右及中軍將士稍集帝

設奇陣列烽營外縱騎衝之寶衆大敗走還中山獲其器械數十萬計寶尚書閔亮祕書監崔逞等降者相屬賜拜職爵各有差三月己酉車駕次盧奴寶求和請送秦王觚割常山以西奉魏乞守中山以東帝許之已而寶背約辛亥車駕次中山命將圍之是夜寶弟賀驎將妻子走西山寶恐賀驎先據和龍壬子夜北遁城內共立慕容普驎爲主夏四月帝以軍糧不繼詔東平公儀罷鄴圍徙屯鉅鹿五月庚子帝以中山城內爲普驎所脅乃招喻之甲辰曜兵揚威以示城內命諸軍罷圍南徙以待其變甲寅以東平公儀爲左丞相封衞王進襄城公題爵爲王秋七月普驎遣烏丸張驤率五千餘人出城求食寇靈壽賀驎自丁零中入驤軍因其衆復入中山殺普驎而自立八月景寅朔帝進軍九門時大疫人馬牛死者十五六中山猶拒守羣下咸思北還帝知之謂曰斯固天命將若之何四海之人皆可與爲國在吾所以撫之耳何恤乎無人羣臣乃不敢言九月賀驎飢窮率三萬餘人寇新市甲子晦帝進軍討之太史令晁崇奏曰不吉帝曰何也對曰紂以甲子亡兵家忌之帝曰周武不以甲子勝乎崇無

以對冬十月景寅帝進軍新市賀驎退阻泒水依漸洳澤以自固甲戌帝臨其營戰於義臺塢大破之賀驎單馬走鄴慕容德殺之甲申賀驎所署公卿尚書將吏士卒降者二萬餘人其將張驤李沉慕容文等先來降尋皆亡還是日復獲之皆赦而不問獲其所傳皇帝璽綬圖書府庫珍寶中山平乙酉襄城王題薨

天興元年春正月慕容德走保滑臺衞王儀剋鄴庚子行幸真定遂幸鄴百姓有老病不能自存者詔郡縣賑卹之帝至鄴巡登臺榭徧覽宮城將有定都之志乃置行臺遂還中山所過存問百姓詔大軍所經州郡皆復貲租一年除山東人租賦之半車駕將北還發卒萬人通直道自望都鐵關鑿恆嶺至代五百餘里帝慮還後山東有變乃於中山置行臺詔衞王儀鎮之使略陽公遵鎮渤海之合口右軍將軍尹國先督租于冀州聞帝將還謀反欲襲信都安南將軍長孫嵩執送斬之辛酉車駕發中山至於望都堯山徙山東六州人吏及徒何高麗雜夷三十六署百工伎巧十餘萬口以充京師車駕次于恆山之陽博陵

渤海章武諸郡羣盜並起略陽公遵等討之是月慕容德自稱燕王據廣固二月車駕至自中山幸繁時宮更選屯衞詔給內徙新戶耕牛計口受田三月徵左丞相衞王儀還京師詔略陽公遵代鎭中山夏四月壬戌以歷陽公穆崇爲太尉鉅鹿公長孫嵩爲司徒進封略陽公遵爲常山王南安公順爲毗陵王祭天於西郊旗幟有加焉廣平太守遼西公意烈謀反與郡人韓奇矯假讖圖將襲鄴城詔反者就郡賜死是月蘭汗殺慕容寶而自立爲大單于昌黎王六月景子詔有司議定國號羣臣奏曰昔周秦以前帝王居所生之土及王天下即承爲號今國家啓基雲代應以代爲號詔曰昔朕遠祖總御幽都控制遐國雖踐王位未定九州逮于朕躬掃平中土凶逆蕩除遐邇率服宜仍先號爲魏秋七月遷都平城始營宮室建宗廟立社稷慕容寶子盛殺蘭汗而自立爲長樂王八月詔有司正封畿制郊甸端徑術標道里平五權較五量定五度遣使循行郡國舉奏守宰不法者親覽察黜陟之冬十月起天文殿十一月辛亥尚書吏部郎中鄧彥海典官制立爵品定律呂協音樂儀曹郎中董謐撰郊廟社稷

朝覲饗宴之儀三公郎中王德定律令申科禁太史令晁崇造渾儀考天象吏
部尚書崔宏總裁之閏月左丞相衛王儀及王公卿士詣闕上書曰臣等聞辰
極居中則列宿齊其晷帝王順天則羣后仰其度伏惟陛下德協二儀道隆三
五仁風被于四海盛化塞于天區澤及昆蟲恩霑行葦謳歌所屬八表歸心而
躬履謙虛退身後己宸儀未彰袞服未御非所以上允皇天之意下副樂推之
心臣等謹昧死以聞帝三讓乃許之十二月己丑帝臨天文殿太尉司徒進璽
綬百官咸稱萬歲大赦改元追尊成帝以下及后號謚樂用皇始之舞詔百司
議定行次尚書崔宏等奏從土德服色尚黃數用五祖以未臘以辰犧牲用白
五郊立氣宣贊時令敬授人時行夏之正徙六州二十二部守宰豪傑吏人二
千家于代都
二年春正月甲子初祀上帝于南郊以始祖神元皇帝配降壇視燎成禮而反
乙丑赦京師始制三駕之法庚午北巡分命諸將大襲高車常山王遵三軍從
東道出長川高涼王樂真等七軍從西道出牛川車駕親勒六軍從中道自駮

弱水西北出二月丁亥朔諸軍同會破高車雜種三十餘部衞王儀督三將別從西北絕漠千餘里破其遺迸七部還次牛川及薄山並刻石紀功以所獲高車衆起鹿苑於南臺陰北距長城東苞白登屬之西山廣輪數十里鑿渠引武川水注之苑中疏爲三溝分流宮城內外又穿鴻鴈池三月己未車駕至自北伐甲子初令五經羣書各置博士增國子太學生員三千人是月氐人李辯叛慕容德求援於鄴行臺尚書和跋以輕騎應之剋滑臺收德宮人府藏秋七月起天華殿辛酉大閱于鹿苑八月增啓京城十二門作西武庫除州郡人租賦之半辛亥詔禮官備撰衆儀著于新令范陽人盧溥聚衆海濱稱幽州刺史攻掠郡縣殺幽州刺史封沓干是月禿髮烏孤死其弟利鹿孤立遣使朝貢冬十月太廟成遷神元平文昭成獻明皇帝神主于太廟十二月天華殿成呂光立其子紹爲天王自稱太上皇及死庶子纂殺紹而僭立

三年春正月戊午材官將軍和突破盧溥於遼西獲之及其子煥傳送京師轘之癸亥祀北郊分命諸官循行州郡觀風俗察舉不法二月丁亥詔有司祀日

于東郊始耕籍田壬寅皇子聽薨三月戊午立皇后慕容氏是月穿城南渠通於城內作東西魚池夏四月姚興遣使朝貢五月戊辰詔謁者僕射張濟使於興己巳東巡遂幸涿鹿遣使者以大牢祀帝堯帝舜廟西幸馬邑觀灅源六月庚辰朔日有蝕之秋七月乞伏乾歸大爲姚興所破壬子車駕還宮起中天殿及雲母堂金華室時太史屢奏天文錯亂帝親覽經占多云宜改王易政於是數革官號欲以防塞凶狡消弭災變已而慮臣下疑惑冬十二月景申下詔述成敗之理鑒殷周之失革秦漢之弊以喻臣下是歲河右諸郡奉涼武昭王李玄盛爲秦涼二州牧涼公肇興霸業年號庚子

四年春二月丁亥命樂師入學習儛釋菜于先聖先師丁酉分命使者巡行州郡聽察辭訟糾劾不法是月呂光弟子隆弒呂纂而自立三月帝親漁薦于寢廟夏四月辛卯罷鄴行臺詔有司明揚隱逸五月起紫極殿玄武樓涼風觀石池鹿苑臺六月盧水胡沮渠蒙遜私署涼州牧張掖公秋七月詔兗州刺史長孫肥南徇許昌彭城詔賜天下鎮戍將士布帛各有差八月段興殺慕容盛叔

父熙盡誅段氏僭卽皇帝位冬十二月集博士儒生比衆經文字義類相從凡
四萬餘字號曰衆文經是歲涼武昭王沮渠蒙遜並遣使朝貢
五年春正月帝聞姚興將寇邊庚寅大𥺝與徒詔幷州諸軍積穀于平陽乾壁
三月禿髮利鹿孤死夏五月姚興遣其弟義陽王平來侵平陽攻陷乾壁秋七
月戊辰朔車駕西討八月乙巳至乾壁平固守進軍圍之姚興悉舉其衆來救
甲子帝度蒙坑逆擊興軍大破之冬十月平赴水而死俘其餘衆三萬餘人獲
興尙書左僕射狄伯支以下四品將軍以上四十餘人獲前亡臣王次多斬勒
並斬以徇興頻使請和帝不許羣臣請進平蒲坂帝慮蠕蠕爲難戊申班師十
一月車駕次晉陽徵相州刺史庾岳爲司空十二月辛亥至自西征越勒莫弗
率其部萬餘家內屬
六年春正月辛未朔方尉遲部別帥率萬家內屬入居雲中夏四月癸巳朔日
有蝕之五月大𥺝與徒將略江淮秋七月鎭西大將軍司隸校尉毗陵王順有
罪以王還第戊子北巡築離宮于犲山縱士校獵東北踰罽嶺出參合代谷九

月行幸南平城規度灅南夏屋山背黃瓜堆將建新邑辛未車駕還宮冬十月
起西昭陽殿乙卯立皇子嗣爲齊王加車騎大將軍位相國紹爲清河王加征
南大將軍熙爲陽平王曜爲河南王封故秦愍王子夔爲豫章王陳留桓王子
悅爲朱提王丁巳晉人來聘十一月庚午將軍伊謂大破高車十二月晉桓玄
廢其主司馬德宗爲平固王而自立僭號楚
天賜元年春二月晉劉裕起兵誅桓玄三月初限縣戶不滿百罷之夏五月置
山東諸冶發州郡徒謫造兵甲秋九月帝臨昭陽殿分置衆職引朝臣文武親
自簡擢量能敘用制爵四等曰王公侯子除伯男之號追錄舊臣加封爵各有
差是秋江南大亂流人繈負奔淮北者行道相尋冬十月辛巳大赦改元築西
宮十一月幸西宮大選臣寮令各辯宗黨保舉才行諸部子孫失業賜爵者二
千餘人
二年春正月晉主司馬德宗復位夏四月祀西郊車旗盡黑冬十日慕容德死
三年春正月甲申北巡幸豺山宮校獵還至屋孤山二月乙亥幸代園山建五

石亭三月庚子車駕還宮夏四月庚申復幸犲山宮占授著作郎王宜弟造兵法孤虛立成圖三百六十時遂登定襄角史山又幸馬城甲戌車駕還宮六月發八部五百里內男丁築灅南宮門闕高十餘丈引溝穿池廣苑囿規立外城方二十里分置市里經途洞達三十日罷秋七月太尉穆崇薨八月甲辰行幸犲山宮遂至青牛山景辰西登武要北原觀九十九泉造石亭遂之石漠九月甲戌朔幸漠南鹽池壬午至漠中觀天鹽池度漠北之吐鹽池癸巳南還長川景申臨觀長陂冬十月庚申車駕還宮

四年春二月封皇子脩為河間王處文為長樂王連為廣平王黎為京兆王夏五月北巡自參合陂東過蟠羊山大雨暴水流輜車數百乘殺百餘人遂東北踰石漠至長川幸濡源常山王遵有罪賜死六月赫連屈丐自稱大單于大夏天王秋七月西幸參合陂築北宮垣三旬而罷乃還宮慕容寶養子高雲殺慕容熙而自立僭號天王八月誅司空庚岳

五年春正月行幸犲山宮遂如參合陂觀漁于延水至寧川三月姚興遣使朝

貢秋七月戊戌朔日有蝕之冬十月禿髮傉檀僭即涼王位
六年夏帝不豫初帝服寒食散自太醫令陰羌死後藥數動發至此愈甚而災
變屢見憂懣不安或數日不食或不寢達旦歸咎羣下喜怒乖常謂百寮左右
不可信慮如天文之占或有肘腋之虞追思既往成敗得失終日竟夜獨語不
止若傍有鬼物對揚者朝臣至前追其舊惡便見殺害其餘或以顏色動變或
以喘息不調或以行步乖節或以言辭失錯帝以爲懷惡在心變見於外乃手
自毆擊死者皆陳天安殿前於是朝野人情各懷危懼有司廢怠莫相督攝百
工偷劫盜賊公行巷里之間人爲稀少帝亦聞之曰朕故縱之使然幸過災年
當更清整之耳秋七月慕容氏支屬百餘家謀欲外奔發覺伏誅死者三百餘
人八月衞王儀謀叛賜死十月戊辰清河王紹作亂帝崩於天安殿時年三十
九永興二年九月甲寅上謚曰宣武皇帝葬於盛樂金陵廟號太祖泰常五年
改謚曰道武
太宗明元皇帝諱嗣道武皇帝之長子也母曰劉貴人登國七年生於雲中宮

道武晚有男聞而大悅乃大赦帝明叡寬毅非禮不動天興六年封齊王拜相國初帝母旣賜死道武召帝告曰昔漢武將立其子而殺其母不令婦人與國政汝當繼統故吾遠同漢武帝素純孝哀不自勝道武怒帝還宮哀不自止道武知而又召帝帝欲入左右諫請待和解而進帝從之及元紹之逆帝還而誅之

永興元年冬十月壬午皇帝卽位大赦改元追尊皇妣爲宣穆皇后公卿大臣先罷歸第者悉復登用之詔南平公長孫嵩北新侯安同對理人訟簡賢任能是月馮跋弒其主高雲僭號天王國號北燕閏十月丁亥朱提王悅謀反賜死詔都兵將軍山陽侯奚斤巡諸州問人疾苦十二月戊戌封衞王儀子良爲南陽王進陰平公烈爵爲王改封高涼王樂真爲平陽王己亥帝始居西宮御天文殿蠕蠕犯塞是歲乞伏乾歸自稱秦王

二年春正月甲寅朔詔南平公長孫嵩等北征蠕蠕因留屯漠南夏五月嵩等自大漠還蠕蠕追圍之於牛川壬申帝北伐蠕蠕聞而遁走車駕還幸參合陂

六月晉將劉裕滅慕容超秋七月丁巳立射臺於陂西仍講武乙丑至自北伐
三年春二月戊戌詔觕宮人非御及伎巧者悉以賜鰥人己亥詔北新侯安同
等持節巡行幷定二州及諸山居雜胡丁零問其疾苦察舉守宰不法者辛丑
觕宮人工伎之不急者出賜人不能自存者三月己未詔侍臣常佩劍夏五月
景寅復出宮人賜鰥人丁卯車駕謁金陵於盛樂己巳昌黎王慕容伯兒謀反
伏誅六月姚興遣使朝貢秋七月戊申賜衞士酺三日冬十一月丁未大閱于
東郊
四年春二月癸未登獸圈射猛獸夏四月乙未宴羣臣於西宮使各獻直言勿
有所諱六月乞伏乾歸爲兄子公府所弒閏月景辰大閱于東郊秋七月己巳
朔東巡置四廂大將又放十二時置十二小將以山陽侯奚斤元城公屈行左
右丞相己卯大獮于石會山戊子臨去畿陂觀漁庚寅至于濡源西巡幸北部
諸落八月壬子幸西宮臨板殿大饗羣臣命百姓大酺二日乙卯賜王公以下
至宿衞將士布各有差冬十一月己丑賜宗室近屬南陽王良以下至於緦麻

親布帛各有差是月沮渠蒙遜僭稱西河王十二月丁巳北巡至長城而旋
五年春正月己巳大閱畿內男年十二以上悉集己卯幸西宮頞拔大渠帥四
十餘人詣闕奉貢賜以繒帛錦罽各有差乙酉詔諸州六十戶出戎馬一匹庚
寅大閱于東郊署將帥以山陽侯奚斤爲前軍衆三萬陽平王熙等十二將各
一萬騎帝臨白登躬自校覽二月庚戌幸高柳川癸丑穿魚池於北苑庚午姚
興遣使朝貢己卯詔使者巡行天下招延儁彥搜揚隱逸夏四月乙卯西巡五
月乙亥行幸雲中舊宮之大室景子大赦六月西幸五原校獵于骨羅山獲獸
十萬秋七月己巳還幸薄山帝登觀宣武游幸刻石頌德之處乃於其旁起石
壇而薦饗焉賜從者大酺於山下前軍奚斤等破越勤倍泥部落於跋那山西
徙二萬餘家而旋景戌車駕自大室西南巡諸部落遂南次定襄大洛城東踰
七嶺山田于善無川八月癸卯車駕還宮癸丑奚斤等班師甲寅帝臨白登山
觀降人數軍實置新人於大寧給農器計口受田冬十一月癸酉大饗于西宮
姚興遣使朝貢請進女帝許之

神瑞元年春正月辛酉以禎瑞頻集大赦改元辛巳行幸繁時賜王公以下至于士卒百工布帛各有差二月戊戌車駕還宮乙卯起豐宮於平城東北夏六月乞伏熾盤滅禿髮傉檀秋七月晉將朱齡石滅蜀八月戊子詔馬邑侯元陋孫使於姚興姚興遣使朝貢九月丁巳朔日有蝕之冬十一月壬午詔使者巡行諸州校閱守宰資財非自家所齎悉簿爲贓守宰不如法聽百姓詣闕告之十二月景戌朔蠕蠕犯塞景申車駕北伐

二年春正月景辰車駕至自北伐二月丁亥大饗于西宮甲辰立宣武廟于白登西三月丁丑詔以刺史守宰率多逋惰今年貲調縣違者謫出家財以充不聽徵發於人夏四月晉人來聘己卯北巡五月丁亥次於參合東幸大寧丁未田于四岬山六月戊午臨去畿陂觀漁辛酉次于濡源立蟀臺遂射白熊於頹牛山獲之丁卯幸赤城親見長老問人疾苦復租一年南次石亭幸上谷問百年訪賢儁復田租之半壬申幸涿鹿登嶠山觀温泉使以太牢祠黃帝唐堯廟癸酉幸廣寧事如上谷己卯登廣寧之歷山以太牢祠舜廟帝親加禮焉庚辰

幸代秋七月癸未車駕還宮復所過田租之半八月庚辰晦日有蝕之九月京
師人飢聽就食山東冬十月壬子姚興使奉其西平公主至帝以后禮納之辛
酉行幸沮洳城癸亥車駕還宮景寅詔以頻遇霜旱年穀不登命出布帛倉穀
以振貧窮
泰常元年春二月丁未姚興死三月己丑長樂王處文薨夏四月壬子大赦改
元庚申河間王脩薨五月甲申慧星二見六月丁巳北巡秋七月甲申大獮于
牛川登釜山臨殷繁水南觀于九十九泉戊戌車駕還宮辛亥晦日有蝕之九
月晉劉裕泝河伐姚泓遣部將王仲德從陸道至梁城兗州刺史尉建畏懦弃
守北渡仲德遂入滑臺詔將軍叔孫建等度河曜威斬尉建於城下冬十一月
戊寅起蓬臺于北苑十二月南陽王良薨
二年春正月甲戌朔日有蝕之二月景午詔使者巡行天下觀風俗問其所苦
是月涼武昭王薨五月西巡至雲中遂濟河田于大漠秋七月乙亥車駕還宮
乙酉起白臺於城南高二十丈是月晉劉裕滅姚泓冬十月癸丑豫章王夔薨

十二月己酉詔河東河內購泓子弟播越人間者
三年春三月晉人來聘庚戌幸西宮以渤海范陽郡去年水復其租稅夏四月己巳徙冀定幽三州徒何於京師五月壬子東巡至濡源及甘松遣征東將軍長孫道生帥師襲馮跋遂至龍城徙其居人萬餘家而還秋七月戊午車駕至京師八月鴈門河內大雨水復其租稅冬十月戊辰築宮於西苑十一月赫連屈丐剋長安十二月晉安帝殂
四年春正月壬辰朔車駕臨河大蒐于犢渚癸卯還宮三月赫連屈丐僭卽皇帝位癸丑築宮於蓬臺北夏四月庚辰享東廟遠蕃助祭者數百國辛巳南巡幸鴈門賜所過無出今年租賦五月庚寅朔觀漁于㶟水己亥車駕還宮秋八月辛未東巡遣使祠恆岳甲申車駕還宮賜所過無出今年田租九月甲寅築宮於白登山冬十一月丁亥朔日有蝕之十二月癸亥西巡至雲中踰白道北獵野馬於辱孤山至於黃河從君子津西度大狩於薛林山
五年春正月景戌朔自薛林東還至屋竇城饗勞將士大酺二日班禽以賜之

己亥車駕還宮三月景戌南陽王意文薨夏四月景寅起灑南宮五月乙酉詔曰宣武皇帝體得一之玄遠應自然之沖妙大行大名未盡盛美今啓緯圖始覩尊號其更上尊謚曰道武皇帝以章靈令之先啓聖德之玄同庚戌淮南侯司馬國璠池陽侯司馬道賜等謀反伏誅六月景寅幸豻犢山是月晉恭帝禪位于宋秋七月丁酉西至五原丁未幸雲中大室賜從者大酺八月癸亥車駕還宮閏月甲午陰平王烈薨是歲西涼亡

六年春二月己亥詔天下戶二十輸戎馬一匹大牛一頭三月甲子陽平王熙薨乙亥制六部人羊滿百口者調戎馬一匹發京師六千餘人築苑起自舊苑東苞白登周回四十餘里夏六月乙酉北巡至于蟠羊山秋七月乙卯車駕還宮癸酉西巡獵于柞山親射猛獸獲之遂至于河八月庚子大獮于犢渚九月庚戌車駕還宮壬申宋人來聘冬十月己亥行幸代十二月景申西巡于雲中

七年春正月甲辰朔自雲中西幸屋竇城賜從者大酺三日二月景戌車駕還宮三月乙丑河南王曜薨夏四月甲戌封皇子燾爲太平王拜相國加大將軍

丕爲樂平王加車騎大將軍彌爲安定王加衞大將軍範爲樂安王加中軍大將軍健爲永昌王加撫軍大將軍崇爲建寧王加輔國大將軍俊爲新興王加鎮軍大將軍獻懷長公主子嵇敬爲長樂王拜大司馬大將軍初帝服寒食散頻年發動不堪萬機五月立太平王燾爲皇太子臨朝聽政是月宋武帝殂秋九月詔司空奚斤等帥師伐宋乙巳幸灅南宮遂如廣寧己酉詔皇太子率百國以法駕田於東苑車乘服物皆以乘輿之副辛亥築平城外郭周回三十二里辛酉幸嶠山遣使者祠黃帝唐堯廟因東幸幽州見耆年問其所苦賜以爵號分遣使者巡行州郡觀察風俗冬十月甲戌車駕還宮復所過田租之半奚斤等濟河攻滑臺不拔求濟師帝怒不許議親南征爲其聲援壬辰南巡出自天門關踰恆嶺四方蕃附大人各帥所部從者五萬餘人十一月皇太子親統六軍鎮塞上安定王彌與北新公安同居守景午曲赦司州殊死以下景辰次于中山問人疾苦十二月景戌行幸冀州存問人俗遣壽光侯叔孫建等率衆自平原東度徇下青兗諸郡

八年春正月景辰行幸鄴存問人俗司空奚斤既平兗豫還圍武牢宋守將毛德祖距守不下蠕蠕犯塞二月戊辰築長城於長川之南起自赤城西至五原延袤二十餘里備置戍衞三月乙卯濟自靈昌夏四月丁卯幸成皐觀武牢而城內乏水縣綆汲河帝令連艦上施轒輼絕其汲路又穿地道以奪其井丁丑幸洛陽觀石經閏月丁未還幸河內北登太行幸高都己未武牢潰士衆大疫死者十二三辛酉幸晉陽班賜王公以下至於廝役五月景寅還次鴈門皐太守率留臺王公迎於句注之北庚寅車駕至自南巡六月己亥太尉宜都公穆觀薨景辰北巡至參合陂秋七月幸三會屋侯泉詔皇太子率百官以從八月幸馬邑觀于灅源九月乙亥車駕還宮冬十月癸卯廣西宮起外牆周回二十里是歲饑詔所在開倉振給十一月己巳帝崩於西宮時年三十二遺詔以司空奚斤所獲軍實賜大臣自司徒長孫嵩以下至于士卒各有差十二月庚子上謚曰明元皇帝葬于雲中金陵廟稱太宗帝兼資文武禮愛儒生好覽史傳以劉向所撰新序說苑於經典正義多有所闕乃撰新集三十篇採諸經史該

洽古義云

論曰自古帝王之與誠有天命亦賴累功積德方契靈心有魏奄宅幽方代爲君長神元生自天女桓穆勤於晉室冥符人事夫豈徒然昭成以雄傑之姿苞君人之量征伐四剋威被遐荒乃改都立號恢隆大業終百六十載光宅區中其原固有由矣道武顯晦安危之中屈申潛躍之際驅率遺黎奮其靈武克翦方難遂啓中原垂拱人神顯登皇極雖冠履不暇棲遑外土而制作經謨咸出長久所謂大人利見百姓與能抑不世之神武也而屯厄有期禍生非慮將人事不足豈天實爲之乎明元承運之初屬廓定之始于時狼顧鴟跱猶有窺覦加以天賜之末內難尤甚帝孝心叡略權正兼運纂業固基內和外撫終能周鄭款服聲教南被祖功宗德其義頁已遠矣

北史卷一考證

神元皇帝紀是歲魏景元二年也○魏監本訛晉今從歷代甲子圖改正

思皇帝紀元年分國爲三部○元各本俱誤九今改從魏書

帝天姿英峙勇略過人○峙魏書作特

晉幷州刺史劉琨遣子遵爲質乞師○遵監本誤導今改從晉書

平文皇帝紀控弦士馬將百萬○士魏書作上

太祖道武皇帝紀帝於是轉在獨孤部○在魏書作幸

木栜盡生成林○栜監本訛材今改從魏書

密使部人穆崇馳告帝○崇監本訛宗今從本傳改正

八月帝親兵于河南○兵字上魏書有治字

闕高十餘丈引溝穿池廣苑囿○穿監本訛川今改從魏書

太宗明元皇帝紀冬十月壬午皇帝即位○壬午魏書作壬申

封衞王儀子良爲南陽王進陰平公立爵爲王○陰平公名元烈則列字應改

從烈今各本俱同姑仍之

七月丁巳立射臺於陂西〇射字下魏書有馬字

丁卯車駕謁金陵於盛樂〇丁監本訛辛今從上丙寅下己巳改正

詔以刺史守宰率多逋惰今年貲調縣違者謫出家財以充〇今監本訛令今改從魏書又魏書縣作懸

登嶠山觀温泉使以太牢祠黄帝唐堯廟〇嶠魏書作橋又無唐堯二字

北史卷一考證

唐　李延壽　撰

魏本紀第二

世祖太武皇帝諱燾明元皇帝之長子也母曰杜貴嬪天賜五年生於東宮體貌瓌異道武奇之曰成吾業者必此兒也泰常七年四月封太平王五月立爲皇太子及明元帝疾命帝總攝百揆帝聰明大度意豁如也八年十一月己巳明元帝崩壬申太子卽皇帝位大赦天下十二月追尊皇妣爲密皇太后進司徒長孫嵩爵爲北平王司空奚斤爲宜城王藍田公長孫翰爲平陽王其餘普增爵位各有差於是除禁錮釋嫌疑開倉庫振窮乏河南流人相率內屬者甚衆

始光元年春正月景寅安定王彌薨夏四月甲辰東巡幸大寧六月宋徐羨之弑其主義符秋七月車駕還宮八月蠕蠕六萬騎入雲中殺略人吏攻陷盛樂帝帥輕騎討之虜乃退走九月大簡輿徒於東郊將北討冬十二月遣平陽王

長孫翰等討蠕蠕車騎次祚山蠕蠕北遁諸軍追之大獲而還
二年春正月己卯車駕至自北伐三月景辰尊保母竇氏曰保太后丁巳以北
平王長孫嵩爲太尉平陽王長孫翰爲司徒宜城王奚斤爲司空庚申營故東
宮爲萬壽宮起永安安樂二殿臨望觀九華堂初造新字千餘夏四月詔龍驤
將軍步堆使宋五月詔天下十家發大牛一頭運粟塞上秋八月赫連屈丐死
九月永安安樂二殿成丁卯大饗以落之冬十月癸卯車駕北伐東西五道並
出平陽王長孫翰等絶漠追寇蠕蠕北走
三年春正月壬申車駕至自北伐乞伏熾盤遣使朝貢請討赫連昌二月起太
學於城東祀孔子以顏回配夏五月辛卯進中山公纂爵爲王復南安公素先
爵常山王六月幸雲中舊宮謁陵廟西至五原田於陰山東至和兜山秋七月
築馬射臺于長川帝親登臺走馬王公諸國君長馳射中者賜金錦繒絮各有
差八月車駕還宮宋人來聘帝以赫連屈丐死諸子相攻冬十月丁巳車駕西
伐幸雲中臨君子津會天暴寒數日水合十一月戊寅率輕騎襲赫連昌壬午

徙萬餘家而還至祚山班虜獲以賜將士各有差十二月詔奚斤西據長安秦隴氐羌皆叛昌詣斤降武都王楊玄及沮渠蒙遜等使使內附

四年春正月乙酉車駕至自西伐賜留臺文武各有差從人在道多死到者裁十六七己亥行幸幽州赫連昌遣其弟定向長安帝聞之遣就陰山伐木造攻具二月車駕還宮三月景午詔執金吾桓貸造橋於君子津丁丑廣平王連薨夏四月丁未詔員外散騎常侍步堆使於宋五月車駕西討赫連昌次拔隣山築城舍輜重以輕騎三萬先行戊戌至黑水帝親祈天告祖宗之靈而誓衆六月癸卯朔日有蝕之甲辰大破赫連昌昌奔上邽乙巳車駕入城虜昌羣弟及其母妹妻妾宮人萬數府庫珍寶車旗器物不可勝計辛酉班師留常山王素執金吾桓貸鎮統萬秋七月己卯築壇於祚嶺戲馬馳射賜中者金帛繒絮各有差蠕蠕寇雲中聞破赫連昌懼而逃八月壬子車駕至自西伐飲至策勳告宗廟班軍實以賜留臺百寮各有差冬十一月以氐王楊玄爲假征南大將軍都督梁州刺史南秦王十二月行幸中山守宰貪污免者十數人癸卯車駕還

宮復所過田租之半
神䴥元年春正月以天下守令多非法精選忠良悉代之辛未京兆王黎薨二月改元司空奚斤進軍安定監軍侍御史安頡出戰禽昌其餘衆立昌弟定爲主走還平涼三月辛巳侍中古弼送赫連昌至于京師司空奚斤追赫連定於平涼馬髦嶺爲定所禽將軍丘堆先在安定聞斤敗東走長安帝大怒詔頡令斬之夏四月赫連定遣使朝貢壬子西巡戊午田于河西大赦南秦王楊玄遣使朝貢五月乞伏熾盤死秋八月東幸廣寧臨觀温泉以太牢祭黃帝堯舜廟九月車駕還宮冬十二月乙未朔日有蝕之是月行幸河西大校獵十二月甲申車駕還宮
二年夏四月宋人來聘庚寅車駕北伐五月丁未次于沙漠舍輜重輕騎兼馬至栗水蠕蠕震怖焚廬舍絶跡西走冬十月振旅凱旋于京師告于宗廟列置新人于漠南東至蠕源西暨五原陰山竟三千里十一月西巡田于河西至祚山而還

三年春正月庚子車駕還宮壬寅大赦癸卯行幸廣寧臨温泉作温泉歌二月丁卯司徒平陽王長孫翰薨戊辰車駕還宮三月壬寅進會稽公赫連昌爲秦王夏四月甲子行幸雲中敕勒萬餘落叛走詔尚書封鐵追滅之五月戊午論討敕勒功大明賞罰秋七月己亥詔諸征鎭將軍王公杖節邊遠者聽開府辟召其次增置吏員庚子詔大鴻臚卿杜超假節都督冀定相三州諸軍事行征南大將軍大宰進爵爲王鎭鄴爲諸軍節度八月宋將到彥之自清水入河泝流西行景寅彥之遣將度河攻冶坂冠軍將軍安頡督諸軍擊破之九月癸卯立密皇太后廟于鄴甲辰行幸統萬遂征平涼是月馮跋死冬十月乙卯冠軍將軍安頡濟河攻洛陽景子拔之辛巳安頡平武牢十一月己酉車駕至平涼己亥行幸安定庚子帝自安西還臨平涼遂掘塹圍守之行幸紐城安慰初附赦秦隴之人賜復七年辛酉安頡帥諸軍攻滑臺沮渠蒙遜遣使朝貢壬寅封壽光侯叔孫建爲丹楊王十二月丁卯赫連定弟社于度洛孤面縛出降平涼收其珍寶定長安臨晉武功守將皆奔走關中平壬申車駕還東留巴東公延

普等鎮安定
四年春正月壬午車駕自木根山大饗羣臣景申宋將檀道濟王仲德從清水救滑臺丹楊王叔孫建汝陰公長孫道生拒之道濟等不敢進是月赫連定滅乞伏慕末二月辛酉安頡司馬楚之平滑臺癸酉車駕還宮飲至策勳告于宗廟賜留臺百官各有差戰士賜復十年定州人飢詔開倉以振之宋將檀道濟王仲德東走三月庚戌冠軍將軍安頡獻宋俘萬餘人甲兵三萬夏六月赫連定北襲沮渠蒙遜爲吐谷渾慕璝所執閏月乙未蠕蠕國遣使朝貢詔散騎侍郎周紹使于宋秋七月己酉行幸河西起承華宮八月乙酉沮渠蒙遜遣子安周入侍吐谷渾慕璝遣使奉表請送赫連定己丑以慕璝爲大將軍封西秦王九月癸丑車駕還宮庚申加太尉長孫嵩柱國大將軍以左光祿大夫崔浩爲司徒征西大將軍長孫道生爲司空癸亥詔兼太常李順持節拜西河王沮渠蒙遜爲假節加侍中都督涼州持節及西域羌戎諸軍事行征西大將軍太傅涼州牧涼王壬申詔曰范陽盧玄博陵崔綽趙郡李靈河間邢頴勃海高允廣

平游雅太原張偉等皆賢儁之胄冠冕州邦有羽儀之用易曰我有好爵吾與爾縻之如玄之比隱跡衡門不曜名譽者盡敕州郡以禮發遣遂徵玄等州郡所遣至者數百人皆差次敘用冬十月戊寅詔司徒崔浩改定律令行幸漠南十一月景辰北部敕勒莫弗庫若干率其部數萬騎驅鹿獸數百萬詣行在所帝因而大狩以賜從者勒石漠南以記功德宜城王奚斤坐事降爵爲公十二月車駕還宮

延和元年春正月景午尊保太后爲皇太后立皇后赫連氏以皇子晃爲皇太子謁于太廟大赦改元三月丁未追贈夫人賀氏爲皇后壬申西秦王吐谷渾慕璝送赫連定於京師夏五月宋人來聘六月庚寅車駕伐和龍詔尚書左僕射安原等屯于漠南以備蠕蠕辛卯詔兼散騎常侍鄧穎使於宋秋七月己巳車駕至和龍穿塹以守之是月築東宮九月乙卯車駕西還徙營丘成周遼東樂浪帶方玄菟六郡人三萬家于幽州開倉以振之冬十月吐谷渾慕璝遣使朝貢十一月己巳車駕至自和龍十二月己丑馮弘子長樂公崇及其母弟朗

朗弟遜以遼西內屬先是辟召賢良而州郡多逼遣之詔以禮申喻任其進退
二年春二月庚午詔兼鴻臚卿李繼持節假馮崇車騎大將軍遼西王承制聽
置尚書已下壬午詔兼散騎常侍宋宣使於宋夏四月沮渠蒙遜死以其子牧
犍爲車騎將軍改封西河王六月遣永昌王健尚書左僕射安原督諸軍討和
龍辛巳詔樂安王範發秦雍兵一萬築小城於長安城內秋八月遼西王馮崇
上表求說降其父帝不聽九月宋人來聘并獻馴象一戊午詔兼大鴻臚卿崔
賾持節拜征虜將軍楊難當爲征南大將軍儀同三司封南秦王冬十二月己
巳大赦天下辛未幸陰山北詔兼散騎常侍盧玄使於宋
三年春正月乙未車駕次于女水大饗羣臣戊戌馮弘遣使求和帝不許景辰
南秦王楊難當剋漢中送雍州流人七千家于長安二月戊寅詔以頻年屢征
有事西北運輸之役百姓勤勞令郡縣括貧富以爲三級富者租賦如常中者
復二年下窮者復三年辛卯車駕還宮三月甲寅行幸河西閏月甲戌秦王赫
連昌叛走景子河西侯將格殺之驗其謀反羣弟皆伏誅己卯車駕還宮進彭

城公粟爵爲王秋七月辛巳東宮成備置屯衞三分西宮之一壬午行幸美稷遂至隰城命諸軍討山胡白龍于河西九月戊子尅之斬白龍及其將帥屠其城冬十一月車駕還宮十二月甲辰行幸雲中

太延元年春正月乙未朔日有蝕之壬午降死罪刑已下各一等癸未出道武明元宮人令得嫁甲申大赦改元二月庚子蠕蠕焉耆車師各遣使朝貢詔長安及平涼人徙在京師其孤老不能自存者聽還鄉里丁未車駕還宮夏五月庚申進宜都公穆壽爲宜都王汝陰公長孫道生爲上黨王宜城公奚斤爲恆農王廣陵公婁伏連爲廣陵王遣使者二十輩使西域甲戌行幸雲中六月甲午詔曰去春小旱東作不茂憂勤尅己祈請靈祇豈朕精誠有感何報應之速雲雨震灑流澤霑渥有鄙婦人持方寸玉印詣潞縣侯孫家既而亡去莫知所在印有三字爲龍鳥之形要妙奇巧不類人迹文曰旱疫平推尋其理蓋神靈之報應也比者以來禎瑞仍臻甘露流液降於殿內嘉瓜合蔕生于中山野木連理殖於魏郡在先后載誕之鄉白燕集于盛樂舊都玄鳥隨之蓋有千數嘉

禾頻歲合秀於恆農白兔並見於勃海白雉三隻又集於平陽太祖之廟天降
嘉貺將何德以酬之其令天下大酺五日禮報百神守宰祭界內名山大川上
答天意景午高麗鄯善國並遣使朝貢秋七月田於棝陽己卯樂平王丕等五
將東伐至和龍徙男女六千口而還八月景戌行幸河西粟特國遣使朝貢九
月車駕還宮冬十月癸卯尚書左僕射安原謀反伏誅甲辰行幸定州次于新
城宮十一月己巳校獵于廣川景子行幸鄴祀密太后廟諸所過親問高年褒
禮賢俊十二月癸卯遣使者以太牢祀北岳
二年春正月甲寅車駕還宮二月戊子馮弘遣使朝貢求送侍子帝不許壬辰
遣使者十餘輩詣高麗東夷諸國詔喻之三月景辰宋人來聘辛未遣平東將
軍娥清安西將軍古弼討馮弘弘求救於高麗高麗遣其大將葛蔓盧迎之夏
四月甲寅皇子小兒苗兒並薨五月乙卯馮弘奔高麗戊午詔散騎常侍封撥
使高麗徵送馮弘丁卯行幸河西赫連定之西也楊難當竊據上邽秋七月庚
戌命樂平王丕等討之詔散騎常侍游雅使於宋八月丁亥遣使六輩使西域

帝校獵于河西詔廣平公張黎發定州七郡一萬二千人通莎泉道甲辰高車國遣使朝貢九月庚戌樂平王丕等至略陽公難當奉詔攝上邽守高麗不送馮弘帝將伐之納樂平王丕計而止冬十一月己酉幸栖陽驅野馬於雲中置野馬苑閏月壬子車駕還宮乙丑改封潁川王提爲武昌王河西王沮渠牧犍遣使朝貢是歲吐谷渾慕璝死

三年春正月癸未中山王纂薨戊子太尉北平王長孫嵩薨乙巳丹楊王叔孫建薨二月乙卯行幸幽州存恤孤老問人疾苦還幸上谷遂至代所過復田租之半三月己卯車駕還宮丁酉宋人來聘夏五月己丑詔天下吏人得舉告守令不如法者景申行幸雲中秋七月戊子使永昌王健上黨王長孫道生討山胡白龍餘黨於西河滅之八月甲辰行幸河西九月甲申車駕還宮丁酉遣使者拜西秦王慕璝弟慕利延爲鎮西大將軍儀同三司改封西平王冬十月癸卯行幸雲中十一月壬申車駕還宮是歲河西王沮渠牧犍世子封壇來朝高麗契丹龜茲悅般焉耆車師粟特疏勒烏孫渴盤陁鄯善破洛者舌等國各遣

使朝貢

四年春三月庚辰鄯善王弟素延耆來朝癸未罷沙門年五十以下江陽王根薨是月高麗殺馮弘夏五月戊寅大赦秋七月壬申車駕北伐冬十一月丁卯朔日有蝕之十二月車駕至自北伐上洛巴泉蕈等相帥內附詔兼散騎常侍高雅使于宋

五年春正月庚寅行幸定州三月辛未車駕還宮庚寅以故南秦王世子楊保宗爲征南大將軍秦州牧武都王鎮上邽夏五月癸未遮逸國獻汗血馬六月甲辰車駕西討沮渠牧犍侍中宜都王穆壽輔皇太子決留臺事大將軍長樂王嵆敬輔國大將軍建寧王崇二萬人屯漠南以備蠕蠕秋七月己巳車駕至上都屬國城大饗羣臣講武馬射壬午留輜重分部諸軍八月景申車駕至姑臧牧犍兄子祖踰城來降乃分軍圍之九月景戌牧犍與左右文武五千人面縛軍門帝解其縛待以藩臣之禮收其城內戶口二十餘萬倉庫珍寶不可稱計進張掖公禿髮保周爵爲王與龍驤將軍穆羆安遠將軍源賀分略諸郡牧

犍弟張掖太守宜得西奔酒泉太守無諱後奔晉昌樂都太守安周南奔吐谷渾戊子蠕蠕犯塞遂至七介山京都大駭皇太子命上黨王長孫道生等拒之冬十月辛酉車駕還宮徙涼州人三萬餘家于京師留樂平王丕征西將軍賀多羅鎮涼州癸亥遣張掖王禿髮保周喻諸部鮮卑保周因率諸部叛於張掖十一月乙巳宋人來聘并獻馴象一十二月壬午車駕至自西伐飲至策勳告于宗廟楊難當寇上邽鎮將元勿頭討走之是歲鄯善龜茲疎勒焉耆高麗粟特渴盤陁破郝悉半居等國並遣使朝貢

太平真君元年春正月己酉沮渠無諱圍酒泉辛亥分遣侍臣巡行州郡觀察風俗問人疾苦二月己巳詔假通直常侍邢穎使於宋發長安人五千浚昆明池三月酒泉陷夏四月戊午朔日有蝕之庚辰沮渠無諱寇張掖禿髮保周屯刪丹六月丁丑皇孫濬生大赦改元秋七月行幸陰山己丑永昌王健大破禿髮保周走之景申保周太后竇氏崩于行宮癸丑保周自殺傳首京師八月甲申沮渠無諱降九月壬寅車駕還宮是歲州鎮十五饑詔開倉賑恤之以河南王

曜子羯兒爲河間王後改封畧陽王
二年春正月癸卯拜沮渠無諱爲征西大將軍涼州牧酒泉王三月辛卯葬惠
太后於崞山庚戌新興王俊畧陽王羯兒有罪黜爲公辛亥封蠕蠕郁久閭乞
歸爲朔方王沮渠萬年爲張掖王夏四月丁巳宋人來聘秋八月辛亥詔散騎
侍郎張偉使于宋九月戊戌永昌王健薨冬十一月庚子鎮南大將軍奚眷平
酒泉十二月景子宋人來聘
三年春正月甲申帝至道壇親受符籙備法駕旗幟盡青三月壬寅北平王長
孫頹有罪削爵爲侯夏四月酒泉王沮渠無諱走渡流沙據鄯善涼武昭王孫
李寶據敦煌遣使內附五月行幸陰山北六月景戌楊難當朝於行宮先是起
殿於陰山北殿成而難當至因曰廣德焉秋八月甲戌晦日有蝕之冬十月己
卯封皇子伏羅爲晉王翰爲秦王譚爲燕王建爲楚王余爲吳王十二月辛巳
大保襄城公盧魯元薨丁酉車駕還宮李寶遣使朝貢以寶爲鎮西大將軍開
府儀同三司沙州牧敦煌公

四年春正月庚午行幸中山二月景子次于恆山之陽詔有司刊石勒銘是月剋仇池三月庚申車駕還宮夏四月武都王楊保宗謀反諸將禽送京師氐羌復推保宗弟文德爲主圍仇池六月庚寅詔復人貲賦三年其田租歲輸如常牧守不得妄有徵發癸巳大閱于西郊九月辛丑行幸漠南甲辰捨輜重以輕騎襲蠕蠕分軍爲四道冬十一月甲子車駕還至朔方詔曰夫陰陽有往復四時有代謝授子任賢蓋古今不易之令典也其令皇太子副理萬機總統百揆諸功臣勤勞日久皆當以爵歸第隨時朝請饗宴朕前論道陳謨而已不宜復煩以劇職更舉賢俊以備百官明爲科制以稱朕心十二月辛卯車駕至自北伐

五年春正月壬寅皇太子始總百揆侍中中書監宜都王穆壽司徒東都公崔浩侍中廣平公張黎侍中建興公古弼輔太子以決庶政諸上書者皆稱臣上疏儀與表同戊申詔自王公已下至於庶人私養沙門巫及金銀工巧之人在其家者皆遣詣官曹限今年二月十五日過期不出巫沙門身死主人門誅庚

戌詔自三公已下至於卿士其子息皆詣太學其百工伎巧騶卒子息當習其父兄所業不聽私立學校違者師身死主人門誅二月辛未中山王辰等八人以北伐後期斬于都南癸酉樂平王丕薨庚辰行幸廬三月戊辰大會于郪南遣使者四輩使西域甲辰車駕還宮夏四月乙亥太宰陽平王杜超爲帳下所殺五月丁酉行幸陰山北六月西平王吐谷渾慕利延殺其兄子緯代立緯弟叱力延等來奔乞師以叱力延爲歸義王秋八月乙丑田于河西壬午詔員外散騎常侍高濟使於宋九月帝自河西至于馬邑觀于崞川己亥車駕還宮丁未行幸漠南冬十月癸未晉王伏羅大破慕利延慕利延走奔白蘭其部一萬三千內附十一月宋人來聘十二月景戌車駕還宮

六年春正月辛亥行幸定州引見長老存問之詔兼員外散騎常侍宋愔使于宋二月遂西幸上黨觀連理樹於玄氏至吐京討徙叛胡出配郡縣三月庚申車駕還宮詔諸有疑獄皆付中書以經義量決夏六月戊子朔日有蝕之壬辰北巡秋八月壬辰散騎常侍成周公萬度歸以輕騎至鄯善執其王真達與詣

京師帝大悅厚待之車駕幸陰山北次于廣德宮詔發天下兵三取一各當戒嚴以須後命徙諸種雜人五千餘家於北邊令人北徙畜牧至廣漠以餌蠕蠕壬寅征西大將軍高涼王那等討吐谷渾慕利延軍到曼頭城慕利延驅其部落西度流沙那急追故西秦王慕璝世子被囊逆軍拒戰那擊破之中山公杜豐追度三危至雪山禽被囊及慕利延元子什歸熾盤子成龍送于京師慕利延遂西入于闐國九月盧水胡蓋吳聚衆反于杏城冬十一月高涼王那振旅還京師庚申遼東王竇漏頭薨河東蜀薛永宗聚黨入汾曲西通蓋吳受其位號蓋吳自號天台王署百官辛未車駕還宮選六州兵勇猛者使永昌王仁高涼王那分領爲二道南略淮泗以北徙青徐之人以實河北癸未西巡

七年春正月戊辰車駕自東雍禽薛永宗斬之其男女無少長皆赴水死辛未南幸汾陰蓋吳退走北地二月景戌幸長安存問父老丁亥幸昆明池遂田于岐山之陽所過誅與蓋吳通謀反害守將者三月詔諸州坑沙門毀諸佛像徙長安城內工巧二千家於京師夏四月甲申車駕至自長安戊子毀鄴城五層

佛圖於泥像中得玉璽二其文皆曰受命於天既壽永昌其一刻其旁曰魏所受漢傳國璽五月蓋吳復聚杏城自號秦地王景戌發司幽定冀四州十萬人築畿上塞圍起上谷西至于河廣袤皆千里六月癸未朔日有蝕之秋八月蓋吳爲其下人所殺傳首京師復略陽公羯兒王爵

八年春正月癸未行幸中山三月河西王沮渠牧犍謀反伏誅夏五月車駕還宮六月西征諸將扶風公處真等八將坐盜沒軍資所在虜掠贓各千萬計並斬之秋八月樂安王範薨冬十一月侍中中書監宜都王穆壽薨十二月晉王伏羅薨

九年春正月宋人來聘二月癸卯行幸定州山東人饑詔開倉振之罷塞圍作遂西幸上黨詔於壺關東北大王山累石爲三封又斬其鳳凰山南足以斷之三月車駕還宮夏五月甲戌以交趾公韓拔爲假征西將軍領護西戎校尉鄯善王鎮鄯善賦役其人比之郡縣六月辛酉行幸廣德宮丁卯悅般國遣使求與王師俱討蠕蠕帝許之秋八月詔中外諸軍戒嚴九月乙酉練兵于西郊景

戍幸陰山是月成周公萬度歸千里驛上大破焉耆國其王鳩尸卑郍奔龜茲
冬十月辛丑恆農王奚斤薨癸卯以婚姻奢靡喪葬過度詔有司更爲科限癸
亥大赦十二月詔成周公萬度歸自焉耆西討龜茲皇太子朝于行宮遂從北
討至受降城不見蠕蠕因積糧城內留守而還北平王長孫敦坐事降爵爲公
十年春正月戊辰朔帝在漠南大饗百寮甲戍蠕蠕吐賀真懼遠遁三月蒐于
河西庚寅車駕還宮夏四月景申朔日有蝕之九月閱武於磧上遂北伐冬十
月庚子皇太子及羣官奉迎於行宮十二月戊申車駕至自北伐己酉以平昌
公託真爲中山王
十一年春正月乙丑行幸洛陽所過郡國皆親對高年存恤孤寡二月甲午大
蒐於梁山皇子真薨是月大修宮室皇太子居于北宮車駕遂征懸瓠夏四月
癸卯車駕還宮賜從者及留臺郎吏已上生口各有差六月己亥誅司徒崔浩
辛丑北巡陰山秋七月宋將王玄謨攻滑臺八月辛亥田于河西癸未練兵於
西郊九月辛卯車駕南伐癸巳皇太子北伐屯於漠南吳王余留守京都庚子

曲赦定冀相三州死罪已下冬十月乙丑車駕濟河玄謨棄軍而走乃命諸將
分道並進車駕自中道十一月辛卯至鄒山使使者以太牢祀孔子是月頻盾
國獻師子一十二月丁卯車駕至淮詔刈萑葦作筏數萬而濟淮南皆降癸未
車駕臨江起行宮於瓜步山諸軍同日皆臨江所過城邑莫不望塵奔潰其降
附者不可勝數甲申宋文帝使獻百牢貢其方物又請進女於皇孫以求和好
帝以師婚非禮許和而不許婚使散騎侍郎夏侯野報之帝詔皇孫爲書致馬
通問焉
正平元年春正月景戌朔大會羣臣於江上文武受爵者二百餘人丁亥車駕
北旋二月癸未次于魯口皇太子朝於行宮三月己亥車駕至自南伐飲至策
勳告於宗廟以降人五萬餘家分置近畿賜留臺文武所獲軍資生口各有差
夏五月壬寅大赦六月壬戌改元車師國王遣子入侍詔以刑網太密犯者更
衆命有司其案律令務求厥中自餘有不便於人者依比增損詔太子少傅游
雅中書侍郎胡方回等改定律制略陽王羯兒高涼王那有罪賜死戊辰皇太

子虔壬申葬景穆太子於金陵秋七月丁亥行幸陰山省諸曹吏員三分之一
九月癸巳車駕還宮冬十月庚申行幸陰山宋人來聘詔殿中將軍郎法祐使
於宋己巳司空上黨王長孫道生薨十二月丁丑車駕還宮封皇孫濬爲高陽
王尋以皇孫世嫡不宜在藩乃止改封秦王翰爲東平王燕王譚爲臨淮王楚
王建爲廣陽王吳王余爲南安王
二年春正月庚辰朔南來降人五千餘家於中山謀叛州軍討平之冀州刺史
張掖王沮渠萬年與降人通謀賜死三月甲寅中常侍宗愛構逆帝崩於永安
宮時年四十五祕不發喪愛又矯皇后令殺東平王翰迎南安王余立大赦改
元爲承平尊謚曰太武皇帝葬於雲中金陵廟號世祖帝生不逮密太后及有
所識言則悲慟哀感傍人明元聞而嘉歎及明元不豫衣不釋帶性清儉率素
服御飲膳取給而已不好珍麗食不二味所幸昭儀貴人衣無兼綵羣臣白帝
更峻京邑城隍以從周易設險之義又陳蕭何壯麗之說帝曰古人有言在德
不在險屈丐蒸土築城而朕滅之豈在城也今天下未平方須人力土功之事

朕所未爲蕭何之對非雅言也每以財者軍國之本無所輕費至於賞賜皆是
勳績之家親戚愛寵未嘗横有所及臨敵常與士卒同在矢石間左右死傷者
相繼而帝神色自若是以人思效命所向無前命將出師指授節度從命者無
不制勝違爽者率多敗失性又知人拔士於卒伍之中唯其才效所長不論本
末兼甚嚴斷明於刑賞功者賞不遺賤罪者刑不避親雖寵愛之終不虧法常
曰法者朕與天下共之何敢輕也故大臣犯法無所寬假雅長聽察瞬息之間
下無以措其姦隱然果於誅戮後多悔之司徒崔浩死後帝北伐時宣城公李
孝伯疾篤傳者以爲卒帝聞而悼之謂左右曰李宣城可惜又曰朕向失言崔
司徒可惜李宣城可哀褒貶雅意皆此類也

景穆皇帝諱晃太武皇帝之長子也母曰賀夫人延和元年正月景午立爲皇
太子時年五歲明慧強識聞則不忘及長好讀經史皆通大義太武甚奇之及
西征涼州皇太子監國初太武之伐河西李順等咸言姑臧無水草不可行師
太子有疑色及車駕至姑臧乃詔太子曰姑臧城東西門外涌泉合於城北其

大如河澤草茂盛可供大軍數年人之多言亦可惡也太子謂宮臣曰爲人臣不實若此豈是忠乎吾初聞有疑但帝決行耳幾誤人大事言者復何面目見帝也真君四年從征蠕蠕至鹿渾谷與賊遇虜惶怖擾亂太子言於太武曰宜速進擊掩其不備尚書令劉潔固諫以爲塵盛賊多須軍大集太子曰此由賊恇擾何有營上而有此塵太武疑之遂不急擊蠕蠕遠遁既而獲虜候騎乃云不覺官軍卒至上下惶懼北走經六七日知無追者乃徐行帝深恨之自是太子所言軍國大事多見納用遂知萬機及監國命有司使百姓有牛家以人牛相貿又禁飲酒雜戲棄本沽販者於是墾田大增正平元年六月戊辰薨於東宮時年二十四庚午命持節兼太尉張黎兼司空竇瑾奉策卽柩諡景穆太子文成卽位追尊爲景穆皇帝廟號恭宗

高宗文成皇帝諱濬景穆皇帝之長子也母曰閭氏真君元年六月生於東宮帝少聰達太武常置左右號世嫡皇孫年五歲太武北巡帝從在後逢虜帥桎一奴將加罰帝謂曰奴今遭我汝宜釋之帥奉命解縛太武聞之曰此兒雖少

欲以天子自處意奇之及長風格異常每參決大政可否正平二年三月中常
侍宗愛弑逆立南安王余十月景午朔又賊余於是殿中尚書長孫渴侯與尚
書陸麗奉迎世嫡皇孫
興安元年冬十月戊申皇帝卽位於永安前殿大赦改元正平二年爲興安以
驃騎大將軍元壽樂爲太宰都督中外諸軍錄尚書事以尚書長孫渴侯爲尚
書令儀同三司十一月景子二人爭權並賜死癸未廣陽王建臨淮王譚薨甲
申皇妣閭氏薨進平南將軍宋子侯周忸爵爲樂陵王南部尚書常安子陸麗
爲平原王文武各加位一等壬寅追尊皇考景穆太子爲景穆皇帝妣閭氏爲
恭皇后尊保母常氏爲保太后十二月戊申祔葬恭皇后於金陵乙卯初復佛
法丁巳以樂陵王周忸爲太尉平原王陸麗爲司徒鎭西將軍杜元寶爲司空
保達沙獵等國各遣使朝貢戊寅進建業公陸俟爵爲東平王進廣平公杜遺
爵爲王癸亥詔以營州蝗開倉振恤甲子太尉樂陵王周忸有罪賜死進濮陽
公閭若文爵爲王

二年春正月辛巳進司空杜元寶爵爲京兆王廣平王杜遺薨進尚書僕射東安公劉尼爵爲王封建寧王崇子麗爲濟南王癸未詔與百姓雜調十五景戌進尚書西平公源賀爵爲王二月己未司空京兆王杜元寶謀反伏誅建寧王崇崇子濟南王麗爲元寶所引各賜死乙丑發京師五千人穿天泉池是月宋太子劭殺文帝三月尊保太后爲皇太后進安豐公閭武皮爵爲河間王夏五月宋孝武帝殺太子劭而自立閏月乙亥太皇太后赫連氏崩秋七月辛亥行幸陰山濮陽王閭若文永昌王仁謀反乙卯仁賜死若文伏誅己巳車駕還宮是月築馬射臺於南郊八月戊戌詔曰朕即位以來風雨順序邊方無事衆瑞兼呈又於苑內獲方寸玉印其文曰子孫長壽羣公卿士咸曰休哉豈朕一人克臻斯應實由天地祖宗降祐之所致也思與兆庶共茲嘉慶其令百姓大酺三日降殊死已下囚九月壬子閱武於南郊冬十一月辛酉行幸信都中山觀察風俗十二月甲午車駕還宮復北平公長孫敦王爵是歲疏勒渴盤陁庫莫奚契丹罽賓等國各遣使朝貢

興光元年春正月乙丑以侍中河南公伊馛爲司空二月甲午帝至道壇登受圖籙禮畢曲赦京師夏六月行幸陰山秋七月景申朔日有蝕之庚子皇子弘生辛丑大赦改元八月甲戌趙王深薨乙亥車駕還宮乙丑皇叔武頭龍頭薨九月庫莫奚國獻名馬有一角狀如麟閉都門大索三日獲姦人亡命數百人冬十一月戊戌行幸中山遂幸信都十二月景子還幸靈丘至温泉宮庚辰車駕還宮出于叱萬單等國各遣使朝貢

太安元年春正月辛酉奉太武景穆神主于太廟樂平王拔有罪賜死二月癸未武昌王提薨三月己亥以太武景穆神主入太廟改元曲赦京師死囚已下夏六月壬戌詔名皇子弘曲赦癸酉詔尚書穆真等二十人巡行州郡觀察風俗大明賞罰冬十月庚午以遼西公常英爲太宰進爵爲王是歲遮逸波斯疏勒等國各遣使朝貢

二年春正月乙卯立皇后馮氏二月丁巳立皇子弘爲皇太子大赦夏六月羽林中郎于判元提等謀逆誅秋八月田于河西平西將軍漁陽公尉眷北擊伊

吾剋其城大獲而還九月辛巳進河東公閭毗零陵公閭紇爵並爲王冬十月甲申車駕還宮甲午曲赦京師十一月改封西平王源賀隴西王𡾰𡾰普嵐等國各遣使朝貢

三年春正月徵漁陽公尉眷拜太尉進爵爲王錄尙書事夏五月封皇弟新成爲陽平王六月癸卯行幸陰山秋八月田於陰山之北己亥還宮冬十月將東巡詔太宰常英起行宮於遼西黃山十二月州鎭五蝗百姓饑使開倉振給之是歲粟特于闐等五十餘國並遣使朝貢

四年春正月景午朔初設酒禁乙卯行幸廣寧溫泉宮遂東巡庚午至遼西黃山宮遊宴數日親對高年勞問疾苦二月景子登碣石山觀滄海大饗羣臣於山上班賞進爵各有差改碣石山爲樂遊山築壇記行於海濱戊寅南幸信都田於廣川三月丁未觀馬射於中山所過郡國賜復一年景辰車駕還宮起太華殿乙丑東平王陸俟薨夏五月壬戌詔曰比年以來雜調減省而所在州郡咸有逋懸非在職之官綏導失所貪穢過度誰使之然自今常調不充人不安

業宰人之徒加以死罪六月景申田於松山秋七月庚午行幸河西九月丁巳
還宮辛亥太華殿成景寅饗羣臣大赦冬十月甲戌北巡至陰山有故冢毀廢
詔曰昔姬文葬枯骨天下歸仁自今有穿壙壠者斬之辛卯次于車輪山累石
記行十一月車駕渡漠蠕蠕絕迹遠遁十二月中山王託眞薨
五年春二月己酉司空河南公伊馛薨三月庚寅曲赦京師死罪已下夏四月
乙巳封皇弟子推爲京兆王五月居常國遣使朝貢六月戊申行幸陰山秋八
月庚戌遂幸雲中壬戌還宮九月戊辰儀同三司敦煌公李寶薨冬十二月戊
申詔以六鎮雲中高平二雍秦州徧遇災旱年穀不收開倉振乏有徙流者喻
還桑梓
和平元年春正月甲子朔大赦改元庚午詔散騎侍郎馮闡使於宋夏四月戊
戌皇太后常氏崩於壽安宮五月癸酉葬昭太后於廣寧鳴雞山六月甲午詔
征西大將軍陽平王新成等討吐谷渾什寅崔浩之誅也史官遂廢至是復置
秋七月西征諸軍至西平什寅走保南山九月庚申朔日有蝕之是月諸軍濟

河追什寅遇瘴氣多病疫乃引還庚午車駕還宮冬十月居常王獻馴象三十一月詔散騎侍郎盧度世使於宋

二年春正月乙酉詔曰刺史牧人爲萬里之表自頃每因發調逼人假貸大商富賈要射時利上下通同分以潤屋爲政之弊莫過於此其一切禁絕犯者十疋以上皆死布告天下咸令知禁二月行幸中山遂幸信都三月宋人來聘車駕所過皆親對高年問疾苦詔年八十一子不從役靈丘南有山高四百餘丈乃詔羣臣仰射山峯無能踰者帝彎弧發矢出三十餘丈過山南二百二十步遂刊石勒銘是月發幷肆州五千餘人脩河西獵道辛巳車駕還宮夏四月乙未河東王閭毗薨五月癸未詔南部尚書黃盧頭李敷業考課諸州秋七月戊寅封皇弟小新成爲濟陰王天賜爲汝陰王萬壽爲樂良王洛侯爲廣平王八月波斯國遣使朝貢冬十月詔假員外散騎常侍游明根使于宋廣平王洛侯薨

三年春正月壬午以東郡公乙渾爲太原王癸未樂良王萬壽薨二月壬子朔

日有蝕之癸酉田於崞山遂觀漁于旋鴻池三月甲申宋人來聘高麗蒞王契
嚙思厭於師疏勒石那悉居半渴盤陁等國並遣使朝貢夏六月庚申行幸陰
山秋七月壬寅幸河西九月壬辰常山王素薨冬十月詔員外散騎常侍游明
根使于宋十一月壬寅車駕還宮十二月乙卯制戰陣之法十有餘條因大儺
曜兵有飛龍騰蛇魚麗之變以示威武戊午零陵王閭拔薨
四年春三月乙未賜京師人年七十以上太官廚食以終其年皇子胡仁薨追
封樂陵王夏四月癸亥上幸西苑親射猛獸三頭五月壬辰侍中漁陽王尉眷
薨壬寅行幸陰山秋七月壬午詔曰朕每歲閑月命羣臣講武所幸之處必立
宮壇糜費之功勞損非一宜仍舊貫何必改作也八月景寅遂田于河西九月
辛巳車駕還宮冬十月以定相二州霣霜傷稼免其田租詔員外散騎常侍游
明根使於宋十二月辛丑詔以喪葬嫁娶大禮未備命有司爲之條格使貴賤
有章上下咸序著之于令壬寅詔曰婚姻者人道之始比者以來貴族之門多
不率法或貪利財賂或因緣私好在於苟合無所擇選塵穢清化虧損人倫將

何以宣示典謨垂之來裔今制皇族師傅王公侯伯及士庶之家不得與百工伎巧卑姓爲婚犯者加罪

五年春正月丁亥封皇弟雲爲任城王二月詔以州鎮十四去歲蟲水開倉振恤夏四月癸卯進封頓丘公李峻爲王閏月戊子帝以旱故減膳責身是夜澍雨大降五月宋孝武帝殂六月丁亥行幸陰山秋七月壬寅行幸河西九月辛丑車駕還宮冬十月瑯邪侯司馬楚之薨十二月南秦王楊難當薨吐呼羅國遣使朝貢

六年春正月景申大赦二月丁丑行幸樓煩宮高麗蓰王對曼等國各遣使朝貢三月戊戌相州刺史西平郡王吐谷渾權薨乙巳車駕還宮夏四月破洛那國獻汗血馬普嵐國獻寶劍五月癸卯帝崩于太華殿時年二十六六月景寅奉尊謚曰文成皇帝廟號高宗八月葬雲中之金陵

顯祖獻文皇帝諱弘文成皇帝之長子也母曰李貴人興光元年七月生於陰山之北太安二年二月立爲皇太子和平六年五月甲辰卽皇帝位大赦尊皇

后曰皇太后車騎大將軍乙渾矯詔殺尚書楊保年平陽公賈愛仁南陽公張
天度于禁中戊申司徒公平原王陸麗自湯泉入朝又殺之己酉以渾爲太尉
公以錄尚書事東安王劉尼爲司徒公以尚書左僕射和其奴爲司空公六月
封繁陽侯李嶷爲丹陽王征東大將軍馮熙爲昌黎王秋七月癸巳以太尉乙
渾爲丞相位居諸王上事無大小皆決焉九月庚子曲赦京師景午詔曰先朝
以州牧親人宜置良佐故勑有司班九條之制使前政選吏以待後人然牧司
舉非其人懱于典度今制刺史守宰到官之日仰自舉人望忠信以爲選官不
論前政共相平置若簡任失所以罔上論是月宋義陽王劉昶自彭城來奔冬
十月徵陽平王新成京兆王子推濟陰王小新成汝陰王天賜任城王雲入朝
十一月宋湘東王彧殺其主子業而自立
天安元年春正月乙丑朔大赦改元二月庚申丞相太原王乙渾謀反伏誅乙
亥以侍中元孔雀爲濮陽王侍中陸定國爲東郡王三月庚子以隴西王源賀
爲太尉公辛丑高宗文成皇帝神主祔于太廟辛亥帝幸道壇親受符籙曲赦

京師秋九月己酉初立鄉學郡置博士二人助教二人學生六十人冬十二月
皇弟安平王薨是歲州鎮十一旱人飢開倉振恤
皇興元年春正月癸巳鎮南大將軍尉元大破宋將張永沈攸之於呂梁東宋
人來聘庚子東平王道符謀反於長安其司馬段大陽斬之傳首京師道符兄
弟皆伏誅閏月以頓丘王李峻爲太宰二月濟陰王小新成薨宋東平太守申
纂戍無鹽遏絕王使詔征南大將軍慕容白曜督諸軍往討三月甲寅剋之秋
八月丁酉幸武州山石窟寺戊申皇子宏生大赦改元九月己巳進馮翊公李
白爲梁郡王冬十月己亥朔日有蝕之癸卯田於那男池濮陽王孔雀坐怠慢
降爲公
二年春二月癸未田于西山親射武豹三月慕容白曜進圍東陽戊午宋人來
聘夏四月景子朔日有蝕之辛丑進南郡公李惠爵爲王五月乙卯田于崞山
遂幸繁時辛酉車駕還宮六月庚辰以河南饑地曲赦京師殊死已下以昌黎
王馮熙爲太傅秋九月辛亥封皇叔禎爲南安王長壽爲城陽王太洛爲章武

王休爲安定王冬十月癸酉朔日有蝕之辛丑田于冷泉十一月州鎮二十七
水旱詔開倉振恤十二月甲午詔曰頃張永敢拒王威暴骨原隰天下之人一
也其永軍殘廢之士聽還江南露骸草莽者敕州縣收瘗之
三年春正月乙丑東陽潰虜沈文秀戊辰司空平昌公和其奴薨二月己卯進
上黨公慕容白曜爵爲濟南王夏四月壬辰宋人來聘景申名皇子宏大赦丁
酉田于崞山五月徙青齊人於京師六月辛未立皇子宏爲皇太子冬十月丁
酉朔日有蝕之是月太宰頓丘王李峻薨十一月進襄城公韓頹爵爲王
四年春正月州鎮大飢詔開倉振恤二月以東郡王陸定國爲司空公詔征西
大將軍上黨王長孫觀討吐谷渾什寅廣陽王石侯薨三月景戌詔天下人病
者所在官司遣醫就家診視所須藥任醫所量給之夏四月辛丑大赦戊申長
孫觀軍至曼頭山大破什寅五月封皇弟長樂爲建昌王六月宋人來聘秋八
月蠕蠕犯塞九月景寅車駕北伐諸將俱會于女水大破虜軍司徒東安公劉
尼坐事免壬申車駕至自北伐飲至策勳告于宗廟冬十月誅濟南王慕容白

曜高平公李敷十一月詔弛山澤禁十二月甲辰幸鹿野苑石窟寺陽平王新成薨

五年春二月乙亥詔假員外散騎常侍邢祐使于宋夏四月北平王長孫敦薨六月丁未行幸河西秋七月景寅遂至陰山八月丁亥車駕還宮帝幼而神武聰叡機悟有濟人之規仁孝純至禮敬師友及即位雅薄時務常有遺世之心欲禪位于叔父京兆王子推羣臣固請乃止景午使太保建安王陸馛太尉源賀奉皇帝璽綬冊命皇太子升帝位於是羣公奏上尊號太上皇帝己酉太上皇帝徙御崇光宮采椽不斵土階而已國之大事咸以聞承明元年文明太后有憾帝崩於永安殿年二十三上尊諡曰獻文皇帝廟號顯祖葬雲中金陵

論曰太武聰明雄斷威靈傑立藉二世之資奮征伐之氣遂戎軒四出周旋夷險平秦隴掃統萬翦遼海蕩河源南夷荷擔北蠕絕迹廓定四表混一華戎其爲武功也大矣遂使有魏之業光邁百王豈非神叡經綸事當命世至於初則東儲不終末乃釁成所忽固本貽防殆弗思乎景穆明德令聞夙世殂夭其戾

園之悼歟文成屬太武之後內頗虛耗旣而國疊時艱朝野楚楚帝與時消息靜以鎭之養威布德懷緝中外自非機悟深裕矜濟爲心亦何能若此可謂有君人之度矣獻文聰叡夙成兼資雄斷故能更清漠野大啓南服而早有厭世之心終致宮闈之變將天意也

北史卷二

北史卷二考證

世祖太武皇帝紀初造新字千餘○字監本作宇蓋以上文營造萬壽宮永安

安樂二殿臨望觀九華堂而訛也今改從魏書

將軍丘堆先在安定○堆監本訛惟今改從本傳

赫連定弟社于度洛孤面縛出降平凉收其珍寶○魏書平凉下有平字

八月乙酉沮渠蒙遜遣子安周入侍○乙監本訛己今据上文秋七月己酉幷

從魏書改正

延和元年○延監本訛廷今改正

太延元年春正月乙未○ 臣人龍按以下文壬午癸未甲申等日計之則此乙

未當係辛未之訛

牧犍弟張掖太守宜得西奔酒泉太守無諱後奔晉昌○ 臣人龍按魏書宜得

西奔酒泉魏將奚眷討之牧犍弟酒泉太守無諱復奔晉昌此處疑有訛字

禽被囊及慕利延元子什歸○元魏書作兄

八年春正月癸未行幸中山○據魏書乃二月癸未延壽刪上數行乃致訛耳

乃命諸將分道並進車駕自中道○中魏書作卬

高涼王那有罪○涼監本訛梁今改正

改元爲永平○永監本訛承承平係高祖年號今改正

高祖文成皇帝紀五月居常國遣使朝貢○居常監本訛常居今從下文有居常王獻馴象改正

以東郡公乙渾爲太原王○原監本訛源今改正

顯祖獻文皇帝紀使前政選吏以待後人○後人魏書作俊乂又下文不論前政共相平罿魏書作不聽前政共相干冒

北史卷二考證

唐　李延壽　撰

魏本紀第三

高祖孝文皇帝諱宏獻文皇帝之太子也母曰李夫人皇興元年八月戊申生於平城紫宮神光照室天地氛氳和氣充塞帝潔白有異姿襁褓岐嶷長而弘裕仁孝綽然有人君之表獻文尤愛異之三年六月辛未立爲皇太子五年受禪延興元年秋八月景午皇帝卽位於太華前殿改皇興五年爲延興丁未宋人來聘九月壬戌詔在位及人庶進直言壬午青州高陽人封辯聚黨自號齊王州軍討平之冬十月丁亥沃野統萬二鎭敕勒叛詔太尉隴西王源賀追擊至枹罕滅之徙其遺迸於冀定相三州爲營戶十二月乙酉封駙馬都尉穆亮爲趙郡王壬辰詔求舜後獲東萊人嬀苟之復其家畢世以彰盛德之不朽復前濮陽王孔雀本封辛丑徙趙郡王穆亮爲長樂王癸卯日有蝕之

二年春正月大陽蠻酋桓誕率戶內屬拜征南將軍封襄陽王曲赦京師及河

西南至秦涇西至枹罕北至涼州及諸鎮詔假員外散騎常侍邢祐使於宋二月丁巳詔曰頃者淮徐未賓尼父廟隔非所致令祠典寢頓禮章殄滅遂使女巫妖覡淫進非禮自今有祭孔廟制用酒脯而已不聽婦女雜合以祈非望之福犯者以違制論其公家有事自如常禮蠕蠕犯塞太上皇帝次於北郊詔諸將討之虜遁走北部敕勒叛奔蠕蠕太上皇帝追至石磧不及而還三月戊辰以散騎常侍駙馬都尉萬安國爲大司馬大將軍封安城王庚午親耕籍田連川敕勒謀叛徙配青徐齊兗四州爲戶夏四月庚子詔工商雜伎盡聽赴農諸州課人益種菜果辛亥宋人來聘癸酉詔沙門不得去寺行者以公文是月宋明帝殂五月丁巳詔軍警給璽印傳符次給馬印六月安州遭水雹詔丐租振恤景申詔今年貢舉尤爲猥濫自今所遣皆可門盡州郡之高才極鄉閭之選戊午行幸陰山秋七月壬寅詔州郡縣各遣二人才堪專對者赴九月講武當親問風俗八月百濟遣使請兵伐高麗九月辛巳車駕還宮戊申統萬鎮將河間王閭武皮坐貪殘賜死己酉詔以州鎮十一水旱丐其田租開倉振恤又詔

流迸之人皆令還本違者徙邊冬十月蠕蠕犯塞及五原十一月太上皇帝親討之將度漠蠕蠕聞之北走數千里丁亥封皇叔略爲廣川王壬辰分遣使者巡省風俗問人疾苦帝每月一朝崇光宮十二月庚戌詔曰頃者以來官以勞升未久而代牧守無恤人之心競爲聚斂送故迎新相屬於路非所以固人志隆政道也自今牧守溫良仁儉克己奉公者可久於其任歲積有成遷位一級其貪殘非道侵削黎庶者雖在官甫爾必加黜罰著之於令以爲彝準詔以代郡事同豐沛代人先配邊戍者免之是歲高麗地豆干庫莫奚高昌等國並遣使朝貢

三年春正月庚辰詔員外散騎常侍崔演使於宋丁亥改崇光宮爲寧光宮二月戊午太上皇帝至自北討飲至策勳告于宗廟甲戌詔縣令能靜一縣劫盜者兼理二縣即食其祿能靜二縣者三年遷爲郡守二千石能靜二郡上至三郡亦如之三年遷爲刺史三月壬午詔諸倉屯穀麥充積者出賜貧人夏四月戊申詔假司空上黨王長孫觀等討吐谷渾拾寅壬子詔以孔子二十八世孫

魯郡孔乘爲崇聖大夫給十戶以供灑掃六月甲子詔曰往年縣召秀才二人
問守宰善惡而賞者未幾罪者衆多肆法傷生情所未忍諸爲人所列者特原
其罪盡可代之秋七月詔河南六州人戶收絹一匹綿一斤租三十石乙亥行
幸陰山八月庚申帝從太上皇帝幸河西拾寅謝罪請降許之九月辛巳車駕
還宮丁亥宋人來聘己亥詔曰今京師及天下囚未判在獄致死無近親者給
衣衾棺櫝葬之不得暴露辛丑詔遣十使循行州郡撿括戶口冬十月太上皇
帝將南討詔州郡之人十丁取一充行戶租五十石以備軍糧十一月戊寅詔
以河南州郡牧守多不奉法致新邦百姓莫能上達遣使者觀風察獄黜陟幽
明搜揚振恤癸巳太上皇帝南巡至懷州所過問人疾苦賜高年孝悌力田布
帛十二月癸卯朔日有蝕之庚戌詔關外苑囿聽人樵採是歲高麗契丹庫莫
奚悉萬斤等國並遣使朝貢州鎮十一水旱丐人田租開倉振恤相州人餓死
者二千八百四十五人祆人劉舉自稱天子齊州刺史武昌王平原捕斬之
四年春正月癸酉朔日有蝕之丁丑太尉隴西王源賀以病辭位二月甲辰太

上皇帝至自南巡辛未禁寒食三月丁亥詔員外散騎常侍許赤武使於宋夏四月丁卯詔自今非謀反大逆干紀外奔罪止其身而已秋七月己卯曲赦仇池八月戊申大閱於北郊九月以宋亂故詔將軍元蘭等伐蜀漢冬十月庚子宋人來聘十一月分遣侍臣循河南七州觀察風俗撫慰初附是歲粟特勅勒吐谷渾高麗曹利闍悉契丹庫莫奚地豆干等國並遣使朝貢州鎮十三大饑丐人田租開倉振之

五年春二月癸丑詔定考課明黜陟夏四月詔禁畜鷹鷂開相告之制五月景午詔員外散騎常侍許赤武使於宋丁未幸武州山辛酉幸車輪山六月庚午禁殺牛馬壬申曲赦京師死罪遣備蠕蠕秋九月癸卯洛州人賈伯奴稱恆農王豫州人田智度稱上洛王郡討平之冬十月太上皇帝大閱於北郊十二月景寅改封建昌王長樂爲安樂王己丑城陽王長壽薨庚寅宋人來聘是歲高麗吐谷渾龜茲契丹庫莫奚地豆干蠕蠕等國並遣使朝貢

承明元年春二月司空東郡王陸定國坐事免官爵爲兵夏五月冀州人宋伏

龍聚衆自稱南平王郡縣捕斬之六月甲子詔中外戒嚴分京師見兵爲二等第一軍出遣第一兵二等亦如之辛未太上皇帝崩壬申大赦改元大司馬大將軍安城王萬安國坐法賜死戊寅以征西大將軍安樂王長樂爲太尉尚書左僕射南平公目辰爲司徒進封宜都王以南部尚書李訢爲司空尊皇太后爲太皇太后臨朝稱制秋七月甲辰追尊皇妣李貴人爲思皇后濮陽王孔雀有罪賜死八月甲子詔羣公卿士有便人益國者具狀以聞甲戌以長安二蠶多死丐人歲賦之半九月丁亥曲赦京師冬十月丁巳起七寶永安行殿乙丑進假東陽王丕爵爲王己未詔羣官卿士下及吏人各聽上書直言極諫勿有所隱諸有益政利人可以正風俗者有司以聞辛未幸建明佛寺大宥罪人進濟南公羅拔爲王是歲蠕蠕高麗庫莫奚波斯契丹宕昌悉萬斤等國並遣使朝貢

太和元年春正月乙酉改元辛亥起太和安昌二殿己酉秦州略陽人王元壽聚衆自號衝天王雲中饑開倉振恤二月辛未秦益二州刺史武都公尉洛侯

討破王元壽三月庚子以雍州刺史東陽王丕爲司徒景午詔曰去年牛疫死傷大半今東作既興人須肄業其敕在所督課田農有牛者加勤於常歲無牛者倍庸於餘年一夫制田四十畝中男二十畝無令人有餘力地有遺利夏四月樂安王良薨詔復前東郡王陸定國官爵五月車駕祈雨於武州山俄而澍雨大洽秋七月壬辰京兆王子推薨庚子定三等死刑己酉起朱明思賢門是月宋人殺其主昱八月壬子大赦景子詔曰工商皁隸各有厥分而有司縱濫或染清流自今戶內有工役者唯止本部丞已下準次而授若階藉元勳以勞定國者不從此制戊寅宋人來聘九月乙酉詔羣臣定律令於太華殿庚子起永樂遊觀殿於北苑穿神泉池冬十月辛亥朔日有蝕之癸酉宴京邑耆老年七十已上於太華殿賜以衣服詔七十以上一子不從役宋葭蘆戍主楊文度遣弟鼠襲陷仇池十一月丁亥懷州人伊祈苟自稱堯後應王聚衆於重山洛州刺史馮熙討平之九月庚午詔員外散騎常侍李長仁使於宋十二月壬寅征西將軍皮喜攻陷葭蘆斬楊文度傳首京師丁未州郡八水旱蝗人飢詔開

倉振恤是歲高麗契丹庫莫奚蠕蠕車多羅西天竺舍衛疊伏羅粟陽婆員闊等國並遣使朝貢

二年春正月丁巳封昌黎王馮熙第二子始興爲北平王二月丁亥行幸代之湯泉所過問人疾苦以宮女賜貧人無妻者癸卯車駕還宮乙酉晦日有蝕之三月景子以河南公梁彌機爲宕昌王夏四月己丑宋人來聘京師旱甲辰祈天災於苑北親自禮焉減膳避正殿景午澍雨大洽曲赦京師五月詔曰迺者人漸奢尙婚葬越軌又皇族貴戚及士庶之家不惟氏族高下與非類婚偶先帝親發明詔爲之科禁而百姓習常仍不肅改朕念憲章舊典永爲定準犯者以違制論六月庚子皇叔若薨秋八月分遣使者考察守宰問人疾苦景戌詔罷諸州禽獸之貢九月乙巳朔日有蝕之景辰曲赦京師冬十月壬辰詔員外散騎常侍鄭發使於宋十二月癸巳誅南郡王李惠是歲龜茲國獻名駞龍馬珍寶甚衆吐谷渾蠕蠕勿吉等國並遣使朝貢州鎮二十餘水旱人飢詔開倉振恤

三年春正月癸丑巛德六合殿成庚申詔罷行察官二月辛巳帝太皇太后幸代郡湯泉問人疾苦鰥寡貧者妻以宮女己亥還宮三月癸卯朔日有蝕之甲辰曲赦京師夏四月壬申宋人來聘癸未樂良王樂平薨甲午宋順帝禪位于齊庚子進淮陽公尉元爵爲王宜都王目辰有罪賜死五月丁巳帝祈雨於北苑閉陽門是日澍雨大洽六月辛未以雍州人飢開倉振恤起文石室靈泉殿於方山秋七月壬寅詔免宮人年老及病者八月壬申詔羣臣進直言乙亥幸方山起思遠佛寺丁丑還宮九月壬子以司徒東陽王丕爲太尉趙郡公陳建爲司徒進爵魏郡王河南公苟頹爲司空進爵河東王進太原公王叡中山王隴東公張祐新平王乙未定州刺史安樂王長樂有罪賜死庚申隴西王源賀薨冬十月己巳朔大赦十一月癸卯賜京師貧窮高年疾患不能自存衣服布帛各有差癸丑進假梁郡公元嘉爵爲假王督二將出淮陰隴西公元琛三將出廣陵河東公薛豹子三將出廣固至壽春是歲吐谷渾高麗蠕蠕地豆干契丹庫莫奚龜茲粟特州逸河龔疊伏羅員闊悉萬斤等國各遣使朝貢

四年春正月癸卯乾象六合殿成乙卯廣川王略薨丁巳罷畜鷹鷂之所以其
地爲報德佛寺戊午襄城王韓頹有罪削爵徙邊二月癸巳以旱故詔天下祀
山川羣神及能興雲雨者修飾祠堂薦以牲璧人有疾苦所在存問夏四月乙
卯幸廷尉籍坊二獄引見諸囚詔隨輕重決遣以赴耕耘甲申賜天下貧人一
戶之內無雜財穀帛者稟一年六月丁卯以澍雨大洽曲赦京師秋七月辛亥
行幸太山壬子詔會京師耆老賜錦綵衣服几杖稻米蜜麪復家人不傜役閏
月丁亥幸獸圈親錄囚徒輕者皆免之壬辰頓丘王李鍾葵有罪賜死八月乙
酉詔諸州置冰室九月乙亥思義殿成壬午東明觀成戊子詔曰隆寒雪降可
遣侍臣詣廷尉獄及囚所察飢寒者給以衣食桎梏者代以輕鎖是歲郡鎮十
八水旱人飢詔開倉振恤蠕蠕悉萬斤等國並遣使朝貢
五年春正月己卯南巡丁亥至中山親見高年問人疾苦二月辛卯朔大赦賜
孝悌力田孤貧不能自存者穀帛各有差免宮人之老者還其親丁酉至信都
存問如中山癸卯還中山己酉講武于唐水之陽庚戌車駕還宮沙門法秀謀

反伏誅假梁郡王嘉大破齊俘獲三萬餘口送京師三月辛酉朔幸肆州癸亥講武于雲水之陽所經考察守宰黜陟之己巳車駕還宮詔曰法秀妖詐亂常妄說符瑞蘭臺御史張求等一百餘人招結奴隸謀爲大逆有司科以族誅誠合刑憲但矜愚重命猶所不忍其五族者降止同祖三族止一門門誅止身夏四月己亥行幸方山建永固石室於山立碑焉銘太皇太后終制于金冊又起鑒玄殿甲寅以旱故詔所在掩骸骨祈禱神祇任城王靈薨五月庚申以農月時要詔天下勿使有留獄六月甲辰中山王叡薨戊午封皇叔簡爲齊郡王猛爲安豐王秋七月庚申朔日有蝕之甲子齊人來聘九月庚午閱武於南郊大饗羣臣齊使車僧朗以班在宋使殷靈誕後辭不就席宋降人解奉君刃僧朗於會中詔誅奉君等己亥封昌黎王馮熙世子誕爲南平王冬十二月癸巳州鎮十二饑詔開倉振恤是歲鄧至蠕蠕國並遣使朝貢

六年春正月甲戌大赦二月辛卯詔以靈丘郡土既褊塉又諸州路衝復其人租十五年癸巳白蘭王吐谷渾翼世以誣罔伏誅乙未詔曰蕭道成逆亂江淮

戈旗頻舉七州之人既有征運之勞深乖輕傜之義其復常調三年癸丑賜王公已下清勤著稱者穀帛有差三月庚辰幸獸圈詔曰武狼猛暴食肉殘生從今勿復捕貢辛巳幸武州山石窟寺賜貧老衣服是月齊高帝殂夏四月甲辰賜畿內鰥寡孤獨不能自存者粟帛各有差秋七月發州郡五萬人修靈丘道八月癸未朔分遣大使巡行天下遭水之處丐其租賦貧儉不自存者賜以粟帛庚子罷山澤禁九月辛酉以氐楊後起爲武都王是歲地豆干吐谷渾等國並遣使朝貢

七年春正月庚申詔曰朕每思知百姓疾苦以增修寬政故具問守宰苛虐之狀於州郡使者今秀孝計掾對多不實甚乖朕虛求之意宜案以大辟明罔上必誅然情猶未忍可恕罪聽歸申下天下使知後犯無恕丁卯詔青齊光東徐四州戶運倉粟一十萬石送瑕丘琅邪復租筭一年三月甲戌以冀定二州饑詔郡縣爲粥於路以食之又弛關津之禁夏四月庚子幸崞山賜所過鰥寡不能自存者衣服粟帛壬寅車駕還宮閏月癸丑皇子生大赦六月定州上言爲

粥所活九十四萬七千餘口秋七月甲申詔假員外散騎常侍李彪使於齊改封濟南王羅拔爲趙郡王九月壬寅詔求讜言冀州上言爲粥所活七十三萬一千七百餘口冬十月戊午皇信堂成十一月辛丑齊人來聘十二月乙巳朔日有蝕之癸丑詔曰夏殷不嫌一族之婚周世始絕同姓之娶斯皆教隨時設政因事改者也皇運初基日不暇給古風遺樸未遑釐改自今悉禁絕之有犯者以不道論庚午開林慮山禁與人共之州鎮十三饑詔開倉振恤

八年春正月詔隴西公琛尚書陸叡爲東西二道大使褒善罰惡夏五月己卯詔振賜河南七州戍兵甲申詔員外散騎常侍李彪使於齊六月丁卯詔曰置官班祿行之尚矣自中原喪亂茲制中絕先朝因循未遑釐改朕顧憲章舊典始班俸祿罷諸商人以簡人事戶增調三匹穀二斛九升以爲官司之祿均預調爲二匹之賦即兼商用雖有一時之煩終克永逸之益祿行之後贓滿一匹者死變法改度宜爲更始其大赦天下與之惟新戊辰武州水壞人居秋八月甲辰詔以班制俸祿更與刑書寬猛未允人或異議制百辟卿士工商吏人各

上便宜勿有所隱九月甲午齊人來聘戊戌詔俸制十月爲首每季一請於是
內外百官受祿有差冬十一月乙未詔員外散騎常侍李彪使于齊十二月州
鎭十五水旱人飢詔使者開倉振恤是歲蠕蠕高麗等國各遣使朝貢
九年春正月戊寅詔禁圖讖祕緯及名孔子閉房記留者以大辟論又諸巫覡
假稱神鬼妄說吉凶及委巷諸非墳典所載者嚴加禁斷癸未大饗羣臣于大
華殿班賜皇誥二月己亥制皇子封王者皇孫皇曾孫紹封者皇女封者歲祿
各有差封廣陽王建第二子嘉爲廣陽王乙巳詔百辟卿士工商吏人各上書
極諫靡有所隱三月景申封皇弟禧爲咸陽王幹爲河南王羽爲廣陵王雍爲
潁川王勰爲始平王詳爲北海王夏五月齊人來聘秋七月景午朔新作諸門
癸未遣使拜宕昌王梁彌機兄子彌承爲宕昌王八月庚申詔曰數州災水饑
饉荐臻民有賣鬻男女者天譴在予一人百姓橫罹艱毒今自太和六年已來
買定冀幽相四州丐人良口者盡還所親雖娉爲妻妾遇之非理情不樂者亦
離之冬十月丁未詔使者循行州郡與牧守均給天下之田還受以生死爲斷

勸課農桑興富人之本辛酉司徒魏郡王陳建薨詔員外散騎常侍李彪使於齊十二月乙卯以侍中淮南王他爲司徒是歲京師及州鎭十三水旱傷稼宕昌高麗吐谷渾等國並遣使朝貢

十年春正月癸亥朔帝始服袞冕朝饗萬國二月甲戌初立黨里隣三長定人戶籍三月庚戌齊人來聘夏四月辛酉朔始制五等公服甲子帝初法服御輦祀西郊六月己卯名皇子曰恂大赦秋八月乙亥給尙書五等品爵已上朱衣玉佩大小組綬九月辛卯詔起明堂辟雍冬十月癸酉有司議依故事配始祖於南郊十一月議定州郡縣官依口給俸十二月乙酉汝南頴川饑詔丐人田租開倉振恤是歲蠕蠕高麗吐谷渾勿吉等國並遣使朝貢

十一年春正月丁亥朔詔定樂章非雅者除之二月甲子肆州之鴈門及代郡人飢詔開倉振恤夏五月癸巳南平王渾薨甲午詔復七廟子孫及外戚緦服已上賦役無所與六月辛巳秦州人饑詔開倉振恤秋七月己丑詔今年穀不登聽人出關就食遣使者造籍分遣去留所在開倉振恤八月壬申蠕蠕犯塞

遣平原王陸叡討之庚辰大議北伐辛巳罷山北苑以其地賜貧人冬十月辛未詔罷起部無益之作出宮人不執機杼者甲戌詔曰鄉飲之禮廢則長幼之序亂孟冬十月人閑歲隙宜於此時導以德義可下諸州黨里之內推賢而長者教其里人父慈子孝兄友弟順夫和妻柔不率長教者具以名聞十一月丁未詔罷尚方錦繡綾羅之工百姓欲造任之無禁其御府衣服金銀珠玉綾紬錦太官雜器太僕乘具內庫弓矢出其大半班賚百官及京師人庶下至工商皁隸逮於六鎮戍士各有差戊申詔今寒氣勁切杖篳難任自今月至來年孟夏不聽拷問罪人又歲饑輕囚宜速決了無令薄罪久留獄犴十二月詔祕書丞李彪著作郎崔光改析國記依紀傳體是歲大饑詔所在開倉振恤吐谷渾高麗悉萬斤等國並遣使朝貢

十二年春正月辛巳朔初建五牛旌旗乙未詔鎮戍流徙之人年滿七十孤單窮獨無成人子孫旁無期親者具狀以聞二月辛亥朔日有蝕之三月丁亥中散梁衆保等謀反伏誅夏四月甲子大赦己巳齊將陳顯達攻陷醴陽長樂王

穆亮率騎討之五月丁酉詔六鎮雲中河西及關內郡各修水田通渠溉灌壬寅增置彝器於太廟秋九月甲午詔曰日蝕修德月蝕修刑迺者癸巳夜月蝕盡公卿已下宜慎刑罰以答天意丁酉起宣文堂經武殿癸卯淮南王他薨冬閏十月甲子帝觀築圓丘于南郊十一月雍豫二州人飢詔開倉振恤梁州刺史臨淮王提坐貪縱配北鎮是歲高麗宕昌吐谷渾勿吉武興等國並遣使朝貢

十三年春正月辛亥祀圓丘初備大駕乙丑兗州人王伯恭聚衆勞山自稱齊王東萊鎮將孔伯孫討斬之戊辰齊人寇邊淮南太守王僧儁擊走之二月庚子引羣臣訪政道得失損益之宜三月夏州刺史章武王彬以貪財削封夏四月丁丑詔曰升樓散物以賚百姓至使人馬騰踐多有毀傷今可斷之以本所費之物賜窮老貧獨者州鎮十五大饑詔所在開倉振恤五月庚戌祀方澤六月汝陰王天賜南安王楨並坐贓賄免爲庶人秋七月立孔子廟於京師八月乙亥詔兼員外散騎常侍邢產使于齊九月出宮人賜北鎮人貧鰥者冬十一

月己未安豐王猛薨十二月景子司空河東王苟頹薨甲午齊人來聘己亥以
尙書令尉元爲司徒左僕射穆亮爲司空是歲高麗吐谷渾陰平中赤武興宕
昌等國各遣使朝貢
十四年春正月己巳朔日有蝕之三月戊寅初詔定起居注制詔遣侍臣巡行
州郡問人疾苦夏四月地豆干頻犯塞甲戌征西大將軍陽平王熙擊走之甲
午詔兼員外散騎常侍邢產使于齊五月己酉庫莫奚犯塞安州都將樓龍兒
擊走之沙門司馬御惠自言聖王謀破平原郡禽獲伏誅秋七月甲辰詔罷都
牧雜制八月詔議國之行次九月癸丑太皇太后馮氏崩詔聽藩鎭曾經內侍
者前後奔赴冬十月戊辰詔將親侍龍輿奉訣陵隧諸常從之具悉可停之其
武衞之官防侍如法癸酉葬文明太皇太后於永固陵甲戌車駕謁永固陵羣
臣固請公除帝不許己卯車駕謁永固陵庚辰帝居廬引見羣寮於太和殿太
尉東陽王丕等據權制固請帝引古禮往復羣臣乃止京兆王大輿有罪免官
削爵詔曰公卿屢依金冊遺旨中代權制式請過葬卽吉朕思遵遠古終三年

之制依禮既虞卒哭此月二十一日授服以葛易麻既以衰服在上公卿不得獨釋於下故於朕之授服變從練禮已下復爲節降斟酌古今以制厥衷且取遺旨速除之一端粗申臣子罔極之巨痛癸未詔曰朕遠遵古式欲終三年之禮百辟羣臣據金冊顧命將奪朕心從先朝之制朕仰惟金冊俯自推省取諸二衷不許衆議以衰服過期終四節之慕又奉遵聖訓聿脩誥旨不敢暗默自居以曠機政庶不僣遺令之意差展哀慕之情並下州鎮長至三元絕告慶之禮甲申車駕謁永固陵十一月甲寅詔內外職人先朝班次及諸方雜客冬至之日盡聽入臨三品已下衰服者至夕復臨其餘唯旦臨而已其拜哭之節一依別議丁巳齊人來聘十二月壬午詔依準丘井之式遣使與州郡宣行條制隱口漏丁卽聽附實若朋附豪勢陵抑孤獨罪有常刑是歲吐谷渾宕昌武興陰平高麗等國並遣使朝貢

十五年春正月丁巳帝始聽政於皇信東室初分置左右史官癸亥晦日有蝕之二月己丑齊人來聘三月甲辰車駕謁永固陵夏四月癸亥帝始進蔬食乙

丑謁永固陵自正月不雨至于癸酉有司奏祈百神詔曰何宜四氣未周使行禮事唯當考躬責己以待天譴甲戌詔員外散騎常侍李彪使于齊己卯經始明堂改營太廟五月己亥議改律令於東明觀折疑獄乙卯枹罕鎮將長孫百年攻吐谷渾所置洮陽泥和二戍剋之俘獲三萬餘人詔悉免歸景辰詔造五輅六月丁未濟陰王鬱以貪殘賜死秋七月乙丑謁永固陵規建壽陵己卯詔議祖宗以道武皇帝爲太祖乙酉車駕巡省京邑聽訟而還八月壬辰議養老又議肆類上帝禋于六宗禮帝親臨決詔郡國有時物可以薦宗廟者貢之戊戌移道壇於桑乾之陰改曰崇虛寺己亥詔諸州舉秀才先盡才學乙巳親定禘祫禮丁巳議律令事仍省雜祀九月辛巳齊人來聘冬十月庚寅車駕謁永固陵是月明堂太廟成十一月丁卯遷七廟神主於新廟乙亥大定官品戊寅考諸牧守詔假通直散騎常侍李彪聘於齊景戌初罷小歲賀丁亥詔二千石考上上者假四品將軍賜乘黃馬一匹上中者五品將軍上下者衣一襲十二月壬辰遷社於內城之西癸巳班賜刺史已下衣冠以安定王休爲太傅齊郡

王簡爲太保帝爲高麗王璉舉哀於城東行宮己酉車駕迎春於東郊辛卯詔

簡選樂官是歲吐谷渾悉萬斤高麗鄧至宕昌等國並遣使朝貢

十六年春正月戊午朔朝饗羣臣於太華殿帝始爲王公興縣而不樂己未宗

祀顯祖獻文皇帝於明堂以配上帝遂升臺以觀雲物降居青陽左个布政事

每朔依以爲常辛酉始以太祖配南郊壬戌詔定行次以水承金甲子詔罷祖

祼乙丑制諸遠屬非太祖子孫及異姓爲王者皆降爲公公爲侯侯爲伯子男

仍舊皆除將軍之號戊辰帝臨思義殿策問秀孝景子始以孟月祭廟二月戊

子帝移御永樂宮庚寅壞太華殿經始太極殿辛卯罷寒食享壬辰幸北部曹

歷觀諸省巡省京邑聽理寃訟甲午車駕初朝日于東郊遂以爲常丁酉詔祀

唐堯於平陽虞舜於廣寧夏禹於安邑周文於洛陽丁未改謚宣尼曰文聖尼

父告謚孔廟三月丁卯巡省京邑癸酉省西郊郊天雜事乙亥車駕初迎氣於

南郊自此爲常辛巳以高麗王璉孫雲爲其國王齊人來聘夏四月丁亥朔頒

新律令大赦甲寅幸皇宗學親問博士經義五月癸未詔羣臣於皇信堂更定

律條流徒限制帝親臨決之秋七月壬戌詔曰自今選舉每以季月本曹與吏部銓簡甲戌詔兼員外散騎常侍宋弁使於齊八月庚寅車駕初祀夕月於西郊遂以爲常乙未詔陽平王頤左僕射陸叡督十二將北討蠕蠕景午宕昌王梁彌承來朝司徒尉元以老遜位己酉以尉元爲三老游明根爲五更又養國老庶老將行大射之禮雨不克成癸丑詔曰國家雖崇文以懷九服修武以寧八荒然於習武之方猶爲未盡將於馬射之前先行講武之式可勅有司豫修場埒其列陣之儀五戎之數別俟後勅九月甲寅朔大序昭穆於明堂祀文明太皇太后於玄堂辛未帝以文明太皇太后再周忌日哭於陵左絕膳三日哭不輟聲辛巳武興王楊集始來朝冬十月己亥以太傅安定王休爲大司馬特進馮誕爲司徒甲辰詔以功臣配饗太廟庚戌太極殿成饗羣臣十一月乙卯依古六寢權制二室以安昌殿爲內寢皇信堂爲中寢四下爲外寢十二月賜京邑老人鳩杖齊人來聘是歲高麗鄧至契丹罽吐谷渾等國並遣使朝貢

十七年春正月壬子朔饗百寮於太極殿乙丑詔大賜諸蕃君長車旗衣馬錦

綵繒纊多者一千少者三百各以命數爲差詔兼員外散騎常侍邢巒使於齊景子以吐谷渾伏連籌爲其國王庚辰蠲大司馬安定王休太保齊郡王簡朔望之朝二月乙酉詔賜議律令之官各有差己酉車駕始藉田於都南三月戊辰改作後宮夏四月戊戌立皇后馮氏是月齊直閤將軍蠻酋田益宗率部落內屬五月壬戌宴四廟子孫於宣文堂帝親與之齒行家人禮甲子帝臨朝堂引見公卿以下決疑政錄囚徒丁丑以旱徹膳襄陽蠻酋雷婆思等率其部內徙居於太和川六月庚辰朔日有蝕之景戌帝將南伐詔造河橋乙未講武乙巳詔曰比百秩雖陳事典未敘自八元樹位躬加省覽作職員令二十一卷事迫戎期未善周悉須待軍回更論所闕權可付外施行立皇子恂爲皇太子秋七月癸丑以皇太子立詔賜人爲父後者爵一級爲公士曾爲吏屬者爵二級爲上造鰥寡孤獨不能自存者人粟五斛戊午中外戒嚴是月齊武帝殂八月乙酉三老山陽郡公尉元薨景戌車駕類於上帝遂臨尉元喪丁亥帝辭永固陵己丑發京師南伐步騎三十餘萬太尉丕奏請以宮人從詔以臨戎不語內

事不許壬寅車駕至肆州人年七十以上賜爵一級路見眇跛停駕親問賜衣食復終身戊申幸幷州親見高年問疾苦九月壬子詔兼員外散騎常侍高聰聘於齊丁巳詔車駕所經傷人秋稼者畝給穀五斛戊辰濟河詔洛懷幷肆所過四州賜高年爵恤鰥寡孤獨各有差孝悌廉義文武應求者皆以名聞又詔廝養戸不得與庶士婚有文武之才積勞應進者同庶族例聽之庚午幸洛陽周巡故宮基跡帝顧謂侍臣曰晉德不修荒毀至此遂詠黍離詩爲之流涕壬申觀河橋幸太學觀石經景子六軍發軫丁丑帝戎服執鞭御馬而出羣臣稽顙於馬前請停南伐帝乃止仍議遷都計冬十月戊寅朔幸金墉城詔徵司空穆亮與尚書李沖將作大匠董爵經始洛京己卯幸河南城乙酉幸豫州癸巳次於石濟乙未解嚴設壇於滑臺宮詔京師及諸州從戎者賜爵一級應募者加二級主將加三級癸卯幸鄴城乙巳詔安定王休率從官迎家口於代車駕送於漳水上初帝之南伐起宮殿於鄴西十一月癸亥宮成徙御焉十二月戊寅巡省六軍乙未詔隱恤軍士死亡疾病務令優給是歲勿吉吐谷渾宕昌陰

平契丹庫莫奚高麗鄧至等國並遣使朝貢

十八年春正月丁未朔朝羣臣於鄴宮澄鸞殿癸亥南巡詔相兗豫三州賜高年爵恤鰥寡孤老各有差孝悌廉義文武應求者皆以名聞戊辰經殷比干墓祭以太牢乙亥幸洛陽西宮二月己丑行幸河陰規建方澤之所景申徙封河南王幹爲趙郡王穎川王雍爲高陽王壬寅北巡癸卯齊人來聘甲辰詔諭天下以遷都意閏月癸亥次句注陘南皇太子朝于蒲地壬申至平城宮癸酉臨朝堂部分遷留甲戌謁永固陵三月庚辰罷西郊祭天壬辰帝臨太極殿喻在代羣臣遷移之略夏五月甲戌朔日有蝕之乙亥詔罷五月五日七月七日饗六月己巳詔兼員外散騎常侍盧昶使於齊秋七月乙亥以宋王劉昶爲大將軍壬辰北巡戊戌謁金陵辛丑幸朔州是月齊蕭鸞殺其主昭業八月癸亥皇太子朝於行宮甲辰行幸陰山觀雲川丁未幸閱武臺臨觀講武因幸懷朔武川撫冥柔玄等四鎮乙丑南還所過皆親見高年問人疾苦貧窘孤老者賜以粟帛景寅詔六鎮及禦夷城人年老孤貧廢疾者賜粟宥罪各有差戊辰車駕

次旋鴻池庚午謁永固陵辛未還平城宮九月壬申朔詔曰三載考績自古通
經三考黜陟以彰能否朕今三載一考考卽黜陟欲令愚滯無妨於賢者才能
不擁於下位各令當曹考其優劣爲三等六品以下尙書重問五品已上朕將
親與公卿論其善惡上上者遷之下下者黜之中中者守其本任壬午帝臨朝
堂親加黜陟壬辰陰平王陽炅來朝冬十月甲辰以太尉東陽王丕爲太傅戊
申親告太廟奉迎神主辛亥車駕發平城宮壬戌次於中山之唐湖乙丑分遣
侍臣巡問疾苦己巳幸信都庚午詔曰比聞緣邊之蠻多有竊掠致有父子乖
離室家分絕可詔荊郢東荊三州勒諸蠻人勿有侵暴是月齊蕭鸞殺其主昭
文而自立十一月辛未朔詔冀定二州賜高年爵恤鰥寡孤老各有差孝義廉
貞文武應求者具以名聞丁丑幸鄴甲申經比干墓親爲弔文樹碑刊之己丑
車駕至洛陽十二月辛丑朔分命諸將南征壬寅革衣服之制癸卯詔中外戒
嚴戊申復代遷戶租賦三歲己酉詔王公伯子男開國食邑者王食半公三分
食一侯伯四分食一子男五分食一辛亥車駕南伐丁卯詔郢豫二州賜高年

爵恤孤寡鰥老各有差緣路之丁復田租一歲孝悌廉貞文武應求者具以名聞戊辰車駕至懸瓠己巳詔壽陽鍾離馬頭之師所獲男女口皆放還南是歲高麗國遣使朝貢

十九年春正月辛未朔詔饗羣臣於懸瓠癸酉詔禁淮北人不得侵掠犯者以大辟論壬午講武於汝水西大賚六軍平南將軍王肅左將軍元麗並大破齊軍己亥車駕濟淮二月甲辰幸八公山路中兩甚詔去蓋見軍士病者親隱恤之戊申車駕巡淮南東人皆安堵租運屬路景辰幸鍾離戊午軍士禽齊人三千帝曰在君爲君其人何罪於是免歸辛酉發鍾離將臨江水司徒馮誕薨壬戌詔班師丁卯遣使臨江數齊主罪惡三月戊子太師馮熙薨夏四月丁未曲赦徐豫二州其運轉之士復租三年辛亥詔賜高年爵恤孤寡老疾各有差德著丘園者具以名聞齊人降者給復十五年癸丑幸小沛使以太牢祭漢高祖廟己未幸瑕丘使以太牢祠岱嶽詔宿衛武官增位一級庚申幸魯城親祠孔子廟辛酉詔拜孔氏四人顏氏二人爲官詔兗州刺史舉部內士人堪軍國及

守宰政績者具以名聞詔賜兗州人爵及粟帛如徐州又詔選諸孔宗子一人
封崇聖侯邑一百戶以奉孔子祀命兗州爲孔子起園柏修飾墳隴更建碑銘
褒揚聖德戊辰行幸碻磝太和廟成五月己巳城陽王鸞赭陽失利降爲定襄
縣王廣川王諧薨庚午遷文成皇后馮氏神主於太和廟甲戌行幸滑臺景子
次于石濟庚辰皇太子朝於平桃城癸未車駕至自南伐甲申減閑官祿以裨
軍國之用乙酉行飲至禮班賜各有差甲午皇太子冠於廟六月己亥詔不得
以北俗之語言於朝廷違者免所居官辛丑詔復軍士從駕渡淮者租賦三年
癸卯詔皇太子赴平城宮壬子詔濟州東郡滎陽及河南諸縣車駕所經者賜
高年爵恤孤寡老疾各有差孝悌廉義文武應求者具以名聞癸丑求天下遺
書祕閣所無有裨時用者加以厚賞乙卯曲赦梁州復人田租三歲景辰詔遷
洛人死葬河南不得還北於是代人南遷者悉爲河南洛陽人戊午詔改長尺
大斛依周禮制度班之天下秋八月辛酉宮路見壞冢露棺駐輦埋之乙巳詔
選天下勇士十五萬人爲羽林武賁以充宿衛丁巳詔諸從兵從征被傷者皆

聽還本金墉宮戌甲子引羣臣歷宴殿堂九月六宮及文武盡遷洛陽景戌行幸鄴丁亥詔諸墓舊銘記見存昭然爲時人所知者三公及位從公者去墓三十步尚書令僕九列十五步黃門五校十步各不聽墾殖壬辰遣黃門郎以太牢祭比干墓乙未車駕還宮冬十月甲辰曲赦相州賜高年爵恤孤老癈疾各有差景辰車駕至自鄴辛酉詔州郡舉士壬戌詔諸州牧考屬官爲三等之科以聞將加親覽以定升降詔徐兗光南青荊洛六州嚴纂戎備應須赴集十一月行幸委粟山議定圓丘甲申祀圓丘景戌大赦十二月乙未朔引見羣臣光極堂宣下品令爲大選之始辛酉以咸陽王禧爲長兼太尉復前南安王楨本爵甲子引見羣臣光極堂班賜冠服是歲高麗鄧至吐谷渾等國各遣使朝貢

二十年春正月丁卯詔改姓元氏壬辰封始平王勰爲彭城王復封定襄王鸞爲城陽王二月辛丑幸華林聽訟於都亭壬寅詔自非金華皆聽終三年喪景午詔畿內七十已上暮春赴京師將行養老禮庚戌幸華林聽訟於都亭癸丑詔介山之邑聽爲寒食自餘禁斷三月景寅宴羣臣及國老庶老於華林園詔

國老黃耇以上假中散大夫郡守耋年以上假給事中縣令庶老直假郡縣各
賜鳩杖衣裳丁丑詔諸州中正各舉其鄉人望年五十已上守素衡門者授以
令長夏五月景子詔敦勸農功令畿內嚴加課督墮業者申以楚撻力田者具
以名聞景戌初營方澤於河陰遣使以太牢祭漢光武及明章三帝陵又詔漢
魏晉諸帝陵各禁方百步不得樵蘇踐藉丁亥祀方澤秋七月廢皇后馮氏戊
寅帝以久旱咸秩羣神自癸未不食至于乙酉是夜澍雨大洽八月壬辰朔幸
華林園親錄囚徒咸降本罪二等決遣之丁巳南安王楨薨幸華林園聽訟九
月戊辰車駕閱武于小平津癸酉還宮丁亥將通洛水入穀帝親臨觀庚寅晦
日有蝕之冬十月戊戌以代遷之士皆爲羽林武賁司州之人十二夫調一吏
爲四年更卒歲開番假以供公私力役己酉曲赦京師十一月乙酉復封前汝
陰王天賜孫景和爲汝陰王前京兆王大興爲西河王十二月甲子以西北州
郡旱儉遣侍臣巡察開倉振恤乙丑開鹽池禁景寅廢皇太子恂爲庶人戊辰
置常平倉樂陵王思譽知恆州刺史穆泰謀反不告削爵爲庶人

二十一年春正月景申立皇子恪爲皇太子賜天下爲父後者爵一級己亥遣
侍臣巡方省察問人疾苦黜陟守宰乙巳北巡二月壬戌次於太原親見高年
問所不便乙丑詔幷州士人年六十已上假以郡守先是定州人王金鉤訛言
自稱應王景寅州郡捕斬之癸酉車駕至平城甲戌謁永固陵乙未南巡甲寅
詔汾州賜高年爵各有差景辰次平陽使以太牢祭唐堯夏四月庚申幸龍門
使以太牢祭夏禹癸亥幸蒲坂使以太牢祭虞舜修堯舜夏禹廟辛未幸長安
壬申武興王楊集始來朝乙亥親見高年問所疾苦景子遣侍臣分省縣邑振
賜穀帛戊寅幸未央殿阿房宮遂幸昆明池癸未宋王劉昶薨景戌使以太牢
祀漢帝諸陵五月丁亥朔衞大國遣使朝貢己丑車駕東旋汎渭入河庚寅詔
雍州士人百年已上假華郡太守九十以上假荒郡八十已上假華縣七十以
上假荒縣庶老以年各減一等七十已上賜爵三級其營船夫賜爵一級孤寡
鰥貧各賜穀帛其孝友德義文武才幹悉仰貢舉壬辰使以太牢祭周文王於
酆祭周武王於鎬癸卯遣使祭華岳六月庚申車駕至自長安壬戌詔冀定瀛

相濟五州發卒士二十萬將以南討癸亥司空穆亮遜位秋七月甲午立昭儀
馮氏爲皇后甲寅帝親爲羣臣講喪服於清徽堂八月景辰詔中外戒嚴壬戌
立皇子愉爲京兆王懌爲清河王懷爲廣平王戊辰講武於華林園庚辰車駕
南討九月景申詔司州洛陽人年七十以上無子孫六十以上無期親貧不自
存者給以衣食及不滿六十而有廢痼之疾無大功親窮困無以自療者皆於
別坊遣醫救護給大醫師四人豫請藥物療之辛丑帝留諸將攻赭陽引師南
討丁未車駕發南陽留太尉咸陽王禧前將軍元英攻之己酉車駕至新野冬
十月丁巳四面進攻不剋詔左右軍築長圍以守之乙亥追廢貞皇后林氏爲
庶人十一月丁酉大破齊軍於沔北於是人皆復業九十以上假以郡守六十
五以上假以縣令十二月丁卯詔流徙之囚皆勿決遣登城之際令其先鋒自
効庚午車駕臨河遂東還戊寅還新野己卯親行營壘恤六軍以齊郡王子琛
紹河間王若後高昌國遣使朝貢
二十二年春正月癸未朔饗羣臣於新野行宮丁亥拔新野斬其太守劉忌於

宛庚午至自新野辛未詔以穰人首歸大順始終若一者給復三十年標其所
居曰歸義鄉次降者給復十五年三月壬午朔大破齊將崔惠景蕭衍軍於鄧
城庚寅行幸樊城觀兵襄沔耀武而還曲赦二荆魯陽辛亥行幸懸瓠夏四月
趙郡王幹薨秋七月壬午詔后之私府損半六宮嬪御五服男女恆恤恆供亦
令減半在戎之親三分省一以供賞是月齊明帝殂八月辛亥皇太子自京師
來朝壬戌高麗國遣使朝貢九月己亥帝以禮不伐喪詔反師景午車駕發懸
瓠冬十月己酉朔曲赦二豫州殊死已下復人田租一歲十一月辛巳幸鄴
二十三年春正月戊寅朔朝饗羣臣於鄴先是帝不豫至是有瘳庚辰羣臣上
壽大饗於澄鸞殿壬午幸西門豹祠遂歷漳水而還戊戌車駕至自鄴癸卯行
飲至策勳之禮甲辰大赦太保齊郡王簡薨二月辛亥以長兼太尉咸陽王禧
爲太尉癸亥以中軍大將軍彭城王勰爲司徒復樂陵王思譽本封癸酉齊將
陳顯達攻陷馬圈戍三月庚辰車駕南伐癸未次梁城景戌帝不豫丁酉車駕
至馬圈戊戌頻戰破之己亥收其戎資億計諸將追奔漢水斬獲及赴水死者

十八九庚子帝疾甚車駕北次穀塘原甲辰詔賜皇后馮氏死詔司徒勰徵太子於魯陽踐阼以北海王詳爲司空王肅爲尚書令廣陽王嘉爲左僕射尚書宋弁爲吏部尚書與太尉咸陽王禧右僕射任城王澄等六人輔政夏四月景午朔帝崩于穀塘原之行宮時年三十三祕諱至魯陽發喪還京師上謚曰孝文皇帝廟曰高祖五月景申葬長陵帝幼有至性年四歲時獻文患癰帝親自吮膿五歲受禪悲泣不自勝獻文問其故對曰代親之感內切於心獻文甚歎異之文明太后以帝聰聖後或不利馮氏將謀廢帝乃於寒月單衣閉室絕食三朝召咸陽王禧將立之元丕穆泰李沖固諫乃止帝初不有憾唯深德丕等撫念諸弟始終曾無纖介惇睦九族禮敬俱深雖於大臣持法不縱然性寬慈進食者曾以熱羹覆帝手又曾於食中得蟲穢物並笑而恕之宦者先有譖帝於太后太后杖帝數十帝默受不自申明太后崩後亦不以介意聽覽政事從善如流哀矜百姓恆思所以濟益天地五郊宗廟二分之禮常必躬親不以寒暑爲倦尚書奏案多自尋省百官大小無不留心務於周洽每言凡爲人君患

於不均不能推誠遇物苟能均誠胡越之人亦可親如兄弟常從容謂史官曰直書時事無諱國惡人君威福自己史復不書將何所懼南北征巡有司奏請脩道帝曰粗修橋梁通輿馬便止不須去草剗令平也凡所修造不得已而爲之不爲不急之事重損人力巡幸淮南如在內地軍事須伐人樹者必留絹以酬其直人苗稼無所傷踐諸有禁忌禳厭之方非典籍所載者一皆除罷雅好讀書手不釋卷五經之義覽之便講學不師受探其精奧史傳百家無不該涉善談莊老尤精釋義才藻富贍好爲文章詩賦銘頌任興而作有大文筆馬上口授及其成也不改一字自太和十年已後詔冊皆帝文也自餘文章百有餘篇愛奇好士情如飢渴待納朝賢隨才輕重常寄以布素之意悠然玄邁不以世務嬰心又少善射有膂力年十餘能以指彈碎羊髆骨射禽獸莫不隨行所至而斃之至十五便不復殺生射獵之事悉止性儉素常服澣濯之衣鞍勒鐵木而已帝之雅志皆此類也

論曰有魏始基代朔廓平南夏闢土經世咸以威武爲業文教之事所未遑也

孝文纂承洪緒早著叡聖之風時以文明攝事優游恭己玄覽獨得著自不言
神契所標固以符於冥化及躬總大政一日萬機十許年間曾不暇給殊塗同
歸百慮一致夫生靈所難行人倫之高迹雖尊居黃屋盡蹈之矣若乃欽明稽
古協御天人帝王制作朝野軌度斟酌用舍煥乎其有文章海內黔黎咸受耳
目之賜加以雄才大略愛奇好士視下如傷役己利物亦無得而稱之其經緯
天地豈虛謚也

北史卷三

北史卷三考證

高祖孝文皇帝紀丁亥宋人來聘○丁監本誤乙魏書同今據上文云九月辛巳車駕還宮下文云己亥詔因死不得暴露則此十九日內定應作丁

秋七月辛亥行幸太山○太魏書作火

五月庚申以農月時要詔天下勿使有留獄○農月時要魏書作農時要月

置官班祿○祿監本訛錄今改正

甲子詔罷祖課○祖課魏書作租課

閏月癸亥次勾注陘南皇太子朝于蒲地○地魏書作池

己酉詔王公伯子男開國食邑者○王公伯子男魏書作王公侯伯子男

戊午詔改長尺大斗○尺監本訛赤今改正

復前南安王楨本爵○南安監本訛安南今改從魏書及本傳

庚午至自新野○以上文正月癸未朔計之則此庚午上脫二月二字

詩賦銘頌任興而作○任監本訛在今改從南本

北史卷三考證

北史卷四

唐　　李　延　壽　撰

魏本紀第四

世宗宣武皇帝諱恪孝文皇帝第二子也母曰高夫人初夢爲日所逐避於牀下日化爲龍繞己數匝寤而驚悸遂有娠太和七年閏四月生帝於平城宮二十一年正月景申立爲皇太子二十三年四月景午孝文帝崩丁巳太子卽皇帝位諒闇委政宰輔五月高麗國遣使朝貢六月乙卯分遣侍臣巡行州郡問人疾苦考察守令黜陟幽明褒禮名賢戊辰追尊皇妣曰文昭皇后秋八月戊申遵遺詔孝文皇帝三夫人已下悉免歸家癸丑增宮臣位一級冬十月癸未鄧至國王象舒彭來朝景戌謁長陵丁酉享太廟十一月幽州人王惠定聚衆反自稱明法皇帝刺史李肅捕斬之是歲州鎮十八水饑分遣使者開倉振恤景明元年春正月辛丑朔日有蝕之壬寅謁長陵乙巳大赦改元丁未齊豫州刺史裴叔業以壽春內屬二月戊戌復以彭城王勰爲司徒齊將胡松李居士

軍屯宛陳伯之水軍逼壽春夏四月景申司徒彭城王勰車騎將軍王肅大破之己亥皇弟恌薨五月甲寅北鎮饑遣兼侍中揚播巡撫振恤六月景子以司徒彭城王勰爲大司馬秋七月己亥朔日有蝕之齊將陳伯之寇淮南八月乙酉彭城王勰破伯之於肥口九月齊州人柳世明聚衆反冬十月丁卯朔謁長陵庚寅齊兗二州討世明平之丁亥改授彭城王勰司徒錄尚書事十一月丁巳陽平王頤薨是歲州鎮十七大饑分遣使者開倉振恤高麗吐谷渾等國並遣使朝貢

二年春正月景申朔謁長陵庚戌帝始親政遵遺詔聽司徒彭城王勰以老歸第進太尉咸陽王禧位太保以司空北海王詳爲大將軍錄尚書事丁巳引見羣臣於太極前殿告以覽政之意壬戌以太保咸陽王禧領太尉以大將軍廣陵王羽爲司空分遣大使黜陟幽明二月庚午進宿衛之官位一級甲戌大赦三月乙未朔詔以比年連有軍旅正調之外皆蠲罷壬戌青齊徐兗四州大饑人死者萬餘口是月齊雍州刺史蕭衍奉其南康王寶融爲主東赴建鄴夏五

月壬子廣陵王羽薨壬戌太保咸陽王禧謀反賜死六月丁亥考諸州刺史加以黜陟秋七月癸巳朔日有蝕之乙巳蠕蠕犯塞辛酉大赦九月丁酉發畿內夫五萬五千人築京師三百二十坊四旬罷己亥立皇后于氏乙卯免壽春營戶並隸揚州冬十一月景申以驃騎大將軍穆亮爲司空丁酉以大將軍北海王詳爲太傅領司徒壬寅改築圓丘於伊水之陽乙卯仍有事焉十二月齊直後張齊殺其主蕭寶卷以降蕭衍是歲高麗吐谷渾等國並遣使朝貢

三年春二月戊寅以旱故詔州郡掩骸骨三月齊建安王寶貪來奔夏四月詔撫軍將軍李崇討魯陽反蠻齊主蕭寶融遜位於梁閏四月丁巳司空穆亮薨秋七月丁巳朔日有蝕之八月丁卯以前太傅平陽公元丕爲三老九月丁巳行幸鄴丁卯詔使者弔比干墓戊寅閱武於鄴南冬十月庚子帝躬御弧矢射遠及一里五十步羣臣勒銘於射所甲辰車駕還宮十二月壬寅以太極前殿初成饗羣臣賜布帛有差是歲河州大饑死者二千餘口西域二十七國並遣使朝貢

四年春正月乙亥親耕藉田三月己巳皇后先蠶於北郊四月癸未朔以蕭寶
夤爲東揚州刺史封丹陽郡公齊王庚寅南天竺國獻辟支佛牙戊戌爲旱故
命鞫寃獄己亥減膳徹懸辛丑澍雨大洽五月甲戌行梁州事楊椿大破反氐
六月壬午朔封皇弟悅爲汝南王秋七月乙卯三老平陽公元丕薨庚午詔復
收鹽池利辛未以彭城王勰爲太師八月勿吉國貢楛矢冬十一月己未封武
興國世子楊紹先爲武興王
正始元年春正月景寅大赦改元夏五月丁未朔太傅北海王詳以罪廢爲庶
人六月以旱故徹樂減膳癸巳詔有司修案舊典祇行六事甲午帝以旱故親
薦享於太廟戊戌詔立周旦夷齊廟於首陽山庚子以旱故公卿以下引咎責
躬又錄京師見囚殊死以下皆減一等鞭杖之坐悉原之秋七月景子假鎮南
將軍李崇大破諸蠻八月景子假鎮南將軍元英破梁將馬仙琕於義陽詔洛
陽令有大事聽面敷奏乙酉元英攻拔義陽辛卯英又大破梁軍仍清三關丁
酉封英爲中山王九月詔諸州蠲停徭役不得橫有徵發蠕蠕犯塞詔左僕射

源懷討之冬十月乙未詔斷羣臣白衣募吏十一月戊午詔有司依漢魏舊章營繕國學十二月景子以苑牧公田分賜代遷戶己卯詔羣臣議定律令閏月癸卯朔行梁州事夏侯道遷據漢中來降乙丑以高陽王雍爲司空是歲高麗遣使來朝貢

二年春正月景子封宕昌世子梁彌博爲宕昌王二月梁州氐蜀反絕漢中運路州刺史邢巒頻大破之夏四月己未城陽王鸞薨乙丑詔曰中正所銓但爲門第吏部彝倫仍不才舉八坐可審議往代擢賢之體必令才學並申資望兼致邢巒遣統軍王足西伐頻破梁諸軍遂入劍閣秋七月戊子王足擊破梁軍因逼涪城八月壬寅詔中山王英南討襄沔冬十一月戊辰朔武興王楊紹先叔父集起謀反詔光祿大夫楊椿討之王足圍涪城益州諸郡戍降者十二三送編籍者五萬餘戶旣而足引軍退是歲鄧至國遣使朝貢

三年春正月丁卯朔皇子昌生大赦壬申梁秦二州刺史邢巒連破氐賊剋武興秦州人王智等聚衆自號王公尋推秦州主簿呂苟兒爲主年號建明己卯

楊集起兄弟相率降二月景辰詔求讜言戊午詔右衛將軍元麗等討呂苟兒
三月己巳以戎旅興詔停諸作己卯樂良王長命坐殺人賜死庚寅平南將軍
曲江縣公陳伯之自梁城南奔夏四月丁未詔罷鹽池禁五月景寅詔以時澤
未降春稼已旱或有孤老餧疾無人贍救因以致死暴露溝塹者令洛陽部尉
依法棺埋秋七月庚辰元麗大破秦賊降呂苟兒及其王公三十餘人秦涇二
州平戊子中山王英大破梁徐州刺史王伯敖於陰陵己丑詔發定冀瀛相并
肆六州卒十萬以濟南軍八月壬寅安東將軍邢巒破梁將桓和於孤山諸將
所在剋捷兗州平壬戌曲赦涇秦岐涼河五州九月癸酉邢巒大破梁軍於淮
南遂攻鍾離冬十一月甲子帝爲京兆王愉清河王懌廣平王懷汝南王悅講
孝經於式乾殿是歲高麗蠕蠕國並遣使朝貢

四年夏四月戊戌鍾離大水中山王英敗績而還六月己丑朔詔有司準前式
置國子立太學樹小學於四門秋八月己亥中山王英齊王蕭寶夤坐鍾離敗
除名辛丑敦煌人饑詔開倉振恤九月己未詔以徙正宮極庸績未酬以司空

高陽王雍爲太尉尚書令廣陽王嘉爲司空百官悉進位一級庚申夏州長史曹明謀反伏誅甲子開斜谷舊道景戌司州人饑詔開倉振恤閏月甲午禁大司馬門不得車馬出入冬十月丁卯皇后于氏崩自碣石至於劍閣東西七千里置二十二郡尉是歲西域東夷四十餘國並遣使朝貢

永平元年春三月戊子皇子昌薨景午以去年旱儉遣使者所在振恤夏五月辛卯帝以旱故減膳徹懸六月壬申詔依洛陽舊圖修聽訟觀秋七月甲午立夫人高氏爲皇后八月壬子朔日有蝕之癸亥冀州刺史京兆王愉據州反丁卯大赦改元九月景戌復前中山王英本封戊戌殺太師彭城王勰癸亥假鎮北將軍李平剋信都冀州平冬十月豫州彭城人白早生殺刺史司馬悅據城南叛十二月己未尚書邢巒剋懸瓠斬早生禽梁將齊苟兒等是歲北狄東夷西域十八國並遣使朝貢高昌國王麴嘉表求內徙

二年春正月涇州沙門劉慧汪聚衆反詔華州刺史奚康生討之夏四月己酉武川鎮饑詔開倉振恤甲子詔緣邊州鎮自今一不聽寇盜境外犯者罪同境

丙五月辛丑帝以旱故減膳徹懸禁斷屠殺甲辰幸華林都亭錄囚徒死罪以下降一等六月辛亥詔曰江海方同車書宜一諸州軌轍南北不等今可申敕四方遠近無二秋八月景午朔日有蝕之戊申以鄧至國世子像覽蹄爲其國王九月辛巳封故北海王子顥爲北海王壬午詔定諸門闥名冬十月癸丑以司空廣陽王嘉爲司徒庚午郢州獻七寶牀詔不納冬十一月甲申詔禁屠殺含孕以爲永制己丑帝於式乾殿爲諸僧朝臣講維摩詰經十二月詔五等諸侯其同姓者出身公正六下侯從六上伯從六下子正七上男正七下異族出身公從七上侯從七下伯正八上子正八下男從八上清修出身公從八下侯正九上伯正九下子從九上男從九下是歲西域東夷二十四國並遣使朝貢

三年春二月壬子秦州沙門劉光秀謀反州郡捕斬之癸亥秦州隴西羌殺鎮將趙儁反州軍討平之三月景戌皇子詡生大赦夏四月平陽郡之禽昌襄陵二縣大疫自正月至此月死者二千七百三十人五月丁亥冀定二州旱儉詔開倉振恤六月壬寅詔重求遺書於天下冬十月辛卯中山王英薨景申詔太

常立館使京畿內外疾病之徒咸令居處嚴敕醫署分師救療考其能否而行賞罰又令有司集諸醫工惟簡精要取三十卷以班九服十二月辛巳江陽王繼坐事除名甲申詔於青州立孝文皇帝廟殿中侍御史王敞謀反伏誅是歲西域東夷北狄十六國並遣使朝貢

四年春正月丁巳汾州劉龍駒聚衆反詔諫議大夫薛和討之二月壬午青齊徐兗四州人饑甚遣使振恤三月壬戌司徒廣陽王嘉薨夏四月梁遣其鎮北將軍張稷及馬仙琕寇朐山詔徐州刺史盧昶率衆赴之五月己亥還代京銅龍置天泉池西景辰詔禁天文學冬十一月朐山城陷盧昶大敗而還十二月壬戌朔日有蝕之是歲西域東夷北狄二十九國並遣使朝貢

延昌元年春正月乙巳以頻年水旱百姓饑敝分遣使者開倉振恤景辰以尚書令高肇爲司徒清河王懌爲司空三月甲午州郡十一大水詔開倉振恤以京師穀貴出倉粟八十萬石以振恤貧者己未安樂王詮薨夏四月詔以旱故斷食粟之畜丁卯詔曰還京蒿縣年將二紀博士端然虛祿靖言念之有兼愧

慨可嚴敕有司國子學孟冬使成太學四門明年暮春令就戊辰以旱故詔尚書與羣司鞫理獄訟辛未詔饑人就穀六鎮丁丑帝以旱故減膳徹懸癸未詔曰肆州地震陷裂死傷甚多亡者不可復追生病宜加療救可遣太醫折傷醫幷給所須藥就療乙酉大赦改元詔立理訴殿申訟車以盡冤窮之理五月景午詔天下有粟之家供年之外悉貸饑人自二月不雨至於是月己未晦日有蝕之六月壬申澍雨大洽戊寅通河南牝馬之禁庚辰詔出太倉粟五十萬石以振京師及州郡饑人冬十月乙亥立皇子詡爲皇太子十一月景申詔以東宮建賜天下爲父後者爵一級孝子順孫廉夫節婦旌表門閭量給粟帛十二月己巳詔守宰爲御史彈赦免者及考在中第皆代之是歲西域東夷十國並遣使朝貢

二年春正月戊戌帝御申訟車親理冤訟二月景辰朔振恤京師貧人甲戌以六鎮大饑開倉振贍己卯進太尉高陽王雍位太保閏月辛丑以苑牧地賜代遷人無田者是春人饑死者數萬口夏四月庚子以絹十五萬疋振河南郡人

五月甲寅朔日有蝕之是月壽春大水遣平東將軍奚康生等步騎數千赴之

六月乙酉青州人饑詔使者開倉振恤甲午曲赦揚州辛亥帝御申訟車親理寃訟是夏十三郡大水秋八月辛卯詔以水旱饑儉百姓多陷罪辜降死以下刑九月景辰以貴族豪門崇習奢侈詔尚書嚴立限級節其流宕冬十月詔以恆肆地震人多死傷重丏一年租賦十二月景戌丏洛陽河陰二縣租賦乙巳詔以恆肆地震人多離災其有課丁沒盡老幼單立家無受復者各賜廪粟以接來稔是歲東夷西域十餘國並遣使朝貢

三年春二月乙未詔曰肆州秀容郡敷城縣鴈門郡原平縣並自去年四月以來山鳴地震于今不已告譴彰咎朕甚懼焉可恤瘼寬刑以答災譴夏四月青州人饑辛巳開倉振恤乙巳上御申訟車親理寃訟秋八月甲申帝臨朝堂考百司而加黜陟冬十一月辛亥詔司徒高肇爲大將軍平蜀大都督步騎十五萬西伐益州丁巳幽州沙門劉僧紹聚衆反自號淨居國明法王州郡捕斬之

十二月庚寅詔立明堂是歲東夷西域八國並遣使朝貢

四年春正月甲寅帝不豫丁巳崩于式乾殿時年三十三二月甲戌朔上尊謚曰宣武皇帝廟號世宗甲午葬景陵帝幼有大度喜怒不形於色雅性儉素初孝文欲觀諸子志尚大陳寶物任其所取京兆王愉等皆競取珍玩帝唯取骨如意而已孝文大奇之及庶人恂失德孝文謂彭城王勰曰吾固疑此兒有非常志相今果然矣乃見立爲儲貳雅愛經史尤長釋氏之義每至講論連夜忘疲善風儀美容貌臨朝深嘿端嚴若神有人君之量矣

肅宗孝明皇帝諱詡宣武皇帝之第二子也母曰胡充華永平三年三月景戌生於宣光殿之東北有光照於庭中延昌元年十月乙亥立爲皇太子四年正月丁巳宣武帝崩是夜太子卽皇帝位戊午大赦己未徵下西討東防諸軍庚申詔太保高陽王雍入居西柏堂決庶政以任城王澄爲尚書令百官總己以聽二王二月庚辰尊皇后高氏爲皇太后辛巳司徒高肇至京師以罪賜死癸未進太保高陽王雍位太傅領太尉以司空清河王懌爲司徒以驃騎大將軍廣平王懷爲司空乙亥尊胡充華爲皇太妃三月甲辰朔皇太后出俗爲尼徙

御金墉城景辰詔進宮臣位一級乙丑進文武羣官位一級夏六月沙門法慶聚衆反於冀州殺阜城令自稱大乘秋八月乙亥領軍于忠矯詔殺左僕射郭祚尚書裴植免太傅高陽王雍官以王還第景子尊皇太妃爲皇太后戊子帝朝太后於宣光殿大赦己丑進司徒清河王懌爲太傅領太尉以司空廣平王懷爲太保領司徒任城王澄爲司空庚寅以車騎大將軍于忠爲尚書令特進崔光爲車騎大將軍並儀同三司壬辰復江陽王繼本國復濟南王彧先封爲臨淮王羣臣奏請皇太后臨朝稱制九月乙巳皇太后親覽萬機甲寅征西大將軍元遙破斬法慶傳首京師安定王爕薨冬十二月辛丑以高陽王雍爲太師己酉鎮南將軍崔亮破梁將趙祖悅軍遂圍硤石丁卯帝皇太后謁景陵是歲東夷西域北狄十八國並遣使朝貢

熙平元年春正月戊辰朔大赦改元荆沔都督元志大破梁軍以吏部尚書李平爲行臺節度討硤石諸軍二月乙巳鎮東將軍蕭寶夤大破梁將於淮北癸亥初聽秀才對策第中上已上敍之乙丑鎮南崔亮鎮將李平等剋硤石斬趙

祖悅傳首京師盡俘其衆三月戊辰朔日有蝕之夏四月戊戌以瀛州人饑開
倉振恤五月丁卯朔以炎旱命釐察獄訟權停作役庚午詔放華林野獸於山
澤秋七月庚午重申殺牛禁八月景午詔古帝諸陵四面各五十步勿聽耕稼
九月丁丑淮堰破梁緣淮城戍村落十餘萬口皆漂入海是歲吐谷渾宕昌鄧
至高昌陰平等國並遣使朝貢
二年春正月大乘餘賊復相聚攻瀛州刺史宇文福討平之甲戌大赦庚寅詔
遣大使巡行四方問疾苦恤孤寡黜陟幽明二月丁未封御史中尉元匡為東
平王三月丁亥太保領司徒廣平王懷薨夏四月丁酉詔京尹所統年高者板
賜郡各有差戊申以開府儀同三司胡國珍為司徒乙卯皇太后幸伊闕石窟
寺卽日還宮改封安定王超為北平王五月庚辰重申天文禁犯者以大辟論
秋七月乙亥儀同三司汝南王悅坐殺人免官以王還第己巳享太廟八月戊
戌宴道武以來宗室年十五以上於顯陽殿申家人禮己亥詔庶族子弟年未
十五不聽入仕庚子詔咸陽京兆二王子女還附屬籍丁未詔太師高陽王雍

入居門下參決尚書奏事冬十月以幽冀滄瀛光五州饑遣使巡撫開倉振恤是歲東夷西域氐羌等十一國並遣使朝貢

神龜元年春正月甲子詔以氐酋楊定爲陰平王壬申詔給京畿及諸州老人板郡縣各有差及賜鰥寡孤獨粟帛庚辰詔以雜役戶或冒入清流所在職人皆令五人相保無人任保者奪官還役乙酉秦州羌反幽州大饑死者三千七百九十人詔刺史開倉振恤二月己酉詔以神龜表瑞大赦改元東益州氐反三月南秦州氐反夏四月丁酉司徒胡國珍薨甲辰改封江陽王繼爲京兆王六月自正月不雨是月辛卯澍雨乃降秋七月河州人卻鐵忽聚衆反自稱水池王閏月甲辰開恆州銀山禁八月癸丑朔詔京師見囚殊死以下悉減一等甲子卻鐵忽詣行臺源子恭降九月戊申皇太后高氏崩于瑤光寺冬十月丁卯以尼禮葬高太后於芒山十二月辛未詔曰人生有終下歸兆域京邑隱振口盈億萬貴賤依憑未有定所今制乾脯山以西擬爲九原是歲東夷西域北狄十一國並遣使朝貢

二年春正月辛巳朔日有蝕之丁亥詔曰皇太后攝把自居稱號弗備宜遵舊
典稱詔宇內以副黎蒸元元之望是月改葬文昭皇太后高氏二月乙丑齊郡
王祐薨庚午羽林千餘人焚征西將軍張彝第毆傷彝燒殺其子均乙亥大赦
丁丑詔求直言壬寅詔以旱故命依舊雩祈察理寃獄掩胔埋骼振窮恤寡三
月甲辰澍雨大洽夏五月戊戌以司空任城王澄爲司徒京兆王繼爲司空秋
八月乙未御史中尉東平王匡坐事削除官爵九月庚寅皇太后幸嵩高山癸
巳還宮冬十一月癸丑司徒任城王澄薨庚申大赦詔除淫祀焚諸雜神是歲
吐谷渾宕昌嚈噠等國並遣使朝貢
正光元年春正月乙亥朔日有蝕之夏四月景辰詔尚書長孫承業巡撫北蕃
觀察風俗五月辛巳以炎旱故詔八座鞫見囚申枉濫秋七月景子侍中元乂
中常侍劉騰奉帝幸前殿矯皇太后詔歸政遜位乃幽皇太后北宮殺太傅清
河王懌總勒禁旅決事殿中辛卯帝加元服大赦改元內外百官進位一等八
月甲寅相州刺史中山王熙舉兵欲誅騰不果見殺九月壬辰蠕蠕主阿那瓌

來奔戊戌以太師高陽王雍爲丞相冬十月乙卯以儀同三司汝南王悅爲太尉十一月己亥封阿那瓌爲朔方郡公蠕蠕王十二月壬子詔送蠕蠕王阿那瓌歸北辛酉以司空京兆王繼爲司徒

二年春正月南秦州氐反二月車駕幸國子學講孝經三月庚午幸國子學祠孔子以顏回配甲午右衞將軍奚康生於禁中將殺元叉不果爲叉所害以儀同三司劉騰爲司空夏四月庚子進司徒京兆王繼位太保壬寅以儀同三司崔光爲司徒五月丁酉朔日有蝕之秋七月己丑以旱故詔有司修案舊典祗行六事八月己巳蠕蠕後主郁久閭俟匿代來奔懷朔鎮十二月甲戌詔司徒崔光安豐王延明等議定服章庚辰以東益南秦州氐反詔河閒王琛討之失利是歲烏萇居密波斯高昌勿吉伏羅高車等國並遣使朝貢

三年春正月辛亥耕藉田夏四月庚辰以高車國主覆羅伊匐爲鎮西將軍西海郡公高車國王五月壬辰朔日有蝕之六月己巳以旱故詔分遣有司馳祈岳瀆及諸山川百神能興雲雨者命理冤獄止土功減膳徹懸禁止屠殺冬十

一月己丑朔日有蝕之乙巳祀圜丘景午詔班歷大赦十二月癸酉以太保京兆王繼爲太傅司徒崔光爲太保是歲波斯不漢龜茲吐谷渾並遣使朝貢

四年春二月壬申追封故咸陽王禧爲敷城王京兆王愉爲臨洮王清河王懌爲范陽王以禮加葬丁丑河間王琛章武王融並以貪汚削爵除名己卯蠕蠕主阿那瓌率衆犯塞遣尚書左丞元孚爲北道行臺持節喻之蠕蠕後主郁久閭侯匿代來朝司空劉騰薨夏四月阿那瓌執元孚北遁秋八月癸未追復故范陽王懌爲河間王九月丁酉詔太尉汝南王悅入居門下與丞相高陽王雍參決尚書奏事冬十一月癸未朔日有蝕之景申趙郡王謐薨丁酉太保崔光薨十二月以太尉汝南王悅爲太保徐州刺史北海王顥坐貪汙削爵除官是歲宕昌庫莫奚國並遣使朝貢

五年春正月辛丑祀南郊三月沃野鎮人破六韓拔陵反聚衆殺鎮將號真王元年夏四月高平酋長胡琛反自稱高平王攻鎮以應拔陵別將盧祖遷擊破之五月都督北征諸軍事臨淮王彧攻討敗於五原削除官爵壬申詔尚書令

李崇爲大都督率廣陽王淵等北討六月秦州城人莫折大提據城反自稱秦王殺刺史李彥大提尋死子念生代立僭稱天子年號天建置立百官丁酉大赦秋七月戊午復河間王琛臨淮王彧本封是月涼州幢帥于菩提呼延雄執刺史宋穎據州反念生遣其兄高陽王天生下隴東寇八月甲午雍州刺史元志西討大敗於隴東退守岐州景申詔諸州鎮軍元非犯配者悉免爲編戶改鎮爲州依舊立稱九月壬申詔尚書左僕射齊王蕭寶夤爲西道行臺大都督復撫軍北海王顥官爵爲都督並率諸將西討乙亥帝幸明堂餞寶夤等吐谷渾主伏連籌遣兵討涼州于菩提走追斬之城人趙天安復推宋穎爲刺史冬十月營州城人劉安定就德興據城反執刺史李仲遵城人王惡兒斬安定以降德興東走自號燕王十二月詔太傅京兆王繼爲太師大將軍率諸將西討汾州正平平陽胡叛逆詔復征東將軍章武王融封爵爲大都督率衆討之莫折念生遣兵攻涼州城人趙天安復執刺史以應之是歲嚈噠契丹地豆干庫莫奚等國並遣使朝貢

孝昌元年春正月庚申徐州刺史元法僧據城反自稱宋王年號天啓遣其子景仲歸梁梁遣其將豫章王綜入守彭城法僧擁其僚屬南入詔臨海王彧尚書李憲爲都督安豐王延明爲東道行臺俱討徐州癸亥蕭寶夤及征西將軍崔延伯大破賊於黑水天生退走入隴涇岐及隴悉平以太師大將軍京兆王繼爲太尉二月詔追復故樂良王長命爵以其子忠紹之戊戌大赦三月甲戌詔五品以上各薦所知夏四月辛卯皇太后復臨朝攝政引羣臣面陳得失壬辰征西將軍都督崔延伯大敗於涇州戰歿六月癸未大赦改元蠕蠕主阿那瓌大破拔陵是月諸將逼彭城蕭綜夜潛出降梁諸將奔退衆軍追躡免者十一二秋八月癸酉詔斷遠近貢獻珍麗違者免官柔玄鎭人杜洛周反於上谷年號真王九月乙卯詔減天下諸調之半壬戌詔五品以上各舉所知辛未曲赦南北秦州冬十月蠕蠕遣使朝貢十一月辛亥詔父母年八十以上者皆聽居官時四方多事諸蠻復反十二月山胡劉蠡升反自稱天子

二年春正月庚戌封廣平王懷長子誨爲范陽王壬子以太保汝南王悅領太

尉是月五原鮮于修禮反於定州年號魯興二月庚申帝及皇太后臨大夏門親覽寃訟三月庚子追復中山王熙本爵以其子叔仁紹之夏四月大赦戊申北討都督河間王琛長孫承業失利奔還詔並免官爵五月丁未車駕將北討內外戒嚴前給事黃門侍郎元略自梁還朝封義陽王以丞相高陽王雍為大司馬六月己巳曲赦齊州絳蜀陳雙熾聚衆反自號始建王曲赦平陽建興正平三郡詔假鎮西將軍都督長孫承業討雙熾平之景子改封義陽王略為東平王戊寅詔復京兆王繼本封江陽王戊子詔曰自運屬艱棘歷載於茲朕威德不能遐被經略無以及遠何以苟安黃屋無愧黔黎今便避居正殿蔬飡素服當親自招募收集忠勇其有直言正諫之士敢決徇義之夫二十五日悉集華林東門人別引見共論得失秋八月景子進封廣川縣公元邵為常山王戊子進武城縣公子攸為長樂王癸巳賊帥元洪業斬鮮于修禮請降為賊黨葛榮所殺九月辛亥葛榮敗都督廣陽王深章武王融於博野白牛邏融歿於陣榮自稱天子國號齊年稱廣安冬十一月戊戌杜洛周攻陷幽州執刺史王延

年及行臺常景景午稅京師田租畝五升借賃公田者畝一斗閏月稅市人出入者各一錢店舍爲五等梁將元樹逼壽春揚州刺史李憲力屈而降初留州縣及長史司馬戍主副質子於京師詔頃舊京淪覆中原喪亂宗室子女屬籍在七廟內爲雜戶濫門拘辱者悉聽離絶是歲疊伏羅庫莫奚國並遣使朝貢

三年春正月甲戌以司空皇甫度爲司徒儀同三司蕭寶夤爲司空辛巳葛榮陷殷州刺史崔楷固節死之甲申詔峻鑄錢之制蕭寶夤大敗于涇州北海王顥尋亦敗走曲赦關西及正平平陽建興戊子以司徒皇甫度爲太尉己丑以四方未平詔內外戒嚴將親征二月丁酉詔開輸賞格輸粟入瀛定岐雍四州者官斗二百斛賞一階入二華州者五百石賞一階不限多少粟畢授官虜賊據潼關三月甲子詔將西討中外戒嚴虜賊走復潼關秋七月相州刺史安樂王鑒據州反己丑大赦八月都督源子邕李神軌裴衍攻鄴丁未斬鑒相州平九月己未東豫州刺史元慶和以城南叛秦州城人杜粲殺莫折念生自行州事冬十月戊申曲赦恆農巴西河北正平平陽邵郡及關西諸州軍甲寅雍州

刺史蕭寶夤據州反自號齊年稱隆緒十一月己丑葛榮攻陷冀州執刺史元孚逐出居人凍死者十六七十二月戊申都督源子邕裴衍與榮戰敗於陽平東北並歿是月杜粲爲駱超所殺超遣使歸罪是歲蠕蠕遣使朝貢

武泰元年春正月乙丑生皇女祕言皇子景寅大赦改元丁丑雍州人侯終德相率攻蕭寶夤寶夤度渭走雍州平二月癸丑帝崩於顯陽殿時年十九甲寅皇子卽位大赦皇太后詔曰皇家握歷受圖年將二百祖宗累聖社稷載安高祖以文思先天世宗以下武繼世大行在御重以寬仁奉養率由溫明恭順實望穹靈降祐麟趾衆繁自潘充華有孕椒宮冀誕儲兩而熊羆無兆唯虺遂彰于時直以國步未康假稱統胤欲以底定物情係仰宸極何圖一旦弓劍莫追皇曾孫故臨洮王寶暉世子釗體自高祖天表卓異大行平日養愛特深義齊若子事符當璧允膺大寶卽日踐阼可班宣遠邇咸使知之乙卯幼主卽位儀同三司大都督尒朱榮抗表請入奔赴勤兵而南是月杜洛周爲葛榮所幷三月甲申上尊諡曰孝明皇帝乙酉葬於定陵廟號肅宗四月戊戌尒朱榮濟河

庚子皇太后幼主崩

論曰宣武承聖考德業天下想望風化垂拱無爲邊徼稽服而寬以攝下從容不斷太和之風替矣比之漢世安順宣武之後繼以元成孝明沖齡統業靈后婦人專制任用非人賞罰乖舛於是釁起宇內禍延邦畿卒於享國不長抑亦淪胥之始也

北史卷四

北史卷四考證

世宗宣武皇帝紀己亥立皇后于氏○于監本訛于今從魏書改正

秋七月景子假鎮南將軍李崇大破諸蠻八月景子假鎮南將軍元英破梁將馬仙琕於義陽○上景子魏書作癸丑此必因下文俱係假鎮南將軍而誤也

冬十一月甲申詔禁屠殺含孕以爲永制○上旣書冬十月矣此冬字衍

戊辰以旱故詔尚書與羣司鞫理獄訟○鞫監本訛鞠今改從南本

肅宗孝明皇帝紀年未十五不聽入仕○仕監本訛任今改從魏書

壬申詔尚書令李崇爲大都督○李監本訛季今從本傳改正

壬辰征西將軍都督崔延伯大敗于涇州○延監本訛廷今改從南本

辛未曲赦南北秦州○赦監本訛政今改正

戊寅詔復京兆王繼本封江陽王○繼監本訛維今改從南本

是歲疊伏羅庫莫奚國並遣使朝貢○庫字下監本脫莫奚二字今從魏書增

入

北史卷四考證

唐　李　延　壽　撰

魏本紀第五

敬宗孝莊皇帝諱子攸彭城王勰之第三子也母曰李妃明帝初以勰有魯陽翼衞之勳封帝武城縣公幼侍明帝書於禁中及長風神秀慧姿貌甚美雅爲明帝親待孝昌二年八月進封長樂王歷位侍中中軍將軍以兄彭城王劭事轉爲衞將軍左光祿大夫中書監實見出也武泰元年二月明帝崩大都督尒朱榮謀廢立以帝家有忠勳且兼人望陰與帝通率衆來赴帝與兄弟夜北度河會榮於河陽

永安元年夏四月戊戌帝南濟河卽皇帝位以皇兄彭城王劭爲無上王皇弟霸城公子正爲始平王以尒朱榮爲使持節侍中都督中外諸軍事大將軍尚書令領軍將軍領左右封太原王己亥百僚相率有司奉璽綬備法駕奉迎於河梁西至陶渚榮以兵權在己遂有異志乃害靈太后及幼主次害無上王劭

始平王子正又害丞相高陽王雍已下王公卿士二千人列騎衛帝遷於便幕
榮尋悔稽顙謝罪辛丑車駕入宮御太極殿大赦改武泰爲建義元年壬寅榮
表請追諡無上王爲皇帝餘死河陰者諸王刺史贈三司三品者令僕五品者
刺史七品以下及庶人郡鎮諸死者子孫聽立後授封爵詔從之癸卯以前太
尉江陽王繼爲太師以司州牧相州刺史北海王顥爲太傅開府仍刺史封光
祿大夫清泉縣侯李延實爲陽平王位太保還太傅以并州刺史元天穆爲太
尉封上黨王以儀同三司楊椿爲司徒以儀同三司頓丘郡公穆紹爲司空領
尙書令進爵爲王以雍州刺史長孫承業爲開府儀同三司進爵馮翊王以殿
中尙書元諶爲尙書右僕射封魏郡王以給事黃門侍郎元瑱爲東海王甲辰
以敷城王坦爲咸陽王以諫議大夫元貴平爲東萊王以直閤將軍元肅爲魯
郡王以祕書郎中元曄爲長廣王以馮翊郡公源紹景復先爵隴西王扶風郡
公馮冏東郡公陸子彰北平公長孫悅並復先王爵以北平王超還復爲安定
王丁未詔中外解嚴庚戌封大將軍尒朱榮次子义羅爲梁郡王詔蠕蠕王阿

那瓌讚拜不名上書不稱臣是月汝南王悅北海王顥臨淮王彧前後奔梁五
月丁巳朔以右僕射元羅爲東道大使光祿勳元欣副之循方黜陟先行後聞
辛酉大將軍尒朱榮還晉陽帝餞於邙陰六月癸卯以高昌王世子光爲平西
將軍瓜州刺史襲爵泰臨縣伯高昌王帝以寇難未夷避正殿責躬撤膳又班
募格收集忠勇有直言正諫之士者集華林園面論時事幽州平北府主簿河
間邢杲率河北流移人萬餘戸反於北海自署漢王年號天統秋七月乙丑加
大將軍尒朱榮柱國大將軍錄尚書事壬子光州人劉舉聚衆反於濮陽自稱
皇武大將是月高平鎮人萬俟醜奴僭稱大位臨淮王彧自江南還朝八月太
山太守羊侃據郡反甲辰詔大都督宗正珍孫討劉舉平之九月己巳以齊州
刺史元欣爲沛郡王壬申柱國大將軍尒朱榮率騎七千討葛榮於滏口破禽
之冀定滄瀛殷五州平乙亥以葛榮平大赦改元爲永安辛巳以尒朱榮爲大
丞相進榮子平昌郡公文殊樂昌郡公文暢爵並爲王以司徒楊椿爲太保城
陽王徽爲司徒冬十月丁亥尒朱榮檻送葛榮於京師帝臨閶闔門榮稽顙謝

罪斬於都市戊戌江陽王繼薨癸丑復膠東縣侯李侃希祖爵南郡王是月大
都督費穆大破梁軍禽其將曹義宗檻送京師梁以北海王顥爲魏主年號孝
基入據南兗之銍城十一月戊午以無上王世子韶爲彭城王陳留王子寬爲
陳留王寬弟剛爲浮陽王剛弟質爲林慮王癸亥行臺于暉等大破羊侃於瑕
丘侃奔梁戊寅封前軍元凝爲東安王是歲葛榮遺黨韓樓復據幽州反
二年春二月甲午追尊皇考爲文穆皇帝廟號肅祖皇妣爲文穆皇后夏四月
癸未遷文穆皇帝及文穆皇后神主于太廟降畿內死罪已下刑辛丑上黨王
天穆大破邢杲於濟南杲降送赴京師斬於都市五月壬子朔元顥剋梁國乙
丑內外戒嚴癸酉元顥陷滎陽甲戌夜車駕北巡乙亥幸河內景子元顥入洛
丁丑進封城陽縣公元祉爲平原王安昌縣公元鷙爲華山王戊寅太原王尒
朱榮會車駕於長子卽日反旆上黨王天穆北度會車駕於河內秋七月戊辰
都督尒朱兆賀拔勝從硤石夜濟破顥子冠受及安豐王延明軍元顥敗走庚
午車駕入居華林園升大夏門大赦壬申以柱國大將軍太原王尒朱榮爲天

柱大將軍上黨王天穆爲太宰以司徒城陽王徽爲大司馬太尉己卯以南青州刺史元旭爲襄城王南兗州刺史元暹爲汝陽王閏月辛巳帝始居宮內辛卯以兼吏部尚書楊津爲司空八月己未以太傅李延實爲司徒丁卯封瓜州刺史元太宗爲東陽王九月大都督侯深破韓樓於薊斬之幽州平冬十月乙酉朔日有蝕之丁丑以前司空丹陽王蕭贊爲司徒十一月己卯就德興自營州遣使請降景午以大司馬太尉城陽王徽爲太保以司徒丹陽王蕭贊爲太尉以雍州刺史長孫承業爲司徒

三年夏四月丁卯雍州刺史尒朱天光討萬侯醜奴蕭寶夤於安定破禽之囚送京師甲戌以關中平大赦斬醜奴於都市賜寶夤死六月戊午嚈噠國獻師子一是月白馬龍涸胡王慶雲僭稱帝號於永洛城秋七月景子尒朱天光平永洛城禽慶雲九月辛卯天柱大將軍尒朱榮上黨王天穆自晉陽來朝戊戌帝殺榮天穆於明光殿及榮子菩提乃升閶闔門大赦遣武衛將軍奚毅前燕州刺史侯深率衆鎮北中是夜左僕射尒朱世隆榮妻鄉郡長公主率榮部曲

自西陽門出屯河陰己亥攻河橋禽毅等屠害之據北中城南逼京師冬十月
癸卯朔封大鴻臚卿寶炬爲南陽王汝陽縣公脩爲平陽王新陽伯誕爲昌樂
王琅邪公昶爲太原王甲辰徙封魏郡王諶爲趙郡王諶弟子趙郡王亶爲平
昌王戊申皇子生大赦乙卯通直散騎常侍李留以火船焚河橋尒朱世隆退
走壬申世隆停建興之高都尒朱兆自晉陽來會之共推長廣王曄爲主大赦
所部年號建明徐州刺史尒朱仲遠反率衆向京師十一月己亥以司徒長孫
承業爲太尉以臨淮王彧爲司徒景子進雍州刺史廣宗郡公尒朱天光爵爲
王十二月甲辰尒朱兆尒朱度律自富平津上率騎涉度以襲京城事出倉卒
禁衞不守帝步出雲龍門兆逼帝幸永寧寺殺皇子亂兵殺司徒臨淮王彧左
僕射范陽王誨戊申尒朱度律自鎭京師甲寅尒朱兆遷帝於晉陽甲子帝遇
弑於城內三級佛寺時年二十四幷害陳留王寬中興二年廢帝奉諡爲武懷
皇帝及孝武立又以廟諱故改諡孝莊皇帝廟號敬宗葬靜陵
節閔皇帝諱恭字修業廣陵惠王羽之子也母曰王氏帝少有志度事祖母嫡

母以孝聞正始中襲爵位給事黃門侍郎帝以元乂擅權託稱瘖病絕言垂一紀居於龍花佛寺無所交通永安末有白莊帝言帝不語將有異圖人間遊聲又云常有天子氣帝懼禍遂逃匿上洛尋見追躡送京師拘禁多日以無狀獲免及莊帝崩尒朱世隆等以元曄疎遠又非人望所推以帝有過人之量將謀廢立恐實不語乃令帝所親申意兼迫脅帝曰天何言哉世隆等大悅及元曄至邙南世隆等奉帝東郭外行禪讓禮太尉尒朱度律奉路車進璽紱服袞冕百官侍衞入自建春雲龍門

普泰元年春二月己巳皇帝卽位於太極前殿羣臣拜賀禮畢遂登閶闔門大赦以魏爲大魏改建明二年爲普泰元年罷稅市及稅鹽之官庚午詔曰自秦之末競爲皇帝忘負乘之深殃垂貪鄙於萬葉予今稱帝已爲褒矣可普告令知是月鎭遠將軍清河崔祖螭聚青州七郡之衆圍東陽幽州刺史劉靈助起兵於薊河北大使高乾及其弟昂夜襲冀州執刺史元嶷共推前河內太守封隆之行州事三月癸酉封長廣王曄爲東海王以青州刺史魯郡王肅爲太師

沛郡王欣爲太傅司州牧改封淮陽王以徐州刺史彭城王尒朱仲遠雍州刺史隴西王尒朱天光並爲大將軍以柱國大將軍并州刺史頴川王尒朱兆爲天柱大將軍封晉州刺史平陽郡公高歡爲勃海王以特進清河王亶爲太傅以尚書令樂平王尒朱世隆爲太保以趙郡王諶爲司空景申定州刺史侯深破劉靈助於安國城斬之傳首京師夏四月壬子享太廟癸亥隴西王尒朱天光破宿勤明達禽送京師斬之景寅以侍中尒朱彥伯爲司徒詔有司不得復稱僞梁罷細作之條無禁鄰國還往五月景子尒朱仲遠使其都督魏僧勗等討崔祖螭於東陽斬之六月己亥朔日有蝕之庚申勃海王高歡起兵信都以誅尒朱氏爲名秋七月壬申尒朱世隆等害前太保楊椿前司空楊津景戌司徒尒朱彥伯以旱遜位九月以彭城王尒朱仲遠爲太宰庚辰以隴西王尒朱天光爲大司馬癸巳追尊皇考爲先帝皇妣王氏爲先太妣封皇弟永業爲高密王皇子子恕爲勃海王冬十月壬寅高歡推勃海太守元朗卽皇帝位於信都

二年春閏二月高歡敗尒朱天光等於韓陵夏四月辛巳高歡與廢帝至芒山使魏蘭根慰喻洛邑且觀帝之爲人蘭根忌帝雅德還致毀謗竟從崔陵議廢帝於崇訓佛寺而立平陽王修是爲孝武帝帝既失位乃賦詩曰朱門久可患紫極非情翫顛覆立可待一年三易換時運正如此唯有修真觀五月景申帝遇弑殂於門下外省時年三十五孝武帝詔百司赴會葬用王禮加九旒鑾輅黃屋左纛班劍百二十人後西魏追謚節閔皇帝

廢帝諱朗字仲哲章武王融第三子也母曰程氏帝少稱明悟元曄建明二年正月戊子爲勃海太守普泰元年十月勃海王高歡奉帝以主號令

中興元年冬十月壬寅皇帝卽位於信都西大赦改普泰元年爲中興以勃海王高歡爲丞相都督中外諸軍事以河北大使高乾爲司空辛亥高歡大破尒朱兆於廣阿十一月梁將元樹入據譙城

二年春二月甲子以勃海王高歡爲大丞相柱國大將軍太師及歡敗尒朱氏於韓陵四月辛巳帝於河陽遜位於别邸五月孝武封帝爲安定郡王十一月

殂於門下外省時年二十永熙二年葬於鄴西南野馬崗

孝武皇帝諱修字孝則廣平武穆王懷之第三子也母曰李氏帝性沉厚學涉好武事遍體有鱗文年十八封汝陽縣公夢人有從諱謂己曰汝當大貴得二十五年永安三年封平陽王普泰中爲侍中尚書左僕射中興二年高歡既敗尒朱氏廢帝自以疎遠請遜大位歡乃與百寮議以孝文不可無後時召汝南王悅於梁至將立之宿昔而止又諸王皆逃匿帝在田舍先是嵩山道士潘彌望見洛陽城西有天子氣候之乃帝也於是造第密言之居五旬而高歡使斛斯椿求帝椿從帝所親王思政見帝帝變色曰非賣我耶椿遂以白歡歡遣四百騎奉迎帝入氈帳陳誠泣下霑襟讓以寡德歡再拜帝亦拜歡出備服御進湯沐達夜嚴警昧爽文武執鞭以朝使斛斯椿奉勸進表椿入帷門磬折延首而不敢前帝令思政取表曰視便不得不稱朕矣於是假廢帝安定王詔策而禪位焉即位于東郭之外用代都舊制以黑氈蒙七人歡居其一帝於氈上西向拜天訖自東陽雲龍門入

永熙元年夏四月戊子皇帝御太極前殿羣臣朝賀禮畢升閶闔門大赦改中興二年爲太昌元年壬辰高歡還鄴五月景申節閔帝殂以太傅淮陽王欣爲太師改封沛郡王以司徒趙郡王諶爲太保以司徒南陽王寶炬爲太尉以太保長孫承業爲太傅辛丑復前司空高乾位己酉以儀同三司清河王亶爲司徒乙卯內外解嚴六月癸亥朔帝於華林園納訟丁卯南陽王寶炬坐事降爲驃騎大將軍開府以王歸第己卯臨顯陽殿納訟景戌詔曰間者凶權誕恣法令變常遂立夷貊輕賦藁收天下之意隨以箕斂之重終納十倍之征掩目捕雀何能過此今歲租調且兩收一丐明年復舊秋七月庚子以南陽王寶炬爲太尉乙卯帝臨顯陽殿親理冤獄是月東南道大行臺樊子鵠大破梁軍於譙城禽其將元樹八月丁卯封西中郎將元寧爲高平王九月癸卯進燕郡公賀拔允爵爲王癸丑改封沛郡王欣爲廣陵王節閔子勃海王子恕爲沛郡王冬十月辛酉朔日有蝕之十一月丁酉祀圓丘甲辰殺安定王朗及東海王曄己酉以汝南王悅爲侍中大司馬開府葬太后胡氏十二月丁亥殺大司馬汝南

王悅大赦改元爲永興以同明元時年號尋改爲永熙是歲蠕蠕嚈噠高麗契丹庫莫奚高昌等國並遣使朝貢

二年春正月庚寅朔朝饗羣臣于太極前殿丁酉勃海王高歡大敗尒朱氏山東平罷諸行臺丁巳追尊皇考爲武穆皇帝太妃馮氏爲武穆皇后皇妣李氏曰皇太妃二月以咸陽王坦爲司空三月甲午太師魯郡王肅薨丁巳以太保趙郡王諶爲太尉以太尉南陽王寶炬爲尚書令太保開府是月阿至羅十萬戶內附詔復以勃海王高歡爲大行臺隨機裁處夏四月己未朔日有蝕之秋七月壬辰以太師廣陵王欣爲大司馬以太尉趙郡王諶爲太師並開府庚戌以前司徒燕郡王賀拔允爲太尉冬十月癸未以衛將軍瓜州刺史泰臨縣伯高昌王麴子堅爲儀同三司進爵郡公十二月丁巳狩於嵩陽士卒寒苦己巳遂幸温湯丁丑還宮

三年春二月壬戌大赦壬午封左衛將軍元斌之爲頴川王夏四月癸丑朔日有蝕之辛未高平王寧坐事降爵爲公五月景戌置勳府庶子箱別六百人騎

官箱別二百人閣內部曲數千人帝內圖高歡乃以斛斯椿爲領軍使與王思政等統之以爲心膂軍謀朝政咸決於椿分置督將及河南關西諸刺史辛卯下詔戒嚴揚聲伐梁實謀北討是夏契丹高麗吐谷渾並遣使朝貢秋七月己丑帝親總六軍十餘萬次河橋高歡引軍東度景午帝率南陽王寶炬清河王亶廣陽王湛斛斯椿以五千騎宿於瀍西楊王別舍沙門都維那惠臻負璽持千牛刀以從有牛百頭盡殺以食軍士衆知帝將出其夜亡者過半清河廣陽二王亦逃歸略陽公宇文泰遣都督駱超李賢和各領數百騎赴駱超先至甲戌賢和會帝於崤中己酉高歡入洛遣婁昭及河南尹元子思領左右侍官追帝請迴駕高昂率勁騎及帝於陝西帝鞭馬長騖至湖城饑渴甚有王思村人以麥飯壺漿獻帝帝甘之復一村十年是歲二月熒惑入南斗衆星北流羣鼠浮河向鄴梁武跣而下殿以禳星變及聞帝之西慚曰虜亦應天乎帝至稠桑潼關大都督毛洪賓迎獻食八月宇文泰遣大都督趙貴梁禦甲騎二千來赴乃奉迎帝過河謂禦曰此水東流而朕西上若得重謁洛陽廟是卿等功也帝

及左右皆流涕宇文泰迎帝於東陽帝勞之將士皆呼萬歲遂入長安以雍州公廨爲宮大赦甲寅高歡推司徒清河王亶爲大司馬承制總萬機居尚書省歡追車駕至潼關九月己酉歡東還洛陽帝親督衆攻潼關斬其行臺華長瑜又剋華州其冬十月高歡推清河王亶子善見爲主徙都鄴是爲東魏魏於此始分爲二帝之在洛也從妹不嫁者三一曰平原公主明月南陽王同產也二曰安德公主清河王懌女也三曰蒺藜亦封公主帝內宴令諸婦人詠詩或詠鮑照樂府曰朱門九重門九閨願逐明月入君懷帝旣以明月入關蒺藜自縊宇文泰使元氏諸王取明月殺之帝不悅或時彎弓或時推案君臣由此不安平閏十二月癸巳潘彌奏言今日當慎有急兵其夜帝在逍遙園宴阿至羅顧侍臣曰此處彷彿華林園使人聊增悽怨命取所乘波斯騮馬使南陽王躍之將攀鞍蹶而死帝惡之日宴還宮至後門馬驚不前鞭打入謂潘彌曰今日幸無他不彌曰過夜半則大吉須臾帝飲酒遇酖而崩時年二十五謚曰孝武殯於草堂佛寺十餘年乃葬雲陵始宣武孝明間謠曰狐非狐貉非貉焦梨狗子

齧斷索識者以爲索謂本索髮焦梨狗子指宇文泰俗謂之黑獺也

文皇帝諱寶炬孝文皇帝之孫京兆王愉之子也母曰楊氏帝正始初坐父愉罪兄弟皆幽宗正寺及宣武崩乃得雪正光中拜直閤將軍時胡太后多嬖寵帝與明帝謀誅之事泄免官武泰中封邵縣侯永安三年進封南陽王孝武即位拜太尉加侍中永熙二年進位太保開府尚書令三年孝武與高歡搆難以帝爲中軍四面大都督及從入關拜太宰錄尚書事孝武崩丞相略陽公宇文泰率羣公卿士奉表勸進三讓乃許焉

大統元年春正月戊申皇帝即位於城西大赦改元追尊皇考爲文景皇帝皇妣楊氏爲皇后己酉進丞相略陽公宇文泰都督中外諸軍錄尚書事大行臺改封安定郡公以尚書令斛斯椿爲太保廣平王贊爲司徒乙卯立妃乙氏爲皇后立皇子欽爲皇太子甲子以廣陵王欣爲太傅以儀同三司万俟壽樂干爲司空東魏將侯景攻陷荆州二月前南青州刺史大野拔斬兗州刺史樊子鵠以州降東魏夏五月降罪人加安定公宇文泰位柱國秋七月以開府儀同

三司念賢爲太尉以司空万俟壽樂干爲司徒以開府儀同三司越勒肱爲司
空梁州刺史元羅以州降梁九月有司詔煎御香澤須錢萬貫帝以軍旅在外
停之冬十月太師上黨王長孫承業薨十二月以太尉念賢爲太傅以河州刺
史梁景叡爲太尉
二年春正月辛亥祀南郊改以神元皇帝配東魏攻陷夏州二月儀同三司段
敬討叛羌梁仙定平之三月以涼州刺史李叔仁爲司徒以司徒万俟壽樂干
爲太宰夏五月司空越勒肱薨秦州刺史建中王万俟普撥及其子太宰壽樂
干率所部奔東魏秋九月以扶風王孚爲司空以太保斛斯椿爲太傅冬十一
月追改始祖神元皇帝爲太祖道武皇帝爲烈祖是歲關中大饑人相食死者
十七八
三年春二月槐里獲神璽大赦夏四月太傅斛斯椿薨五月以廣陵王欣爲太
宰賀拔勝爲太師六月以司空扶風王孚爲太保以太尉梁景叡爲太傅以司
徒廣平王贊爲太尉以開府儀同三司王盟爲司空冬十月安定公宇文泰大

破東魏軍於沙苑拜泰柱國大將軍十二月司徒李叔仁自梁州通使於東魏
建昌太守賀蘭植攻斬之
四年春正月辛酉拜天於清暉室終帝世遂爲常二月東魏攻陷南汾潁豫廣
四州廢皇后乙氏三月立蠕蠕女郁久閭氏爲皇后大赦以司空王盟爲司徒
秋七月東魏將侯景等圍洛陽帝與安定公宇文泰東伐九月車駕至自東伐
以撫軍將軍梁仙定爲南洮州刺史安西蕃
五年春二月赦京城內夏五月以開府儀同三司李弼爲司空免妓樂雜役之
徒皆從編戶秋七月詔自今恆以朔望親閱京師見禁囚徒以司空扶風王孚
爲太尉冬十月於陽武門外縣鼓置紙筆以求得失
六年春正月庚戌朝羣臣自西還至此禮樂始備太尉扶風王孚薨二月鑄五
銖錢降罪人冬十一月太師念賢薨
七年春二月幽州刺史順陽王仲景以罪賜死三月夏州刺史劉平謀反大都
督于謹討禽之秋九月詔班政事之法六條冬十一月叛羌梁仙定徒黨屯於

赤水城秦州刺史獨孤信擊平之尚書奏班十二條制十二月御㵎雲觀引見
諸王敘家人之禮手詔爲宗誡十條以賜之
八年春三月初置六軍夏四月鄯善王兄鄯朱那率衆內附秋八月以太尉王
盟爲太保冬十月詔皇太子鎮河東十二月行幸華州起萬壽殿於沙苑北
九年春正月降罪人禁中外及從母兄弟姊妹爲婚閏月車駕至自華州二月
東魏北豫州刺史高仲密據武牢內附以仲密爲侍中司徒封勃海郡公秋七
月大赦以太保王盟爲太傅以太尉廣平王贊爲司空冬十二月以司空李弼
爲太尉
十年春正月甲子詔公卿已下每月上封事三條極言得失刺史二千石銅墨
已上有讜言嘉謀勿有所諱夏五月太師賀拔勝薨秋七月更權衡度量
十一年夏五月太傅王盟薨詔諸鞫大辟獄皆命三公覆審然後加刑冬始築
圜丘於城南封皇子儉
十二年春二月涼州刺史宇文仲和反秦州刺史獨孤信討平之三月鑄五銖

錢夏五月詔女年不滿十三以上勿得以嫁秋九月東魏勃海王高歡攻玉壁晉州刺史韋孝寬力戰禦之冬十二月歡燒營而退

十三年春正月開白渠以溉田二月詔自今應宮刑者直沒官勿刑亡奴婢應黥者止科亡罪以開府儀同三司若干惠爲司空東魏勃海王高歡薨其司徒侯景據潁川率河南六州內附授景太傅河南大行臺上谷郡公三月大赦夏五月以太傅侯景爲大將軍以開府儀同三司獨孤信爲大司馬晉王謹薨秋七月司空若干惠薨大將軍侯景據豫州叛封皇子寧爲趙王

十四年春正月赦潁豫廣北洛東荊襄等七州以開府儀同三司趙貴爲司空皇孫生大赦夏五月以安定公宇文泰爲太師廣陵王欣爲太傅太尉李弼爲大宗伯前太尉趙貴爲大司寇以司空于謹爲大司空

十五年己巳五月侯景殺梁武帝初詔諸代人太和中改姓者並令復舊六月東魏勃海王高澄攻陷潁川秋八月盜殺東魏勃海王高澄冬十二月封梁雍州刺史岳陽王蕭詧爲梁王

十六年夏四月封皇子儒爲燕王公爲吳王五月東魏靜帝遜位于齊秋七月安定公宇文泰東伐至恆農齊師不出乃還九月大赦

十七年春三月庚戌帝崩于乾安殿時年四十五夏四月庚辰葬於永陵上謚曰文皇帝帝性強果始爲太尉時侍中高隆之恃勃海王高歡之黨驕狎公卿因公會帝勸酒不飲怒而毆之罵曰鎮兵何敢爾也孝武以歡故免帝太尉歸第命羽林守衞月餘復位及歡將改葬其父朝廷追贈太師百僚會弔者盡拜帝獨不屈曰安有生三公而拜贈太師耶及躋大位權歸周室嘗登逍遙觀望嵯峨山因謂左右曰望此令人有脫屣之意若使朕年五十便委政儲宮尋山餌藥不能一日萬機也既而大運未終竟保天祿云

廢帝諱欽文皇帝之長子也母曰乙皇后大統元年正月乙卯立爲皇太子十七年三月卽皇帝位是月梁邵陵王蕭綸侵安陸大將軍楊忠討禽之

元年冬十一月梁湘東王蕭繹討侯景禽之遣其舍人魏彥來告仍嗣位於江陵

二年秋八月大將軍尉遲迥剋城都劍南平冬十一月安定公宇文泰殺尚書元烈

三年春正月安定公宇文泰廢帝而立齊王廓帝自元烈之誅有怨言淮安王育廣平王贊等並垂泣諫帝不聽故及於辱

恭皇帝諱廓文皇之第四子也大統十四年封爲齊王廢帝三年正月卽皇帝位改元

元年夏四月蠕蠕乙旃達官寇廣武五月柱國李弼追擊之斬首數千級收輜重而還冬十一月魏師滅梁戕梁元帝梁太尉王僧辯奉元帝子方智爲王承制居建業

二年秋七月梁太尉王僧辯納貞陽侯蕭明於齊奉以爲主梁王方智爲太子

九月梁司空陳霸先殺僧辯廢蕭明復奉方智爲帝是歲梁廣州刺史王琳寇邊大將軍豆盧寧帥師討之

三年春正月丁丑初行周禮建六官以安定公宇文泰爲太師冢宰以柱國李

弼爲大司徒趙貴爲太保大宗伯以尚書令獨孤信爲大司馬以于謹爲大司寇以侯莫陳崇爲大司空冬十月乙亥安定公宇文泰薨十二月庚子帝遜位於周

周閔帝元年正月封帝爲宋公尋殂

東魏孝靜皇帝諱善見清河文宣王亶之世子也母曰胡妃永熙三年八月拜開府儀同三司孝武帝旣入關勃海王高歡乃與百僚會議推帝以奉明帝之後時年十一

天平元年冬十月景寅皇帝卽位于城東北大赦改元庚午以太師趙郡王諶爲大司馬以司空咸陽王坦爲太尉以開府儀同三司高盛爲司徒以開府儀同三司高昂爲司空壬申享太廟景子車駕北遷于鄴詔勃海王高歡留後部分改司州爲洛州以尚書令元弼爲儀同三司洛州刺史鎮洛陽十一月兗州刺史樊子鵠南青州刺史大野拔據瑕丘反庚寅車駕至鄴居北城相州之廨改相州刺史爲司州牧魏郡太守爲魏尹徙鄴舊人西徑百里以居新遷人分

鄴置臨漳縣以魏郡林慮廣平陽丘汲郡黎陽東濮陽清河廣宗等郡爲皇畿十二月丁卯燕郡王賀拔允薨庚午詔內外戒嚴百司悉依舊章從容雅服不得以務衫從事景子進侍中封隆之等五人爲大使巡喻天下丁丑赦畿內閏月梁以元慶和爲魏王入據平瀬鄉孝武崩于長安初置四中郎將於礓石橋置東中蒲泉置西中濟北置南中洛水置北中

二年春正月乙亥兼尚書右僕射東南道行臺元宴討元慶和破走之二月壬午以太尉咸陽王坦爲太傅以司州牧西河王悰爲太尉己丑前南青州刺史大野拔斬樊子鵠以降兗州平戊戌梁司州刺史陳慶之寇豫州刺史堯雄擊走之三月辛酉以司徒高盛爲太尉以司空高昂爲司徒濟陰王暉業爲司空勃海王高歡討平山胡劉蠡升辛未以旱故詔京邑及諸州郡縣收瘞骸骨是春高麗契丹並遣使朝貢夏四月前青州刺史侯梁反攻掠青齊癸未濟州刺史蔡儁討平之壬辰降京師見囚夏五月大旱勒城門殿門及省府寺署坊門澆人不簡王公無限日得雨乃止六月元慶和寇南頓豫州刺史堯雄大破之

秋七月甲戌封汝南王悅孫綽爲琅邪王八月辛卯司空濟陰王暉業坐事免
甲午發衆七萬六千人營新宮九月丁巳以開府儀同三司襄城王旭爲司空
冬十月丁未梁柳仲禮寇荆州刺史王元擊破之癸丑祀圓丘甲寅閶闔門災
龍見幷州人家井中十二月壬午車駕狩于鄴東甲午文武百官量事各給祿
是歲西魏文帝大統元年也
三年春正月癸卯朔饗羣臣於前殿戊申詔百官舉士舉不稱才者兩免之二
月丁未梁光州刺史郝樹以州内附丁酉加勃海王世子澄爲尚書令大行臺
大都督三月甲寅以開府儀同三司華山王鷙爲大司馬丁卯陽夏太守盧公
纂據郡南叛大都督元整破之夏四月丁酉昌樂王誕薨五月癸卯賜鰥寡孤
獨貧窮者衣物各有差景辰以錄尚書事西河王悰爲司州牧戊辰太尉高盛
薨六月辛巳趙郡王諶薨秋七月庚子大赦梁夏州刺史田獨鞞頼川防城都
督劉鸞慶並以州内附八月幷肆汾建四州霜雹大饑九月壬寅以定州刺史
侯景兼尚書右僕射南道行臺節度諸軍南討景辰平陽人路季禮聚衆反辛

西御史中尉竇泰討平之冬十一月戊申詔遣使巡檢河北流移饑人侯景攻
剋梁楚州獲刺史桓和十二月以幷州刺史尉景爲太保辛未遣使者板假老
人官百歲已下各有差壬申大司馬清河王亶薨癸未以太傅咸陽王坦爲太
師是歲高麗勿吉並遣使朝貢
四年春正月以汝南王暹爲錄尚書事夏四月辛未遷七帝神主入新廟大赦
內外百官普進一階先是滎陽人張儉等聚衆反於大騩山通西魏壬辰武衞
將軍高元咸討破之六月己巳幸華林園理訟辛未詔尚書掩骼埋胔推錄囚
徒壬午閶闔門災秋七月甲辰遣兼散騎常侍李楷聘於梁八月西魏剋陝州
刺史李徽伯死之九月侍中元子思與其弟子華謀西入並賜死閏月乙丑衞
將軍右光祿大夫蔣天樂謀反伏誅禁京師酤酒冬十月以咸陽王坦爲錄尚
書事壬辰勃海王高歡西討敗于沙苑己酉西魏行臺宮景壽都督楊白駒寇
洛州大都督韓賢大破之西魏又遣其大行臺元季海大都督獨孤信逼洛州
刺史廣陽王湛棄城歸闕季海信遂據金墉十一月景子以驃騎大將軍儀同

三司万俟普爲太尉十二月甲寅梁人來聘河間人邢磨納范陽人盧仲禮等各聚衆反是歲高麗蠕蠕並遣使朝貢

元象元年春正月辛酉朔日有蝕之有巨象自至碭郡陂中南兗州獲送于鄴丁卯大赦改元二月景辰遣兼散騎常侍鄭伯猷聘于梁夏四月庚寅曲赦畿內開酒禁六月壬辰帝幸華林都堂聽訟秋七月乙亥高麗遣使朝貢是夏山東大水蝦蟆鳴于樹上秋八月辛卯大敗西魏于河陰九月大都督賀拔仁擊邢磨納盧仲禮等破平之冬十月梁人來聘十二月庚寅遣陸操聘于梁

興和元年春正月辛酉以尚書令孫騰爲司徒三月甲寅朔封常山郡王邵第二子曜爲陳郡王五月甲戌立皇后高氏乙亥大赦是月高麗遣使朝貢六月乙酉以尚書左僕射司馬子如爲山東黜陟大使尋爲東北道行臺差選勇士庚寅前頴川刺史奚思業爲河南大使簡發勇士丁酉梁人來聘戊申開府儀同三司汝陽王暹薨秋八月壬辰遣兼散騎常侍王元景聘于梁九月甲子發畿內十萬人城鄴四十日罷辛未曲赦畿內死罪已下各有差冬十一月癸亥

以新宮成大赦改元八十已上賜綾帽及杖七十旁無期親及有疾廢者各賜粟帛築城之夫給復一年

二年春正月壬申以太保尉景爲太傅以驃騎大將軍開府儀同三司厙狄干爲太保丁丑徙御新宮大赦內外百官並進一階營構主將別優一階三月乙卯梁人來聘夏五月己酉西魏行臺宮延和陝州刺史宮元慶率戸內屬置之河北馬場振廩各有差壬子遣兼散騎常侍李象聘于梁閏月丁丑朔日有蝕之己丑封皇兄景植爲宜陽王皇弟威爲清河王謙爲潁川王六月壬子大司馬華山王鷙薨冬十月丁未梁人來聘十二月乙卯遣兼散騎常侍崔長謙聘於梁是歲高麗蠕蠕勿吉並遣使朝貢

三年春二月甲辰阿至羅出吐拔那渾大率部來降三月乙酉梁州人公孫貴賓聚衆反自號天王陽夏鎮將討禽之夏四月戊申阿至羅國主副伏羅越君子去賓來降封爲高車王六月乙丑梁人來聘秋七月己卯宜陽王景植薨八月甲子遣兼散騎常侍李騫聘於梁先是詔羣官於麟趾閣議定新制冬十月

甲寅班於天下己巳發夫五萬人築漳濱堰三十五日罷癸亥車駕狩于西山

十一月戊寅還宮景戌以開府儀同三司彭城王韶爲太尉以度支尚書胡僧

敬爲司空是歲蠕蠕高麗勿吉國並遣使朝貢

四年春正月景辰梁人來聘夏四月景寅遣兼散騎常侍李繪聘于梁乙酉以

侍中廣陽王湛爲太尉以尚書右僕射高隆之爲司徒以太尉彭城王韶爲錄

尚書事丁亥太傅尉景坐事降爲驃騎大將軍開府儀同三司辛卯以太保厙

狄干爲太傅以領軍將軍婁昭爲大司馬封祖裔爲尚書右僕射六月景申復

前侍中樂良王忠爵丁酉復陳留王景皓常山王紹宗高密王永業爵秋八月

庚戌以開府儀同三司吏部尚書侯景爲兼尚書僕射河南行臺隨機討防冬

十月甲寅梁人來聘十一月壬午驃騎大將軍開府儀同三司青州刺史西河

王悰薨十二月辛亥使兼散騎常侍陽裴使于梁是歲蠕蠕高麗吐谷渾並遣

使朝貢

武定元年春正月壬戌朔大赦改元己巳車駕蒐于邯鄲之西山癸酉還宮二

月壬申北豫州刺史高仲密據武牢西叛三月景午帝親納訟戊申勃海王高歡大敗西魏師于邙山追奔至恆農而還豫洛二州平夏四月封彭城王韶弟襲爲武安王五月壬辰以剋復武牢降天下死罪已下囚乙未以吏部尚書侯景爲司空六月乙亥梁人來聘戊寅封前員外散騎侍郎元長春爲南郡王八月乙丑以汾州刺史斛律金爲大司馬壬午遣兼散騎常侍李渾聘于梁冬十一月甲午車駕狩于西山乙巳還宮是歲吐谷渾高麗蠕蠕並遣使朝貢

二年春二月丁卯徐州人劉烏黑聚衆反遣行臺慕容紹宗討平之三月梁人來聘以旱故宥死罪已下囚景午以開府儀同三司孫騰爲太保壬子以勃海王世子高澄爲大將軍領中書監元弼爲錄尚書事以尚書左僕射司馬子如爲尚書令以太原公高洋爲左僕射夏五月甲午遣散騎常侍魏季景聘于梁丁酉太尉廣陽王湛薨秋八月癸酉尚書令司馬子如坐事免九月甲申以開府儀同三司濟陰王暉業爲太尉太師咸陽王坦坐事免以王還第冬十月丁巳太保孫騰大司馬高隆之各爲括戶大使凡獲逃戶六十餘萬十一月西河

地陷有火出甲申以司徒高隆之爲尚書令以前大司馬婁昭爲司徒庚子祀
圓丘辛丑梁人來聘是歲吐谷渾地豆干室韋高麗蠕蠕勿吉等並遣使朝貢
三年春正月景申遣兼散騎常侍李獎聘于梁二月庚申吐谷渾國奉其從妹
以備後庭納爲容華嬪夏五月甲辰大赦秋七月庚子梁人來聘冬十月遣中
書舍人尉瑾聘于梁十二月以司空侯景爲司徒以中書令韓軌爲司空戊子
以太保孫騰爲錄尚書事是歲高麗吐谷渾蠕蠕並遣使朝貢
四年夏五月壬寅梁人來聘六月庚子以司徒侯景爲河南大行臺應機討防
秋七月壬寅遣兼散騎常侍元廓聘于梁八月移洛陽漢魏石經于鄴是歲室
韋勿吉地豆干高麗蠕蠕並遣使朝貢
五年春正月己亥朔日有蝕之景午勃海王高歡薨辛亥司徒侯景降于西魏
以求救西魏遣其將李弼王思政赴之思政等入據潁川景乃出走豫州乙丑
梁人來聘二月侯景復背西魏歸梁夏四月壬申大將軍高澄來朝甲午遣兼
散騎常侍李緯聘於梁五月丁酉朔大赦戊戌以尚書右僕射襄城王旭爲太

尉甲辰以太原公高洋爲尚書令領中書監以青州刺史尉景爲大司馬以開府儀同三司庫狄干爲太師以錄尚書事孫騰爲太傅以汾州刺史賀拔仁爲太保以司空韓軌爲司徒以領軍將軍可朱渾道元爲司空以司徒高隆之錄尚書事以徐州刺史慕容紹宗爲尚書左僕射高陽王斌爲右僕射戊午大司馬尉景薨六月乙酉帝爲勃海王舉哀於東堂服緦衰秋九月辛丑梁貞陽侯蕭明寇徐州堰泗水於寒山灌彭城以應侯景冬十一月乙酉以尚書左僕射慕容紹宗爲東南道行臺與大都督高岳潘相樂大破禽之及其二子瑀道十二月乙亥蕭明至帝御閶闔門讓而宥之岳等迴師討侯景是歲高麗勿吉並遣使朝貢

六年春正月己亥大都督高岳等於渦陽大破侯景俘斬五萬餘人其餘溺死於渦水水爲不流景走淮南二月己卯梁遣使求和許之三月癸巳以太尉襄城王旭爲大司馬以開府儀同三司高岳爲太尉辛亥以冬春亢旱赦罪人各有差夏四月甲子吏部令史張永和青州人崔闊等僞假人官事覺糺檢首者

六萬餘人甲戌太尉高岳司徒韓軌大都督劉豐等討王思政於頴川引洧水
灌其城九月乙酉梁人來聘冬十月戊申侯景濟江推梁臨賀王正德爲主以
攻建業是歲高麗室韋蠕蠕吐谷渾並遣使朝貢
七年春正月戊辰梁北徐州刺史中山侯蕭正表以鎭內附封蘭陵郡公吳郡
王三月丁卯侯景剋建業夏五月景辰侯景殺梁武帝戊寅勃海王高澄帥師
赴頴川六月剋之獲西魏大將軍王思政等秋八月辛卯立皇子長仁爲太子
盜殺勃海王高澄癸巳大赦內外百官並進二級甲午太原公高洋如晉陽冬
十月癸未以開府儀同三司咸陽王坦爲太傅甲午以開府儀同三司潘相樂
爲司空十二月甲辰吳郡王蕭正表薨己酉以幷州刺史彭樂爲司徒是歲蠕
蠕地豆于室韋高麗吐谷渾並遣使朝貢
八年春正月辛酉帝爲勃海王高澄舉哀於東堂戊辰詔太原公高洋嗣事徙
封齊郡王甲戌地豆于契丹並遣使朝貢二月庚寅以尙書令高隆之爲太保
三月庚申進齊郡王高洋爵爲齊王夏四月乙巳蠕蠕遣使朝貢五月甲寅詔

齊王爲相國總百揆備九錫之禮以齊國大妃爲王太后王妃爲王后景辰遜帝位於齊

天保元年己未封帝爲中山王邑一萬戶上書不稱臣答不稱詔載天子旌旗行魏正朔乘五時副車封王諸子爲縣公邑各一千戶奉絹一萬疋錢一萬貫粟二萬石奴婢三百人水碾一具田百頃園一所於中山國立魏宗廟

二年十二月己酉中山王殂時年二十八

三年二月奉謚曰孝靜皇帝葬於鄴西漳北其後發之陵崩死者六十人帝好文美容儀力能挾石師子以踰牆射無不中嘉辰宴會多命羣臣賦詩從容沉雅有孝文風勃海王高澄嗣事甚忌焉以大將軍中兵參軍崔季舒爲中書黃門侍郎令監察動靜小大皆令季舒知澄與季舒書曰癡人復何似癡勢小差未帝嘗與獵於鄴東馳逐如飛監衞都督烏那羅受工伐從後呼帝曰天子莫走馬大將軍怒澄嘗侍帝飲大舉觴曰臣澄勸陛下帝不悅曰自古無不亡之國朕亦何用此活澄怒曰朕朕狗脚朕澄使季舒毆帝三拳奮衣而出明日澄

使季舒勞帝帝亦謝焉賜絹季舒未敢受以啓澄澄使取一段帝束百疋以與之曰亦一段爾帝不堪憂辱詠謝靈運詩曰韓亡子房奮秦帝魯連恥本自江海人志義動君子常侍侍講荀濟知帝意乃與華山王大器元瑾密謀於宮中僞爲山而作地道向北城至千秋門門者覺地下響動以告澄澄勒兵入宮曰陛下何意反耶臣父子功存社稷何負陛下耶及將殺諸妃嬪帝正色曰王自欲反何關於我我尚不惜身何況妃嬪澄下牀叩頭大啼謝罪於是酣飲夜久乃出居三日幽帝於含章堂大器瑾等皆見烹於市及將禪位於文宣襄城王昶及司徒潘相樂侍中張亮黄門郎趙彥深等求入奏事帝在昭陽殿見之昶曰五行遞運有始有終齊王聖德欽明萬姓歸仰臣等昧死聞奏願陛下則堯禪舜帝便斂容答曰此事推挹已久謹當遜避又云若爾須作詔書侍郎崔劼裴讓之奏云詔已作訖卽付楊愔進於帝凡十條書訖曰將安朕何所復若爲而去楊愔對曰在北城別有館宇還備法駕依常仗衛而去帝乃下御座步就東廊口詠范蔚宗後漢書贊云獻生不辰身播國屯終我四百永作虞賓所司

奏請發帝曰古人念遺簪弊屨欲與六宮別可乎高隆之曰今天下猶陛下之天下況在後宮乃與夫人嬪以下訣莫不歔欷掩涕嬪趙國李氏誦陳思王詩云王其愛王體俱享黃髮期皇后已下皆哭直長趙德以故犢車一乘候於東上閤帝上車德超上車持帝帝肘之曰朕畏天順人授位相國何物奴敢逼人趙德尚不下及出雲龍門王公百僚衣冠拜辭帝曰今日不減常道鄉公漢獻帝衆皆悲愴高隆之泣灑遂入北城下司馬子如南宅及文宣行幸常以帝自隨帝后封太原公主常為帝嘗食以護視焉竟遇酖而崩

論曰莊宗運接交喪招納勤王雖時事孔棘而卒有四海猾逆翦除權強擅命神慮獨斷芒刺未除而天未忘亂禍不旋踵自茲之後魏室土崩始則制屈強胡終乃權歸霸政主祭祀者不殊於寄坐遇黜辱者有甚於弈棋雖以節閔之明孝武之長秖以速是奔波文帝以剛強之質終以守雌自寶靜恭運終天祿高蹈唐虞各得其時也

北史卷五

北史卷五考證

敬宗孝莊皇帝紀辛酉大將軍尒朱榮還晉陽帝餞於邙陰○邙監本訛卬今改從魏書

又班募格收集忠勇有直言正諫之士者集華林園面論時事○者字上脫數字應從魏書增入今各本俱同仍之

甲戌夜車駕北巡○魏書無夜字

丁卯封瓜州刺史元太宗爲東陽王○宗魏書作榮

遣武衛將軍奚毅前燕州刺史侯深率衆鎮北中○侯深魏書作崔淵

景子進雍州刺史廣宗郡公尒朱天光爵爲王○據上文十一月己亥十二月甲辰則此景子應作庚子

節閔皇帝紀○此節閔皇帝魏書作前廢帝

討崔祖螭于東陽○祖監本訛袓今改從本傳

孝武皇帝紀○孝武皇帝魏書作出帝

己卯臨顯陽殿納訟〇納監本訛訥今改正

泰臨縣伯高昌王麴子堅〇麴監本訛趙今改正

以五千騎宿於瀍西楊王別舍〇瀍監本訛漄字書無漄字今改從閣本

文皇帝紀冬十月安定公宇文泰大破東魏軍於沙菀〇菀魏書齊書俱作苑

今各本皆同仍之

十五年己巳五月〇本書每年不紀干支此獨書之衍文也

東魏孝靜皇帝紀先是滎陽人張儉等聚衆反於大騩山通西魏壬辰武衛將

軍高元咸討破之〇魏書騩作醜咸作盛

秋七月乙亥高麗遣使朝貢是夏山東大水蝦蟆鳴于樹上〇是夏下十二字

魏書本在秋七月上

癸酉還宮二月壬申〇上文春正月壬戌朔則二月安得有壬申此必有誤

天保元年己未封帝爲中山王〇 臣人龍按此五月也己未上不書月殆以齊

顯祖文宣皇帝天保元年卽孝靜帝武定八年而五月甲寅詔齊王總百揆

景辰遜位于齊已見于上文故耶

北史卷五考證

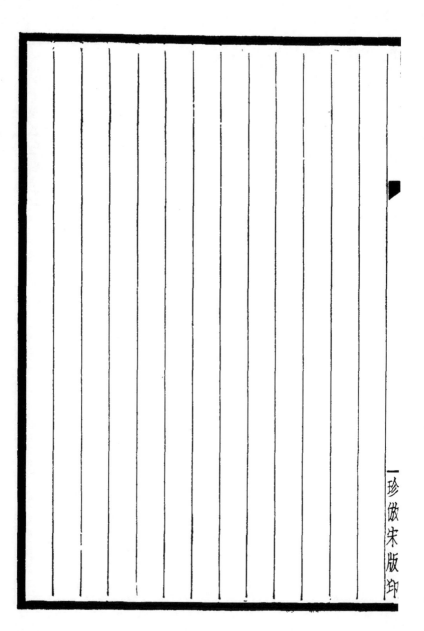

北史卷六

唐　李　延　壽　撰

齊本紀上第六

齊高祖神武皇帝姓高氏諱歡字賀六渾渤海脩人也六世祖隱晉玄菟太守隱生慶慶生泰泰生湖三世仕慕容氏及慕容寶敗國亂湖率衆歸魏爲右將軍湖生四子第三子謐仕魏位至侍御史坐法徙居懷朔鎮謐生皇考樹生性通率不事家業住居白道南數有赤光紫氣之異鄰人以爲怪勸徙居以避之皇考曰安知非吉居之自若及神武生而皇妣韓氏殂養於同產姊壻鎮獄隊尉景家神武既累世北邊故習其俗遂同鮮卑長而深沉有大度輕財重士爲豪俠所宗目有精光長頭高權齒白如玉少有人傑表家貧及娉武明皇后始有馬得給鎮爲隊主鎮將遼西段長常奇神武貌謂曰君有康濟才終不徒然便以子孫爲託及貴追贈長司空擢其子寧而用之神武自隊主轉爲函使嘗乘驛過建興雲霧晝晦雷聲隨之半日乃絕若有神應者每行道路往來無風

壓之色又嘗夢履衆星而行覺而內喜爲函使六年每至洛陽給令史麻祥使
祥嘗以肉啗神武神武性不立食坐而進之祥以爲慢己笞神武四十及自洛
陽還傾產以結客親故怪問之荅曰吾至洛陽宿衞羽林相率焚領軍張彝宅
朝廷懼其亂而不問爲政若此事可知也財物豈可常守邪自是乃有澄清天
下之志與懷朔省事雲中司馬子如及秀容人劉貴中山人賈顯智爲奔走之
友懷朔戶曹史孫騰外兵史侯景亦相友結劉貴嘗得一白鷹與神武及尉景
蔡儁子如賈顯智等獵於沃野見一赤兔每搏輒逸遂至迴澤澤中有茅屋將
奔入有狗自屋中出嚙之鷹兔俱死神武怒以鳴鏑射之狗斃屋中乃有二人
出持神武襟甚急其母兩目盲曳杖呵其二子曰何故觸大家出甕中酒烹羊
以待客因自言善暗相偏捫諸人言皆貴而指麾俱由神武又曰子如歷位顯
智不善終飲竟出行數里還更訪之則本無人居乃向非人也由是諸人益加
敬異孝昌元年柔玄鎮人杜洛周反於上谷神武乃與同志從之醜其行事私
與尉景段榮蔡儁圖之不果而逃爲其騎所追文襄及魏永熙后皆幼武明后

於牛上抱負之文襄屢落牛神武彎弓將射之以決去后呼榮求救賴榮遽下
取之以免遂奔葛榮又亡歸尒朱榮於秀容先是劉貴事榮甚言神武美至是
始得見以憔悴故未之奇也貴乃爲神武更衣復求見焉因隨榮之廄廄有惡
馬榮命剪之神武乃不加羈絆而剪竟不蹄齧已而起曰御惡人亦如此馬矣
榮遂坐神武於牀下屏左右而訪時事神武曰聞公有馬十二谷色別爲羣將
此竟何用也榮曰但言爾意神武曰方今天子愚弱太后淫亂孽寵擅命朝政
不行以明公雄武乘時奮發討鄭儼徐紇而清帝側霸業可舉鞭而成此賀六
渾之意也榮大悅語自日中至夜半乃出自是每參軍謀後從榮徙據并州抵
揚州邑人龐蒼鷹止團焦中每從外歸主人遥聞行響動地蒼鷹母數見團焦
上赤氣赫然屬天又蒼鷹嘗夜欲入有青衣人拔刀叱曰何故觸王言訖不見
始以爲異密覘之唯見赤蛇蟠牀上乃益驚異因殺牛分肉厚以相奉蒼鷹母
求以神武爲義子及得志以其宅爲第號爲南宅雖門巷深廣堂宇崇麗其本
所住團焦以石堊塗之留而不毁至文宣時遂爲宮既而榮以神武爲親信都

督于時魏明帝銜鄭儼徐紇逼靈太后未敢制私使榮舉兵內向榮以神武爲前鋒至上黨明帝又私詔停之及帝暴崩榮遂入洛因將篡位神武諫恐不聽請鑄像卜之鑄不成乃止孝莊帝立以定策勳封銅鞮伯及尒朱榮擊葛榮令神武喻下賊別稱王者七人後與行臺于暉破羊侃于太山尋與元天穆破邢杲于濟南累遷第三鎮人酋長嘗在榮帳內榮嘗問左右曰一日無我誰可主軍皆稱尒朱兆榮曰此正可統三千騎以還堪代我主衆者唯賀六渾耳因誡兆曰爾非其匹終當爲其子穿鼻乃以神武爲晉州刺史於是大聚斂因劉貴貨榮下要人盡得其意時州庫角無故自鳴神武異之無幾而孝莊誅榮及尒朱兆自晉陽將舉兵赴洛召神武神武使長史孫騰辭以絳蜀汾胡欲反不可委去兆恨焉騰復命神武曰兆舉兵犯上此大賊也吾不能久事之自是始有圖兆計及兆入洛執莊帝以北神武聞之大驚又使孫騰僞賀兆因密覘孝莊所在將劫以舉義不果乃以書喻之言不宜執天子以受惡名於海內兆不納殺帝而與尒朱世隆等立長廣王曄改元建明封神武爲平陽郡公及費也頭

紇豆陵步藩入秀容逼晉陽兆徵神武神武將往賀拔焉過兒請緩行以弊之神武乃往逗留辭以河無橋不得渡步藩軍盛兆敗走初孝莊之誅尒朱榮知其黨必有逆謀乃密勑步藩令襲其後步藩旣敗兆等以兵勢日盛兆又請救於神武神武內圖兆復慮步藩後之難除乃與兆悉力破之藩死深德神武誓爲兄弟時世隆度律彥伯共執朝政天光據關右兆據并州仲遠據東郡各擁兵爲暴天下苦之葛榮衆流入并肆者二十餘萬爲契胡陵暴皆不聊生大小二十六反誅夷者半猶草竊不止兆患之問計於神武神武曰六鎮反殘不可盡殺宜選王素腹心者私使統焉若有犯者罪其帥則所罪者寡兆曰善誰可行也賀拔允時在坐請神武神武拳毆之折其一齒曰生平天柱時奴輩伏處分如鷹犬今日天下安置在王而阿鞠泥敢誣下罔上請殺之兆以神武爲誠遂以委焉神武以兆醉恐醒後或致疑貳遂出宣言受委統州鎮兵可集汾東受令乃建牙陽曲川陳部分有款軍門者絳巾袍自稱梗楊驛子願厠左右訪之則以力聞嘗於并州市搤殺人者乃署爲親信兵士素惡兆而樂神武於是

莫不皆至居無何又使劉貴請兆以弃肆頻歲霜早降戸掘黃鼠而食之皆面無穀色徒污人國土請令就食山東待温飽而處分之兆從其議其長史慕容紹宗諫曰不可今四方擾擾人懷異望況高公雄略又握大兵將不可爲兆曰香火重誓何所慮邪紹宗曰親兄弟尚難信何論香火時兆左右已受神武金因譖紹宗與神武舊隙兆乃禁紹宗而催神武發神武乃自晉陽出滏口路逢尒朱榮妻鄉郡長公主自洛陽來馬三百疋盡奪易之兆聞乃釋紹宗而問焉紹宗曰猶掌握中物也於是自追神武至襄垣會漳水暴長橋壞神武隔水拜曰所以借公主馬非有他故備山東盜耳王受公主言自來賜追今渡河而死不辭此衆便叛兆自陳無此意因輕馬渡與神武坐幕下陳謝遂授刀引頭使神武斫己神武大哭曰自天柱薨背賀六渾更何所仰願大家千萬歲以申力用今旁人構間至此大家何忍復出此言兆投刀於地遂刑白馬而盟誓爲兄弟留宿夜飲尉景伏壯士欲執兆神武齧臂止之曰今殺之其黨必奔歸聚結兵饑馬瘦不可相支若英雄屈起則爲害滋甚不如且置之兆雖勁捷而兇狡

無謀不足圖也旦日兆歸營又召神武神武將上馬詰之孫騰牽衣乃止隔水肆罵馳還晉陽兆心腹念賢領降戶家累別爲營神武僞與之善觀其佩刀因取之以殺其從者盡散於是士衆咸悅倍願附從初魏真君中內學者奏言上黨有天子氣云在壺關大王山武帝於是南巡以厭當之累石爲三封斬其北鳳皇山以毀其形後上黨人居晉陽者號上黨坊神武寔居之及是行舍大王山六旬而進將出滏口倍加約束纖毫之物不聽侵犯將過麥地神武輒步牽馬遠近聞之皆稱高儀同將兵整肅益歸心焉遂前行屯鄴北求糧於相州刺史劉誕誕不供有軍營租米神武自取之魏普泰元年二月神武軍次信都高乾封隆之開門以待遂據冀州是月尒朱度律廢元曄而立節閔帝欲羈縻神武三月乃白節閔帝封神武爲渤海王徵使入覲神武辭四月癸巳又加授東道大行臺第一鎮人酋長龐蒼鷹自太原來奔神武以爲行臺郎尋以爲安州刺史神武自向山東養士繕甲禁兵侵掠百姓歸心乃詐爲書言尒朱兆將以六鎮人配契胡爲部曲衆皆愁又爲并州符徵兵討步落稽發萬人將遣之孫

騰尉景僞請留五日如此者再神武親送之郊雪涕執別人號慟哭聲動地神武乃喻之曰與爾俱失鄉客義同一家不意在上乃爾徵召直向西已當死後軍期又當死配國人又當死奈何衆曰唯有反耳神武曰反是急計須推一人爲主衆願奉神武神武曰爾鄉里難制不見葛榮乎雖百萬衆無刑法終自灰滅今以吾爲主當與前異不得欺漢兒不得犯軍令生死任吾則可不爾不能爲取笑天下衆皆頓顙死生唯命神武曰若不得已明日椎牛饗士喻以討尒朱兆之意封隆之進曰千載一時普天幸甚神武曰討賊大順也拯時大業也吾雖不武以死繼之何敢讓焉六月庚子建義於信都尚未顯背尒朱氏及李元忠與高乾平殷州斬尒朱羽生首來謁神武撫膺曰今日反決矣乃以元忠爲殷州刺史是歲兵威既振乃抗表罪狀尒朱氏世隆等祕表不通八月尒朱兆攻陷殷州李元忠來奔孫騰以爲朝廷隔絶不權立天子則衆望無所係十月壬寅奉章武王融子渤海太守朗爲皇帝年號中興是爲廢帝時度律仲遠軍次晉陽尒朱兆會之神武用竇泰策縱反間度律仲遠不戰而還神武乃敗

兆於廣阿十一月攻鄴相州刺史劉誕嬰城固守神武起土山爲地道往往建
大柱一時焚之城陷入地麻祥時爲湯陰令神武呼之曰麻都祥慚而逃永熙
元年正月壬午拔鄴城據之廢帝進神武大丞相柱國大將軍太師是時青州
建義大都督崔靈珍大都督耿翔皆遣使歸附行汾州事劉貴棄城來降閏三
月尒朱天光自長安兆自并州度律自洛陽仲遠自東郡同會鄴衆號二十萬
挾洹水而軍節閔以長孫承業爲大行臺總督焉神武令封隆之守鄴自出頓
紫陌時馬不滿二千步兵不至三萬衆寡不敵乃於韓陵爲圓陣連牛驢以塞
歸道於是將士皆爲死志四面赴擊之尒朱兆責神武以背己神武曰本戮力
者共輔王室今帝何在兆曰永安枉害天柱我報讐耳神武曰我昔日親聞天
柱計汝在戶前立豈得言不反耶且以君殺臣何報之有今日義絕矣乃合戰
大敗之尒朱兆對慕容紹宗叩心曰不用公言以此將輕走紹宗反旗鳴角收
聚散卒成軍容而西上高季式以七騎追奔度野馬崗與兆遇高昂望之不見
哭曰喪吾弟矣夜久季式還血滿袖斛斯椿倍道先據河橋初普泰元年十月

歲星熒惑鎮星太白聚於觜參色甚明太史占曰當有王者興是時神武起於信都至是而破兆等四月斛斯椿執天光度律以送洛陽長孫承業遣都督賈顯智張歡入洛陽執世隆彥伯斬之兆奔幷州仲遠奔梁州遂死焉時凶蠹旣除朝廷慶悅初未戰之前月章武人張紹夜中忽被數騎將踰城至一大將軍前勅紹爲軍導向鄴云佐受命者除殘賊紹回視之兵不測整疾無聲將至鄴乃放焉及戰之日尒朱氏軍人見陣外士馬四合蓋神助也旣而神武至洛陽廢節閔及中興主而立孝武孝武旣卽位授神武大丞相天柱大將軍太師世襲定州刺史增封幷前十五萬戶神武辭天柱減戶五萬壬辰還鄴魏帝餞於乾脯山執手而別七月壬寅神武帥師北伐尒朱兆封隆之言侍中斛斯椿賀拔勝賈顯智等往事尒朱普皆反噬今在京師寵任必構禍隙神武深以爲然乃歸天光度律於京師斬之遂自滏口入尒朱兆大掠晉陽北保秀容幷州平神武以晉陽四塞乃建大丞相府而定居焉尒朱兆旣至秀容分兵守險出入寇抄神武揚聲討之師出止者數四兆意怠神武揣其歲首當宴會遣竇泰以

精騎馳之一日一夜行三百里神武以大軍繼之
二年正月竇泰奄至尒朱兆庭軍人因宴休惰忽見泰軍驚走追破之於赤洪嶺兆自縊神武親臨厚葬之慕容紹宗以尒朱榮妻子及餘衆自保焉突城降神武以義故待之甚厚神武之入洛也尒朱仲遠部下都督橋寧張子期自滑臺歸命神武以其助亂且數反覆皆斬之斛斯椿由是內不自安乃與南陽王寶炬及武衞將軍元毗魏光祿王思政構神武於魏帝舍人元士弼又奏神武受勅大不敬故魏帝心貳於賀拔岳初孝明之時洛下以兩拔相擊謠言銅拔打鐵拔元家世將末好事者以二拔謂拓拔賀拔言俱將衰敗之兆時司空高乾密啓神武言魏帝之貳神武封呈魏帝殺之又遣東徐州刺史潘紹業密勅長樂太守龐蒼鷹令殺其弟昂昂先聞其兄死以矟刺柱伏壯士執紹業於路得勅書於袍領遂來奔神武抱其首哭曰天子枉害司空遽使以白武幡勞其家屬時乾次弟愼在光州爲政嚴猛又縱部下取納魏帝使伐之愼聞難將奔梁其屬曰公家勳重必不兄弟相及乃弊衣推鹿車歸渤海逢使者亦來奔於

是魏帝與神武隙矣阿至羅虜正光以前常稱藩自魏朝多事皆叛神武遣使招納便附款先是詔以寇賊平罷行臺至是以殊俗歸降復授神武大行臺隨機處分神武賚其粟帛議者以為徒費無益神武不從撫慰如初其酋帥吐陳等感恩皆從指麾救曹泥取万俟受洛干大收其用河西費也頭虜紇豆陵伊利居苦池河恃險擁衆神武遣長史侯景屢招不從

天平元年正月壬辰神武西伐費也頭虜紇豆陵伊利於河西滅之遷其部落於河東二月永寧寺九層浮屠災既而人有從東萊至云及海上人咸見之於海中俄而霧起乃滅說者以為天意若曰永寧見災魏不寧矣飛入東海渤海應矣魏帝既有異圖時侍中封隆之與孫騰私言隆之喪妻魏帝欲妻以從妹騰亦未之信心害隆之泄其言於斛斯椿椿以白魏帝又孫騰帶仗入省擅殺御史並亡來奔稱魏帝撾舍人梁續於前光祿少卿元子幹攘臂擊之謂騰曰語爾高王元家兒拳正如此領軍婁昭辭疾歸晉陽魏帝於是以斛斯椿兼領軍分置督將及河南關西諸刺史華山王鷙在徐州神武使邸珍奪其管籥建

州刺史韓賢濟州刺史蔡儁皆神武同義魏帝忌之故省建州以去賢使御史中尉綦儁察儁罪以開府賈顯智爲濟州儁拒之魏帝逾怒五月下詔云將征句吳發河南諸州兵增宿衞守河橋六月丁巳密詔神武曰宇文黑獺自平破秦隴多求非分脫有變非常事資經略但表啓未全背戾進討事涉忽忽遂召羣臣議其可否僉言假稱南伐內外戒嚴一則防黑獺不虞二則可威吳楚時魏帝將伐神武神武部署將帥慮疑故有此詔神武乃表曰荆州綰接蠻左密邇畿服關隴恃遠將有逆圖臣今潛勒兵馬三萬擬從河東而渡又遣恆州刺史庫狄干瀛州刺史郭瓊汾州刺史斛律金前武衞大將軍彭樂擬兵四萬從其來違津渡遣領軍將軍婁昭相州刺史竇泰前瀛州刺史堯雄幷州刺史高隆之擬兵五萬以討荆州遣冀州刺史尉景前冀州刺史高敖曹濟州刺史蔡儁前侍中封隆之擬山東兵七萬突騎五萬以征江左皆約勒所部伏聽處分魏帝知覺其變乃出神武表命羣官議之欲止神武諸軍神武乃集在幷僚佐令其博議還以表聞仍以信誓自明忠款曰臣爲嬖佞所間陛下一旦賜疑令

猖狂之罪尒朱時討臣若不盡誠竭節敢負陛下則使身受天殃子孫殄絶陛下若垂信赤心使干戈不動佞臣一二人願斟量廢出辛未帝復錄在京文武議意以答神武使舍人温子昇草勑子昇逡巡未敢作帝據胡牀拔劍作色子昇乃爲勑曰前持心血遠以示王深冀彼此共相體悉而不良之徒坐生間貳近孫騰倉卒向彼致使聞者疑有異謀故遣御史中尉綦儁具申朕懷今得王啓言誓懇惻反覆思之猶所未解以朕眇身遇王武略不勞尺刃坐爲天子所謂生我者父母貴我者高王今若無事背王規相攻討則使身及子孫還如王誓皇天后土實聞此言近慮宇文爲亂賀拔勝應之故纂嚴欲與王俱爲聲援宇文今日使者相望觀其所爲更無異迹賀拔在南開拓邊境爲國立功念無可責君若欲分討何以爲辭東南不賓爲日已久先朝已來置之度外今天下戸口減半未宜窮兵極武朕既闇昧不知佞人是誰可列其姓名令朕知也如聞庫狄干語王云本欲取懦弱者爲主無事立此長君使其不可駕御今但作十五日行自可廢之更立餘者如此議論自是王間勳人豈出佞臣之口去歲

封隆之背叛今年孫騰逃走不罪不送誰不怪王騰既爲禍始曾無愧懼王若事君盡誠何不斬送二首王雖啓圖西去而四道俱進或欲南度洛陽或欲東臨江左言之者猶應自怪聞之者寧能不疑王若守誠不貳晏然居北在此雖有百萬之衆終無圖彼之心王脫信邪棄義舉旗南指縱無匹馬隻輪猶欲奮空拳而爭死朕本寡德王已立之百姓無知或謂實可若爲他所圖則彰朕之惡假令還爲王殺幽辱齏粉了無遺恨何者王既以德見推以義見舉一朝背德舍義便是過有所歸本望君臣一體若合符契不圖今日分疏到此古語云越人射我笑而道之吾兄射我泣而道之朕既親王情如兄弟所以投筆拊膺不覺歔欷初神武自京師將北以爲洛陽久經喪亂王氣衰盡雖有山河之固土地褊狹不如鄴請遷都魏帝曰高祖定鼎河洛爲永永之基經營制度至世宗乃畢王既功在社稷宜遵太和舊事神武奉詔至是復謀焉遣兵千騎鎮建興益河東及濟州兵於白溝虜船不聽向洛諸州和糴粟運入鄴城魏帝又勅神武曰王若厭伏人情杜絕物議唯有歸河東之兵罷建興之戍送相州之粟

追濟州之軍令蔡儁受代使邸珍出徐止戈散馬各事家業朕須糧廩別遣轉
輸則讒人結舌疑悔不生王高枕太原朕垂拱京洛終不舉足渡河以干戈相
指王若馬首南向問鼎輕重朕雖無武欲止不能必爲社稷宗廟出萬死之策
決在於王非朕能定爲山止簣相爲惜之魏帝時以任祥爲兼尚書左僕射加
開府祥棄官走至河北據郡待神武魏帝乃勅文武官北來者任去留下詔罪
狀神武爲北伐經營神武亦勒兵宣告曰孤遇尒朱擅權舉大義於四海奉戴
主上義貫幽明横爲斛斯椿讒構以誠節爲逆首昔趙鞅興晉陽之甲誅君側
惡人今者南邁誅椿而已以高昂爲前鋒曰若用司空言豈有今日之舉司馬
子如答神武曰本欲立小者正爲此耳魏帝徵兵關右召賀拔勝赴行在所遣
大行臺長孫承業大都督頳川王斌之斛斯椿共鎮武牢汝陽王暹鎮石濟行
臺長孫子彥帥前恆農太守元洪略鎮陝賈顯智率豫州刺史斛斯元壽伐蔡
儁神武使竇泰與左箱大都督莫多婁貸文逆顯智韓賢逆暹元壽軍降泰貸
文與顯智遇於長壽津顯智陰約降引軍退軍司元玄覺之馳還請益師魏帝

遣大都督侯幾紹赴之戰於滑臺東顯智以軍降紹死之七月魏帝躬率大衆
屯河橋神武至河北十餘里再遣口申誠款魏帝不報神武乃引軍度河魏帝
問計於羣臣或云南依賀拔勝或云西就關中或云守洛口死戰未決而元斌
之與斛斯椿爭權不睦斌之棄椿徑還紿帝云神武兵至即日魏帝遜於長安
己酉神武入洛停於永寧寺八月甲寅召集百官謂曰爲臣奉主匡救危亂若
處不諫爭出不陪隨緩則耽寵爭榮急便竄失臣節安在遂收開府儀同三司
叱列延慶兼尚書左僕射辛雄兼吏部尚書崔孝芬都官尚書劉廞兼度支尚
書楊機散騎常侍元士弼並殺之誅其貳也士弼籍沒家口神武以萬機不可
曠廢乃與百僚議以清河王亶爲大司馬居尚書下舍而承制決事焉王稱警
蹕神武醜之神武尋至弘農遂西剋潼關執毛洪賓進軍長城龍門都督薛崇
禮降神武退舍河東命行臺尚書長史薛瑜守潼關大都督庫狄温守封陵於
蒲津西岸築城守華州以薛紹宗爲刺史高昂行豫州事神武自發晉陽至此
凡四十啓魏帝皆不答九月庚寅神武還至洛陽乃遣僧道榮奉表關中又不

答乃集百寮沙門耆老議所推立以爲自孝昌喪亂國統中絕神主靡依昭穆失序永安以孝文爲伯考永熙遷孝明於夾室業喪祚短職此之由遂議立清河王世子善見議定白清河王王曰天子無父苟使兒立不惜餘生乃立之是爲孝靜帝魏於是始分爲二神武以孝武既西恐逼崤陝洛陽復在河外接近梁境如向晉陽形勢不能相接依議遷鄴護軍祖瑩贊焉詔下三日車駕便發戶四十萬狼狽就道神武留洛陽部分事畢還晉陽自是軍國政務皆歸相府先是童謠曰可憐青雀子飛來鄴城裏羽翮垂欲成化作鸚鵡子好事者竊言雀子謂魏帝清河王鸚鵡謂神武也初孝昌中山胡劉蠡升自稱天子年號神嘉居雲陽谷西上歲被其寇謂之胡荒

二年正月西魏渭州刺史可朱渾道元擁衆內屬神武迎納之壬戌神武襲擊劉蠡升大破之己巳魏帝褒詔以神武爲相國假黃鉞劍履上殿入朝不趨神武固辭二月神武欲以女妻蠡升太子候其不設備辛酉潛師襲之其北部王斬蠡升首以送其衆復立其子南海王神武進擊之又獲南海王及其弟西海

王北海王皇后公卿已下四百餘人胡魏五萬戶壬申神武朝于鄴四月神武
請給還人廩各有差九月甲寅神武以州郡縣官多乖法請出使問人疾苦
三年正月甲子神武帥庫狄干等萬騎襲西魏夏州身不火食四日而至縛矟
爲梯夜入其城禽其刺史費也頭賀拔俄彌突因而用之留都督張瓊以鎮守
遷其部落五千戶以歸西魏靈州刺史曹泥與其壻涼州刺史劉豐遣使請內
屬周文圍泥水灌其城不沒者四尺神武命阿至羅發騎三萬徑度靈州繞出
西軍後獲馬五十匹西師乃退神武率騎迎泥豐生拔其遺戶五千以歸復泥
官爵魏帝詔加神武九錫固讓乃止二月神武令阿至羅逼西魏秦州刺史建
忠王万俟普撥神武以衆應之六月甲午普撥與其子太宰受洛干豳州刺史
叱干寶樂右衞將軍破六韓常及督將三百餘人擁部來降八月丁亥神武請
均斗尺班於天下九月辛亥汾州胡王迢觸曹貳龍聚衆反署立百官年號平
都神武討平之十二月丁丑神武自晉陽西討遣兼僕射行臺汝陽王暹司徒
高昂等趣上洛大都督竇泰入自潼關

四年正月癸丑竇泰軍敗自殺神武軍次蒲津以冰薄不得赴救乃班師高昂攻剋上洛二月乙酉神武以并肆汾建晉東雍南汾秦陝九州霜旱人饑流散請所在開倉振給六月壬申神武如天池獲瑞石隱起成文曰六王三川十一月壬辰神武西討自蒲津濟衆二十萬周文軍於沙苑神武以地阨少却西人鼓譟而進軍大亂棄器甲十有八萬神武跨橐駝候船以歸

元象元年三月辛酉神武固請解丞相魏帝許之四月庚寅神武朝于鄴壬辰還晉陽請開酒禁并振恤宿衛武官七月壬午行臺侯景司徒高昂圍西魏將獨孤信於金墉西魏帝及周文並來赴救大都督庫狄干帥諸將前驅神武總衆繼進八月辛卯戰於河陰大破西魏軍俘獲數萬司徒高昂大都督李猛宗顯死之西師之敗獨孤信先入關周文留其都督長孫子彥守金墉遂燒營以遁神武遣兵追奔至崤不及而還初神武知西師來侵自晉陽率衆馳赴至孟津未濟而軍有勝負既而神武渡河子彥亦棄城走神武遂毀金墉而還十一月庚午神武朝於京師十二月壬辰還晉陽

興和元年七月丁丑魏帝進神武爲相國錄尚書事固讓乃止十一月乙丑神武以新宮成朝於鄴魏帝與神武讌射神武降階下稱賀又辭渤海王及都督中外諸軍事詔不許十二月戊戌神武還晉陽

二年十二月阿至羅別部遣使請降神武率衆迎之出武州塞不見大獵而還

三年五月神武巡北境使使與蠕蠕通和

四年五月辛巳神武朝于鄴請令百官每月面敷政事明揚仄陋納諫屏邪親理獄訟褒黜勤怠牧守有愆節級相坐椒掖之內進御以序後園鷹犬悉皆棄之六月甲辰神武還晉陽九月神武西征十月己亥圍西魏儀同三司王思政於玉壁城欲以致敵西師不敢出十一月癸未神武以大雪士卒多死乃班師

武定元年二月壬申北豫州刺史高慎據武牢西叛三月壬辰周文率衆援高慎圍河橋南城戊申神武大敗之於芒山禽西魏督將以下四百餘人俘斬六萬計是時軍士有盜殺驢者軍令應死神武弗殺將至并州決之明日復戰奔西軍告神武所在西師盡銳來攻衆潰神武失馬赫連陽順下馬以授神武與

蒼頭馮文洛扶上俱走從者步騎六七人追騎至親信都督尉興慶曰王去矣

興慶腰邊百箭足殺百人神武勉之曰事濟以爾爲懷州若死則用爾子興慶

曰兒小願用兄許之興慶鬬矢盡而死西魏太師賀拔勝以十三騎逐神武河

州刺史劉洪徽射中其二勝矟將中神武段孝先橫射勝馬殪遂免豫洛二州

平神武使劉豐追奔狗地至恆農而還七月神武貽周文書責以殺孝武之罪

八月辛未魏帝詔神武爲相國錄尚書事大行臺餘如故固辭乃止是月神武

命於肆州北山築城西自馬陵戍東至土隥四十日罷十二月己卯神武朝於

京師庚辰還晉陽

二年三月癸巳神武巡行冀定二州因朝京師以冬春亢旱請蠲縣責振窮乏

宥死罪以下又請授老人板職各有差四月景辰神武還晉陽十一月神武討

山胡破平之俘獲一萬餘戶分配諸州

三年正月甲午開府儀同三司尒朱文暢開府司馬任胄都督鄭仲禮中府主

簿李世林前開府參軍房子遠等謀賊神武因十五日夜打簇懷刃而入其黨

薛季孝以告並伏誅丁未神武請於并州置晉陽宮以處配口三月乙未神武朝鄴景午還晉陽十月丁卯神武上言幽安定三州北接奚蠕蠕請於險要修立城戍以防之躬自臨履莫不嚴固乙未神武請釋芒山俘桎梏配以人間寡婦

四年八月癸巳神武將西伐自鄴會兵於晉陽殿中將軍曹魏祖曰不可今八月西方王以死氣逆生氣爲客不利主人則可兵果行傷大將神武不從自東西魏構兵鄴下每先有黃黑螘陣鬬占者以爲黃者東魏戎衣色黑者西魏戎衣色人間以此候勝負是時黃螘盡死九月神武圍玉壁以挑西師不敢應西魏晉州刺史韋孝寬守玉壁城中出鐵面神武使兀盜射之每中其目用李業興孤虛術萃其北北天險也乃起土山鑿十道又於東面鑿二十一道以攻之城中無水汲於汾神武使移汾一夜而畢孝寬奪據土山頓軍五旬城不拔死者七萬人聚爲一冢有星墜於神武營衆驢並鳴士皆讋懼神武有疾十一月庚子輿疾班師庚戌遣太原公洋鎮鄴辛亥徵世子澄至晉陽有惡鳥集於亭

樹世子使斛律光射殺之己卯神武以無功表解都督中外諸軍事魏帝優詔許焉是時西魏言神武中弩神武聞之乃勉坐見諸貴使斛律金敕勒歌神武自和之哀感流涕侯景素輕世子嘗謂司馬子如曰王在吾不敢有異王無吾不能與鮮卑小兒共事子如掩其口至是世子爲神武書召景景先與神武約得書書背微點乃來書至無點景不至又聞神武疾遂擁兵自固神武謂世子曰我雖疾爾面更有餘憂色何也世子未對又問曰豈非憂侯景叛邪曰然神武曰景專制河南十四年矣常有飛揚跋扈志顧我能養豈爲汝駕御也今四方未定勿遽發哀庫狄干鮮卑老公斛律金敕勒老公並性遒直終不負汝可朱渾道元劉豐生遠來投我必無異心賀拔焉過兒樸實無罪過潘相樂本作道人心和厚汝兄弟當得其力韓軌少戇宜寬借之彭相樂心腹難得宜防護之少堪敵侯景者唯有慕容紹宗我故不貴之留以與汝宜深加殊禮委以經略

五年正月朔日蝕神武曰日蝕其爲我邪死亦何恨景午陳啓於魏帝是日崩

於晉陽時年五十二祕不發喪六月壬午魏帝於東堂舉哀三日制緦衰詔凶禮依漢大將軍霍光東平王蒼故事贈假黃鉞使持節相國都督中外諸軍事齊王璽紱轀輬車黃屋左纛前後羽葆鼓吹輕車介士兼備九錫殊禮諡獻武王八月甲申葬於鄴西北漳水之西魏帝臨送於紫陌天保初追崇爲獻武帝廟號太祖陵曰義平天統元年改諡神武皇帝廟號高祖神武性深密高岸終日儼然人不能測機權之際變化若神至於軍國大略獨運懷抱文武將吏罕有預之經馭軍衆法令嚴肅臨敵制勝策出無方聽斷昭察不可欺犯知人好士全護勳舊性周給每有文教常殷勤款悉指事論心不尚綺靡擢人授任在於得才苟其所堪乃至拔於廝養有虛聲無實者稀見任用諸將出討奉行方略罔不克捷違失指畫多致奔亡雅尚儉素刀劍鞍勒無金玉之飾少能劇飲自當大任不過三爵居家如軍仁恕愛士始范陽盧景裕以明經稱魯郡韓毅以工書顯咸以謀逆見禽並蒙恩置之第館教授諸子其文武之士盡節所事見執獲而不罪者甚多故遐邇歸心皆思效力至南和梁國北懷蠕蠕吐谷渾

阿至羅咸所招納獲其力用規略遠矣

世宗文襄皇帝諱澄字子惠神武長子也母曰婁太后生而岐嶷神武異之魏中興元年立爲渤海王世子就杜詢講學敏悟過人詢甚歎服二年加侍中開府儀同三司尚孝靜帝妹馮翊長公主時年十二神情儁爽便若成人神武試問以時事得失辨析無不中理自是軍國籌策皆預之天平元年加使持節尚書令大行臺幷州刺史三年入輔朝政加領軍左右京畿大都督時人雖聞器識猶以少年期之而機略嚴明事無疑滯於是朝野振肅元象元年攝吏部尚書魏自崔亮以後選人常以年勞爲制文襄乃釐改前式銓擢唯在得人又沙汰尚書郎妙選人地以充之至于才名之士咸被薦擢假有未居顯位者皆致之門下以爲賓客每山園游宴必見招攜執射賦詩各盡其所長以爲娛適與和二年加大將軍領中書監仍攝吏部尚書自正光已後天下多事在任羣官廉潔者寡文襄乃奏吏部郎崔暹爲御史中尉糾劾權豪無所縱捨於是風俗更始私枉路絕乃牓於街衢具論經國政術仍開直言之路有論事上書苦言

切至者皆優容之武定四年十一月神武西討不豫班師文襄馳赴軍所侍衞還晉陽五年正月景午神武崩祕不發喪辛亥司徒侯景據河南反潁州刺史司馬世雲以城應之景誘執豫州刺史高元成襄州刺史李密廣州刺史暴顯等遣司空韓軌率衆討之四月壬申文襄朝于鄴六月己巳韓軌等自潁州班師丁丑文襄還晉陽乃發喪告喩文武陳神武遺志七月戊戌魏帝詔以文襄爲使持節大丞相都督中外諸軍錄尙書事大行臺勃海王文襄啓辭位願停王爵壬寅魏帝詔太原公洋攝理軍國遣中使敦喩八月戊辰文襄啓申神武遺令請減國邑分封將督各有差辛未朝于鄴固辭丞相魏帝詔曰既朝野攸憑安危所繫不得令遂本懷須有權奪可復前大將軍餘如故壬辰尙書祠部郎中元瑾梁降人荀濟長秋卿劉思逸及淮南王宣洪華山王大器濟北王徽等謀害文襄事發伏誅九月己亥文襄請舊勳灼然未蒙齒錄者悉求班賞朝士名行有聞或以年耆疾滿告謝者准其本秩授以州郡不得莅事聽蔭子孫自天平元年以來遇事亡官者聽復本資豪貴之家不得占護山澤其第宇車

服婚姻送葬奢僭無限者並令禁斷從太昌元年以來將帥有殊功異效者其子弟年十歲以上請聽依第出身其兵士從征身殞陣場者蠲其家租課若有藏器避世者以禮招致隨才擢敘罷營構之官在朝百司怠惰不勤有所曠廢者免所居官若清幹克濟皎然可知者即宜超敘不拘常式辛丑文襄還晉陽武定六年正月己未文襄朝于鄴二月己卯梁遣使慰文襄并請通和文襄許其和而不答書侯景之叛也南兗州刺史石長宣頗相影響諸州刺史守令佐史多被詿誤景破後悉被禽獲尚書咸處極刑文襄並請減降於是斬長宣其餘並從寬宥三月戊申文襄請朝臣及牧守令長各舉賢良及驍武膽略堪守邊城者務在得才不拘職素其稱事六品散官五品以上朝廷所悉不在舉限其稱事七品散官六品以下并及州郡縣雜白身不限在官解職並任舉之隨才進擢辛亥文襄南臨黎陽濟於武牢自洛陽從太行而反晉陽於路遺書朝士以相戒厲於是朝野承風莫不震肅六月文襄巡北邊城戍振賜各有差七月乙卯文襄朝于鄴八月庚寅還晉陽使大行臺慕容紹宗與太尉高岳大都

督劉豐討王思政於頴川先是文襄遣行臺尚書辛術率諸將略江淮之北至是凡所獲二十三州七年四月甲辰魏帝進文襄位相國封齊王綠綟綬贊拜不名入朝不趨劍履上殿食冀州之勃海長樂安德武邑瀛州之河閒五郡邑十五萬戶使持節都督中外諸軍事錄尚書大行臺並如故丁未文襄入朝固讓魏帝不許五月戊寅文襄歸師自鄴赴頴川六月景申克頴川禽西魏大將軍王思政以忠於所事釋而待之七月文襄朝于鄴請魏帝立皇太子復辭爵位殊禮未報八月辛卯遇盜而崩初梁將蘭欽子京見虜文襄以配廚欽求贖之不許京再訴文襄使監廚蒼頭薛豐洛杖之曰更訴當殺汝京與其黨六人謀作亂時文襄將受魏禪與陳元康崔季舒屏左右謀于北城東柏堂太史啓言宰輔星甚微變不一月時京將進食文襄却之謂人曰昨夜夢此奴斫我又曰急殺却京聞之寘刀於盤下冒言進食文襄見之怒曰我未索食何遽來京揮刀曰欲殺汝文襄自投傷足入牀下賊黨至去牀因見弒時年二十九祕不發喪明年正月辛酉魏帝舉哀於太極東堂詔贈物八萬段凶事依漢大將軍

霍光東平王蒼故事贈假黃鉞使持節相國都督中外諸軍事齊王璽紱轀輬車黃屋左纛後部羽葆鼓吹輕車介士備九錫禮謚曰文襄王二月甲申葬於義平陵之北天保初追尊曰文襄皇帝廟號世宗陵曰峻成文襄美姿容善言笑談謔之際從容弘雅性聰警多籌策當朝作相聽斷如流愛士好賢待之以禮有神武之風焉然少壯氣猛嚴峻刑法高慎西叛侯景南飜非直本懷狼戾兼亦有懼威略情欲奢淫動乖制度嘗於宮西造宅牆院高廣聽事宏壯亞太極殿神武入朝責之乃止

論曰昔魏氏失馭中原蕩析齊神武爰從晉部大號冀方屢戰而翦凶徒一麾以清京洛尊主匡國功濟天下既而魏武帝規避權逼曆數既盡適所以速關河之分焉文襄嗣膺霸道威略昭著內除姦逆外拓淮夷擯斥貪殘存情人物而志在峻法急於御下於前王之德有所未同蓋天意人心好生惡殺雖吉凶報應未皆影響總而論之積善多慶然文襄之禍生所忽蓋有由焉

北史卷六

北史卷六考證

齊高祖神武皇帝紀謚生皇考樹生○魏書同齊書無生字誤

長頭高權齒白如玉○權齊書作顴

爾非其匹終當爲其子穿鼻○監本爾訛尒匹訛疋今俱改正又隋書無其字

乃署爲親信○齊書親信下有都督二字

若英雄屈起○屈一本作崛

隔水肆罵馳還晉陽○齊書隔水上有北字謂尒朱兆也

觀其佩刀因取之以殺其從者盡散○齊書從者下尚有從者二字

不用公言以此○齊書作不用公言以至于此語意較足

神武揣其歲首當宴會○當監本訛賞今改正

魏帝遣大都督侯幾紹赴之○侯監本訛候今改正

神武使劉豐追奔狗地至恆農而還○狗齊書作拓

使斛律金敕勒歌神武自和之○敕勒歌上齊書有作字

顧我能養豈爲汝駕御也○養字上齊書有蓄字

彭相樂心腹難得宜防護之○齊書無相字殆因上有潘相樂而訛也

世宗文襄皇帝紀齊王璽紱轀輬車○轀監本訛緼今改正

史臣論天意人心好生惡殺○生監本訛主今改從南本

北史卷六考證

北史卷七

唐　李延壽　撰

齊本紀中第七

顯祖文宣皇帝諱洋字子進神武第二子文襄之母弟也武明太后初孕帝每夜有赤光照室太后私怪之及產命之曰侯尼于鮮卑言有相子也以生於晉陽一名晉陽樂時神武家徒壁立后與親姻相對共憂寒餧帝生始數月尚未能言欻然曰得活太后及左右大驚不敢言及長黑色大頰兌下鱗身重踝瞻視審定不好戲弄深沉有大度晉陽有沙門乍愚乍智時人不測呼爲阿秃師太后見諸子焉歷問祿位至帝再三舉手指天而已口無所言見者異之神武嘗從諸子過鳳陽門有龍在上唯神武與帝見之內雖明敏貌若不足文襄每嗤之曰此人亦得富貴相法亦何由可解神武以帝貌陋神彩不甚發揚曾問以時事帝略有所辨儻語一事必得事衷又嘗令諸子各使理亂絲帝獨抽刀斬之曰亂者須斬神武以爲然又各配兵四出而使彭樂率甲騎僞攻之文襄

等怖撓帝勒衆與彭樂相格樂免胄言情猶禽之以獻由是神武稱異之謂長史薛琡曰此兒意識過吾琡亦私怪之幼時師事范陽盧景裕默識過人未嘗有所自明景裕不能測也天平二年封太原郡公累遷尚書左僕射後從文襄行過遼陽山獨見天門開餘無人見者武定五年神武崩猶祕凶事衆情疑駭帝雖內嬰巨痛外若平常人情頗安魏帝授帝尚書令中書監京畿大都督七年八月文襄遇賊帝在城東雙堂事出倉卒內外震駭帝神色不變指麾部分自臠斬羣賊而漆其首祕不發喪徐言奴反大將軍被傷無大苦也當時內外莫不驚異乃諷魏朝立皇太子因以大赦乃赴晉陽總庶政帝內雖明察外若不了老臣宿將皆輕帝於是帝推誠接下務從寬厚事有不便者咸蠲省焉羣情始服八年正月辛酉魏帝爲文襄舉哀於東堂戊辰詔進帝位使持節丞相都督中外諸軍錄尚書事大行臺齊郡王食邑一萬戸三月庚申又進封齊王食冀州之勃海長樂安德武邑瀛州之河閒五郡邑十萬戸帝自居晉陽寢室每夜有光如晝既爲王夢人以筆點己額旦日以語館客王曇哲曰吾其退乎

曇哲拜賀曰王上加點爲主當進也五月辛亥帝如鄴光州獲九尾狐以獻甲寅魏帝遣兼太尉彭城王韶司空潘相樂奉冊進帝位相國總百揆以冀州之勃海長樂安德武邑瀛州之河閒高陽章武定州之中山常山博陵十郡邑二十萬戶加九錫殊禮齊王如故景辰魏帝遜位別宮又使兼太尉彭城王韶兼司空敬顯儁奉冊禪位致璽書於帝幷奉皇帝璽綬禪代之禮一依唐虞漢魏故事帝累表固辭詔不許於是尙書令高隆之率百寮勸進天保元年夏五月戊午皇帝卽位於南郊升壇柴燎告天是日鄴下獲赤雀獻于郊所事畢還宮御太極前殿大赦改元百官進兩大階六州緣邊職人三大階自魏孝莊已後百官絕祿至是復給焉己未詔封魏帝爲中山王追尊皇祖文穆王爲文穆皇帝皇祖妣爲文穆皇后皇考獻武王爲獻武皇帝皇兄文襄王爲文襄皇帝命有司議祖宗以聞辛酉尊王太后爲皇太后乙酉降魏朝封爵各有差其信都從義及宣力霸朝者又西來人幷武定六年以來南來投化者不在降限辛未遣大使於四方觀察風俗問人疾苦甲戌遷神主於太廟六月辛巳詔改封崇

聖侯孔長爲恭聖侯邑一百戶以奉孔子祀并下魯郡以時修葺廟宇又詔吉
凶車服制度各爲等差具立條式使儉而獲中分遣使人致祭於五岳四瀆其
堯祠舜廟下及孔父老君等載於祀典者咸秩罔遺又詔冀州之勃海長樂二
郡先帝始封之國義旗初起之地并州之太原青州之齊郡霸朝所在王命是
基君子有作貴不忘本齊郡勃海可並復一年長樂復二年太原復三年壬午
詔故太傅孫騰故太保尉景故大司馬婁昭故司徒高敖曹故尚書左僕射慕
容紹宗故領軍万俟干故定州刺史段榮故御史中尉劉貴故御史中尉竇泰
故殷州刺史劉豐故濟州刺史蔡儁等並左右先帝經贊皇基或不幸早殂或
隕身王事可遣使者就墓致祭并撫問妻子又詔封宗室太尉高岳爲清河王
太保高隆之爲平原王開府儀同三司高歸彥爲平秦王徐州刺史高思宗爲
上洛王營州刺史高長弼爲廣武王兼武衛將軍高普爲武興王兼武衛將軍
高子瑗爲平昌王兼北中郎將高顯國爲襄樂王前太子庶子高叡爲趙郡王
揚州縣開國公高孝緒爲修城王又詔封功臣太師庫狄干爲章武王大司馬

斛律金爲咸陽王幷州刺史賀拔仁爲安定王殷州刺史韓軌爲安德王瀛州刺史可朱渾道元爲扶風王司徒公彭樂爲陳留王司空公潘相樂爲河東王癸未詔封諸弟青州刺史浚爲永安王尚書左僕射淹爲平陽王定州刺史潊爲彭城王儀同三司演爲常山王冀州刺史渙爲上黨王儀同三司淯爲襄城王儀同三司湛爲長廣王湝爲任城王湜爲高陽王濟爲博陵王凝爲新平王潤爲馮翊王洽爲漢陽王丁亥詔立王子殷爲皇太子王后李氏爲皇后庚寅詔以太師庫狄干爲太宰司徒彭樂爲太尉司空潘相樂爲司徒開府儀同三司司馬子如爲司空己亥以皇太子初入東宮赦畿內及幷州死罪已下降餘州死罪已下囚秋七月辛亥尊文襄妃元氏爲文襄皇后宮曰靜德又封文襄子孝琬爲河閒王孝瑜爲河南王乙卯以尚書令平原王封隆之爲錄尚書事尚書左僕射平陽王淹爲尚書令改御史中尉還爲中丞詔魏御府所有珍奇雜綵常所不給人者悉送內後園以供七日宴賜八月詔郡國修立黌序廣延髦俊敦述儒風其國子學生亦依舊銓補往者文襄皇帝所運蔡邕石經五十

二校移置學館依次修立又詔求直言正諫之士待以不次命牧人之官廣勸
農桑庚寅詔曰朕以虛薄嗣弘王業思所以贊揚盛績播之萬古雖史官執筆
有聞無墜猶恐緒言遺美時或未書在位王公文武大小降及庶人爰至僧徒
或親奉音旨或承傳旁說凡可載之文籍悉條封上甲午詔曰魏世議定麟趾
格遂爲通制官司施用猶未盡善羣官可更論討新令未成之間仍以舊格從
事九月癸丑以領東夷校尉遼東郡開國公高麗王成爲使持節侍中驃騎大
將軍領護東夷校尉王公如故丁卯詔以梁侍中使持節假黃鉞都督中外諸
軍事大將軍承制邵陵王蕭綸爲梁王庚午幸晉陽是日皇太子入居涼風堂
監國冬十月己卯法駕御金輅入晉陽宮朝皇太后於內殿辛巳曲赦并州太
原郡晉陽縣及相國府四獄囚乙酉以特進元紹爲尚書左僕射并州刺史段
韶爲右僕射壬辰罷相國府留騎兵外兵曹各立一省別掌機密十一月周文
帝帥師至陝城分騎北度至建州甲寅梁湘東王蕭繹遣使朝貢景寅帝親戎
出次城東周文帝見軍容嚴盛歎曰高歡不死矣遂班師十二月辛丑車駕至

自晉陽是歲高麗蠕蠕吐谷渾庫莫奚並遣使朝貢
二年春正月丁未梁湘東王蕭繹遣使朝貢辛亥祀圜丘以神武皇帝配癸亥親耕藉田乙丑享太廟二月壬辰太尉彭樂謀反伏誅三月景午襄城王淯薨己未詔梁承制湘東王繹爲梁使持節假黃鉞相國建梁臺總百揆承制梁王庚申司空司馬子如坐事免是月梁交梁義新四州刺史各以地內附西魏文帝崩夏四月壬辰梁王蕭繹遣使朝貢六月庚午以前司空司馬子如爲太尉秋七月己卯改顯陽殿還爲昭陽殿辛卯改殷州爲趙州以避太子之諱是月侯景廢梁簡文帝立蕭棟爲主九月壬申免諸伎作屯牧雜色役隸之徒爲白戶癸巳行幸趙定二州因至晉陽冬十月戊申起宣光建始嘉福仁壽諸殿庚申蕭繹遣使朝貢丁卯文襄皇帝神主入于廟十一月侯景廢梁主棟僭即僞位於建鄴自稱曰漢十二月中山王殂是歲蠕蠕室韋高麗並遣使朝貢
三年春正月景申帝親討庫莫奚於代郡大破之以其口配山東爲百姓二月蠕蠕主阿那瓌爲突厥所破瓌自殺其太子菴羅辰及瓌從弟登注俟利登注

子庫提並擁衆來奔蠕蠕餘衆立注次子鐵伐爲主辛丑契丹遣使朝貢三月
戊子詔清河王岳司徒潘相樂行臺辛術帥師南伐癸巳詔進梁王蕭繹爲梁
主夏四月壬申東南道行臺辛術於廣陵送傳國八璽甲申以吏部尚書楊愔
爲尚書右僕射六月己亥清河王岳等班師乙卯車駕幸晉陽冬十月乙未次
黃櫨嶺仍起長城北至社干戍四百餘里立三十六戍十一月辛巳梁王蕭繹
即位於江陵是爲元帝遣使來聘十二月壬子車駕還宮戊午幸晉陽是歲西
魏廢帝元年
四年春正月景子山胡圍離石戍帝親討之未至而逃因巡三堆戍大狩而旋
戊寅庫莫奚遣使朝貢自魏末用永安錢又有數品皆輕濫己丑鑄新錢文曰
常平五銖二月送蠕蠕鐵伐父登注及子庫提還北鐵伐尋爲契丹所殺國人
復立登注爲主仍爲其大人阿富提等所殺國人復立庫提爲主夏四月車駕
還宮戊午西南有大聲如雷五月庚午校獵於林慮山戊子還宮六月甲辰章
武王庫狄干薨秋北巡冀定幽安仍北討契丹冬十月丁酉車駕至平州遂西

道趣長壍甲辰帝步踰山嶺爲士卒先指麾奮擊大破契丹是行也帝露頭袒身晝夜不息行千餘里唯食肉飲水氣色彌厲丁巳登碣石山臨滄海十一月己未帝自平州還遂如晉陽閏月壬寅梁人來聘十二月己未突厥復攻蠕蠕蠕蠕舉國來奔癸亥帝北討突厥迎納蠕蠕乃廢其主庫提立阿那瓌子菴羅辰爲主置之馬邑川追突厥於朔方突厥請降許之而還自是貢獻相繼

五年春正月癸丑帝討山胡大破之男子十二已上皆斬女子及幼弱以賞軍士遂平石樓石樓絕險自魏代所不能至於是遠近山胡莫不懾伏是役也有都督戰傷其什長路暉禮不能救帝命刳其五藏使九人分食之肉及穢惡皆盡自是始行威虐是月周文帝廢西魏帝而立齊王廓是爲恭帝三月蠕蠕菴羅辰叛帝親討大破之辰父子北遁太保賀拔仁坐違緩拔其髮免爲庶人使負炭輸晉陽宮夏四月蠕蠕寇肆州丁巳帝自晉陽討之至恆州時虜騎散走大軍已還帝帥麾下二千餘騎爲殿夜宿黃瓜堆蠕蠕別部數萬騎扣鞍而進四面圍逼帝安睡平明方起神色自若指畫軍形潰圍而出虜走追擊之伏尸

二十里獲菴羅辰妻子生口三萬餘五月丁亥地豆于契丹並遣使朝貢丁未
北討蠕蠕又大破之六月蠕蠕遠遁秋七月戊子蕭愼遣使朝貢壬辰降罪人
庚戌至自北伐八月庚午以司州牧清河王岳爲太保以安德王軌爲大司馬
以扶風王可朱渾道元爲大將軍以司空尉粲爲司徒以太子少師侯莫陳相
爲司空以尚書令平陽王淹爲錄尚書事以常山王演爲尚書令以上黨王渙
爲尚書右僕射丁丑行幸晉陽辛巳錄尚書事平原王高隆之薨封冀州刺史
段韶爲平原王是月詔常山王演上黨王渙清河王岳平原王段韶率衆於洛
陽西南築伐惡城新城嚴城河南城四鎮九月帝親自臨幸欲以致西師西師
不出乃如晉陽冬十月西魏攻陷江陵殺梁元帝梁將王僧辯在建業推其晉
安王蕭方智爲太宰都督中外諸軍事承制置百官十二月庚申車駕北巡至
達速嶺親覽山川險要將起長城是歲西魏恭帝元年
六年春正月壬寅清河王岳度江剋夏首梁司徒郢州刺史陸法和請降詔以
梁貞陽侯蕭明爲梁主遣尚書右僕射上黨王渙送之江南二月甲子以陸法

和爲使持節都督十州諸軍事太尉大都督西南道大行臺三月景戌上黨王渙剋東關斬梁將裴之横景申車駕至自晉陽封文襄二子孝珩爲廣寧王延宗爲安德王戊戌帝臨昭陽殿決獄是月發寡婦以配軍士築長城夏五月蕭明入于建業六月甲子河東王潘相樂薨壬申帝親討蠕蠕甲戌諸軍大會祁連池乙亥出塞至庫狄谷百餘里無水泉六軍渴乏俄而大雨秋七月己卯帝頓白道留輜重親率輕騎五千追蠕蠕壬午及之懷朔鎮帝躬犯矢石頻大破之遂至沃野壬辰還晉陽九月己卯車駕至自晉陽冬十月梁將陳霸先襲殺王僧辯廢蕭明復立蕭方智爲主辛亥行幸晉陽十一月梁秦州刺史徐嗣徽南豫州刺史任約等襲據石頭城並以州內附壬辰大都督蕭軌帥衆至江遣都督柳達摩等度江鎮石頭己亥太保清河王岳薨柳達摩爲霸先攻逼以石頭降是歲高麗庫莫奚並遣使朝貢詔發夫一百八十萬人築城自幽州北夏口西至恆州九百餘里

七年春正月辛丑封司空侯莫陳相爲白水郡王車駕至自晉陽於鄴城西馬

射大集衆庶觀之二月辛未詔常山王演等於涼風堂讀尚書奏案論定得失
帝親決之三月丁酉大都督蕭軌等帥衆濟江夏四月乙丑儀同三司婁叡討
魯陽蠻大破之丁卯造金華殿五月漢陽王洽薨帝以肉爲斷慈遂不復食六
月乙卯蕭軌等與梁師戰於鍾山西遇霖雨失利軌及都督李希光王敬寶東
方老軍司裴英起並沒士卒還者十二三乙丑梁湘州刺史王琳獻馴象秋七
月乙亥周文帝殂是月發山東寡婦二千六百人配軍士有夫而濫奪者十二
三十一月壬子倂省州三郡一百五十三縣五百八十九鎭三戍二十六十二
月庚子魏恭帝遜位於周是歲庫莫奚契丹遣使朝貢修廣三臺宮殿先是自
西河總秦戍築長城東至海前後所築東西凡三千餘里六十里一戍其要害
置州鎭凡二十五所
八年春三月大熱人或暍死夏四月庚午詔禁取蝦蟹蜆蛤之類唯許私家捕
魚乙酉詔公私禁取鷹鷂以太師咸陽王斛律金爲右丞相以前大將軍扶風
王可朱渾道元爲太傅以開府儀同三司賀拔仁爲太保尚書令常山王演爲

司空以錄尚書事長廣王湛爲尚書令以尚書右僕射楊愔爲左僕射以并省尚書右僕射崔暹爲左僕射以上黨王渙爲錄尚書事是月帝在城東馬射敕京師士女悉赴觀不赴者罪以軍法七日乃止五月辛酉冀州人劉向於鄴謀逆黨與皆伏誅秋八月己巳庫莫奚遣使朝貢庚辰詔丘郊禘祫時祭皆市取少牢不得刲割有司監視必令豐備農社先蠶酒肉而已雩禖風雨司人司祿靈星雜祀果餅酒脯唯當務盡誠敬義同如在辛巳制榷酤自夏至九月河北六州河南十三州畿內八郡大蝗飛至鄴蔽日聲如風雨甲辰詔今年遭蝗處免租冬十月乙亥梁主蕭方智遜位於陳陳武帝遣使稱藩朝貢是歲周閔帝元年周冢宰宇文護殺閔帝而立明帝又改元焉初於長城內築重城自庫洛拔而東至於塢紇戍凡四百餘里

九年春二月丁亥降罪人己丑詔燎野限以仲冬不得他時行火損昆蟲草木三月丁酉車駕至自晉陽夏四月辛巳大赦是月北豫州刺史司馬消難以城叛于周大旱帝以祈雨不降毀西門豹祠掘其冢五月辛丑以尚書令長廣王

湛爲錄尚書事以驃騎大將軍平秦王歸彥爲右僕射甲辰以前左僕射楊愔爲尚書令六月乙丑帝自晉陽北巡己巳至祁連池戊寅還晉陽是夏山東大蝗差人夫捕而坑之秋七月辛丑給畿內老人劉奴等九百四十三人版職及杖帽各有差戊申詔趙燕瀛定南營五州及司州廣平清河二郡去年螽澇損田兼春夏少雨苗稼薄者免今年租稅八月乙丑車駕至自晉陽甲戌行幸晉陽先是發丁匠三十餘萬人營三臺於鄴因其舊基而高博之大起宮室及遊豫園至是三臺成改銅爵曰金鳳金武曰聖應冰井曰崇光冬十一月甲午車駕至自晉陽登三臺御乾象殿朝宴羣臣以新宮成丁酉大赦內外文武官並進一大階丁巳梁相州刺史王琳遣使請立蕭莊爲梁主仍以江州內屬令莊居之十二月癸酉詔以梁王蕭莊爲梁主進居九派戊寅以太傅可朱渾道元爲太師以司徒尉粲爲太尉以冀州刺史段韶爲司空以錄尚書事常山王演爲大司馬以錄尚書事長廣王湛爲司徒起大莊嚴寺是歲殺永安王浚上黨王渙

十年春正月戊戌以司空侯莫陳相爲大將軍辛丑太尉長樂郡公尉粲肆州刺史濮陽公婁仲遠並進爵爲王甲寅行幸遼陽甘露寺二月丙戌帝於甘露寺禪居深觀唯軍國大政奏聞三月戊戌以侍中高德正爲尚書右僕射景辰車駕至自遼陽是月梁主蕭莊至郢州遣使朝貢夏閏四月丁酉以司州牧彭城王浟爲兼司空以侍中高陽王湜爲尚書左僕射乙巳以兼司空彭城王浟爲兼太尉攝司空事封皇子紹廉爲長樂王五月癸未誅始平公元世東平公元景式等二十五家禁止特進元紹等十九家尋並誅之男子無少長皆斬所殺三千人並投漳水六月陳武帝殂秋八月戊戌封皇子紹義爲廣陽王以尚書右僕射河間王孝琬爲左僕射癸卯詔諸軍人或有父祖改姓冒入元氏或假託攜認妄稱姓元者不問世數遠近悉聽改復本姓是月殺左僕射高德正九月己巳行幸晉陽冬十月甲午帝暴崩於晉陽宮德陽堂時年三十一遺詔凶事一從儉約喪月之斷限以三十六日嗣子百寮內外遐邇奉制割情悉從公除癸卯發喪斂於宣德殿十一月辛未梓宮還鄴十二月乙酉殯於太極前

殿乾明元年二月丙申葬於武寧陵諡曰文宣帝廟號顯祖帝沉敏有遠量外若不遠內鑒甚明文襄年長英秀神武特所愛重百僚承風莫不震懼而帝善自晦迹言不出口恆自貶退言咸順從故深見輕雖家人亦以為不及文襄嗣業帝以次長見猜嫌帝后李氏色美每預宴會容貌遠過靖德皇后文襄彌不平焉帝每為后私營服翫小佳文襄即令逼取后恚有時未與帝笑曰此物猶應可求兄須何容悋文襄或愧而不取便恭受亦無飾讓每退朝還第輒閉閤靜坐雖對妻子能竟日不言或袒跣奔躍后問其故對曰為爾漫戲此蓋習勞而不肯言也所寢至夜曾有光巨細可察后驚告帝帝曰慎勿妄言自此唯與后寢侍御皆令出外文襄崩祕不發喪其後漸露魏帝竊謂左右曰大將軍此殂似是天意威權當歸王室矣及帝將赴晉陽親入辭謁於昭陽殿從者千人居前持劍者十餘輩帝在殿下數十步立而衛士升階已二百許人皆攘袂揮刃若對嚴敵帝令主者傳奏須詣晉陽言訖再拜而出魏帝失色目送帝曰此人似不能見容吾不知死在何日及至并州慰諭將士指辭款實衆皆欣然曰

誰謂左僕射翻不滅令公令公卽指文襄也時訛言上黨出聖人帝聞之將徙一郡而郡人張思進上言殿下生於南宮坊名上黨卽是上黨出聖人帝悅而止先是童謠曰一束藁兩頭然河邊羖攊飛上天藁然兩頭於文爲高河邊羖攊爲水邊羊指帝名也於是徐之才盛陳宜受禪帝曰先父亡兄功德如此尚終北面吾又何敢當之才曰正爲不及父兄須早升九五如其不作人將生心且讖云羊飲盟津角拄天盟津水也羊飲水王名也角拄天大位也又陽平郡界回星驛傍有大水土人常見羣羊數百立臥其中就視不見事與讖合願王勿疑帝以問高德正德正又贊成之於是始決乃使李密卜之遇大橫曰大吉漢文帝之封也帝乃鑄象以卜之一寫而成使段韶問斛律金於肆州金來朝深言不可以鎧曹宗景業首陳符命請殺之乃議於太后前太后謂諸貴曰我兒獰直必自無此意直高德正樂禍教之耳帝意決乃整兵而東使高德正之鄴諷喻公卿莫有應者司馬子如逆帝於遼陽固言未可杜弼亦抱馬諫帝欲還尚食丞李集曰此行事非小而言還帝僞言使向東門殺之而別令賜絹十

疋四月夜禾生於魏帝銅研旦長數寸有穗五月帝復東赴鄴令左右曰異言者斬是月光州獻九尾狐帝至鄴城南召入并齋板策旦高隆之進謁曰用此何爲帝作色曰我自事若欲族滅耶隆之謝而退於是乃作圓丘備法物草禪讓事及登極之後神明轉茂外柔內剛果於斷割人莫能窺又特明吏事留心政術簡靖寬和坦於任使故楊愔等得盡於匡贊朝政粲然兼以法馭下不避權貴或有違犯不容勳戚內外莫不肅然至於軍國機策獨決懷抱規謀宏遠有人君大略又以三方鼎峙繕甲練兵左右宿衞置百保軍士每臨行陣親當矢石鋒刃交接唯恐前敵不多屢犯艱厄常致尅捷嘗追及蠕蠕令都督高阿那肱率騎數千塞其走道時虜軍猶盛五萬餘人肱以兵少請益帝更減其半騎那肱奮擊遂大破之虜主踰越巖谷僅以身免都督高元海王師羅並無武藝先稱怯弱一旦交鋒有踰驍壯嘗於東山游宴以關隴未平投盃震怒召魏收於前立爲詔書宣示遠近將事西行是歲周文帝殂西人震恐常爲度隴之計旣征伐四尅威振戎夏六七年後以功業自矜遂留情躭湎肆行淫暴或躬

自鼓舞歌謳不息從旦通宵以夜繼晝或袒露形體塗傅粉黛散髮胡服雜衣
錦綵拔刀張弓游行市肆勳戚之第朝夕臨幸時乘鹿車白象駱駞牛驢並不
施鞍勒或盛暑炎赫日中暴身隆冬酷寒去衣馳走從者不堪帝居之自若街
坐巷宿處處游行多使劉桃枝崔季舒負之而行或擔胡鼓而拍之親戚貴臣
左右近習侍從錯雜無復差等徵集淫嫗悉去衣裳分付從官朝夕臨視或聚
棘爲馬紐草爲索逼遣乘騎牽引來去流血灑地以爲娛樂凡諸殺害多令支
解或焚之於火或投之於河沉酗既久彌以狂惑每至將醉輒拔劍挂手或張
弓傅矢或執持牟槊游行市鄽問婦人曰天子何如答曰顛顛癡癡何成天子
帝乃殺之或馳騁衢路散擲錢物恣人拾取爭競諠譁方以爲喜太后嘗在北
宮坐一小榻帝時已醉手自舉牀后便墜落頗有傷損醒悟之後大懷慚恨遂
令多聚柴火將入其中太后驚懼親自持挽又設地席令平秦王高歸彥執杖
口自責疏脫背就罰敕歸彥杖不出血當卽斬汝太后涕泣前自抱之帝流涕
苦請不肯受於太后太后聽許方捨背杖笞腳五十莫不至到衣冠拜謝悲不

自勝因此戒酒一旬還復如初自是躭湎轉劇遂幸李后家以鳴鏑射后母崔正中其頰因罵曰吾醉時尚不識太后老婢何事馬鞭亂打一百有餘三臺構木高二十七丈兩棟相距二百餘尺工匠危怯皆繫繩自防帝登脊疾走都無怖畏時復雅舞折旋中節傍人見者莫不寒心又召死囚以席爲翅從臺飛下免其罪戮果敢不慮者盡皆獲全疑怯猶豫者或致損跌沉湎既久轉虧本性怒大司農穆子容使之脫衣而伏親射之不中以橛貫其下竅入腸雖以楊愔爲宰輔使進廁籌以其體肥呼爲楊大肚馬鞭鞭其背流血浹袍以刀子剺其腹崔季舒託俳言曰老小公子惡戲因掣刀子而去之又置愔於棺中載以轜車幾下釘者數四曾至彭城王浟宅謂其母尒朱曰憶汝辱我母壻時向何由可耐手自刃殺又至故僕射崔暹第謂暹妻李曰頗憶暹不李曰結髮義深實懷追憶帝曰若憶時自往看也親自斬之棄頭牆外嘗在晉陽以矟戲刺都督尉子耀應手而死在三臺太光殿上鋸殺都督穆嵩又幸開府暴顯家有都督韓哲無罪忽衆中召斬之數段魏安樂王元昂后之姊壻其妻有色帝數幸之

欲納為昭儀召昂令伏以鳴鏑射一百餘下凝血垂將一石竟至於死後帝自往弔哭於喪次逼擁其妻仍令從官脫衣助襚兼錢綵號為信物一日所得將踰巨萬后啼不食乞讓位於姊太后又為言帝意乃釋所幸薛嬪甚被寵愛忽意其輕與高岳私通無故斬首藏之於懷於東山宴勸酬始合忽探出頭投於柈上支解其屍弄其髀為琵琶一座驚怖莫不喪膽帝方收取對之流淚云佳人難再得甚可惜也載屍以出被髮步哭而隨之至有閭巷庸猥人無識知者忽令召斬鄴下繫徒罪至大辟簡取隨駕號為供御囚手自刃殺持以為戲凡所屠害動多支解或投之烈火或棄之漳流兼以外築長城內營臺殿賞賚過度天下騷然內外憯憯各懷怨毒而素嚴斷臨下加之默識強記百寮戰慄不敢為非曾有典御丞李集面諫比帝有甚於桀紂帝令縛置流中沉沒久之復令引出謂曰吾何如桀紂集曰回來彌不及矣帝又令沉之引出更問如此數四集對如初帝大笑曰天下有如此癡漢方知龍逢比干非是俊物遂解放之又被引入見似有所諫帝令將出要斬其或斬或赦莫能測焉初帝登阼改年

爲天保士有深識者曰天保之字爲一大人只十帝其不過十乎又先是謠云馬子入石室三千六百日帝以午年生故曰馬子三臺石季龍舊居故曰石室三千六百日十年也又帝曾問太山道士曰吾得幾年爲天子答曰得三十年道士出後帝謂李后曰十年十月十日得非三十也吾甚畏之過此無慮人生有死何得致惜但憐正道尙幼人將奪之耳帝及期而崩濟南竟不終位時以爲知命曾幸晉陽夜宿杠門嶺嶺有數株柏樹皆將千年枝葉嫩茂似有神物所託時帝已被酒向嶺瞋罵射中一株未幾立枯而死又出言屢中時人故謂之神靈雖爲猖獗不專云昏暴末年遂不能進食唯數飲酒麴蘖成災因而致斃先是霍州發楚夷王女冢尸如生焉得珠襦玉匣帝珍之還以斂焉如祖珽以險薄多過帝數罪之每謂爲老賊及武成時珽被任遇乃說武成曰文宣甚暴何得稱文既非創業何得稱祖若宣帝爲祖陛下萬歲後將何以稱武成溺於珽說天統初有詔改諡景烈廟號威宗武平初趙彥深執政又奏復帝本諡廟號顯祖云

廢帝殷字正道小名道人文宣帝之長子也母曰李皇后天保元年立爲皇太子時年六歲性敏慧初學反語於跡字下注云自反時侍者未達其故太子曰跡字足傍亦爲跡豈非自反邪嘗宴北宮獨令河間王勿入左右問其故太子曰世宗遇賊處河間王復何宜在此文宣每言太子得漢家性質不似我欲廢之立太原王初詔國子博士李寶鼎傅之寶鼎卒復詔國子博士邢峙侍講太子雖富於春秋而温裕開朗有人君之度貫綜經業省覽時政甚有美名七年冬文宣召朝臣文學者及禮學官於宮宴會令以經義相質親身臨聽太子手筆措問在坐莫不歎美九年文宣在晉陽太子監國集諸儒講孝經令楊愔傳旨謂國子助教許散愁曰先生在世何以自資對曰散愁自少以來不登孌童之牀不入季女之室服膺簡策不知老之將至平生素懷若斯而已太子曰顏子縮屋稱貞柳下嫗而不亂未若此翁白首不娶者也乃賚絹百疋後文宣登金鳳臺召太子使手刃囚太子惻然有難色再三不斷其首文宣怒親以馬鞭撞太子三下由是氣悸語吃精神時復昏擾十年十月文宣崩癸卯太子卽帝

位於晉陽宣德殿大赦內外百官普加汎級亡官失爵聽復資品庚戌尊皇太
后爲太皇太后皇后爲皇太后詔九州軍人七十已上授以板職武官年六十
已上及癃病不堪驅使者並皆放免土木營造金銅鐵諸雜作工一切停罷十
一月乙卯以右丞相咸陽王斛律金爲左丞相以錄尚書事常山王演爲太傅
以司徒長廣王湛爲太尉以司空段韶爲司徒以平陽王淹爲司空高陽王湜
爲尚書左僕射河間王孝琬爲司州牧侍中燕子獻爲右僕射戊午分命使者
巡省四方求政得失省察風俗問人疾苦十二月戊戌改封上黨王紹仁爲漁
陽王廣陽王紹義爲范陽王長樂王紹廣爲隴西王是歲周武成元年
乾明元年春正月癸丑朔改元己未詔寬徭賦癸亥高陽王湜薨是月車駕至
自晉陽己亥以太傅常山王演爲太師錄尚書事以太尉長廣王湛爲大司馬
幷省錄尚書事以尚書左僕射平秦王歸彥爲司空趙郡王叡爲尚書左僕射
詔諸元良口配沒宮內及賜人者並放免甲辰帝幸芳林園親錄囚徒死罪已
下降免各有差乙巳太師常山王演矯詔誅尚書令楊愔尚書右僕射燕子獻

領軍大將軍可朱渾天和侍中宋欽道散騎常侍鄭子默戊申以常山王演爲大丞相都督中外諸軍錄尙書事以大司馬長廣王湛爲太傅京畿大都督以司徒段韶爲大將軍以前司空平陽王淹爲太尉以司空平秦王歸彥爲司徒彭城王浟爲尙書令又以高麗王世子湯爲使持節領東夷校尉遼東郡公高麗王是月王琳爲陳所敗蕭莊自拔至和州三月甲寅詔軍國事皆申晉陽稟大丞相常山王規算壬申封文襄第二子孝珩爲廣寧王第三子長恭爲蘭陵王夏四月癸亥詔河南定冀趙瀛滄南膠光南青九州往因螽水頗傷時稼遣使分塗贍恤是月周明帝崩五月壬子以開府儀同三司劉洪徽爲尙書右僕射秋八月壬午太皇太后令廢帝爲濟南王全食一郡以大丞相常山王演入纂大統是日王居別宮皇建二年九月殂於晉陽時年十七帝聰慧夙成寬厚仁智天保間雅有令名及承大位楊愔燕子獻宋欽道等同輔以常山王地親望重內外畏服加以文宣初崩之日太后本欲立之故愔等並懷猜忌常山王憂悵乃白太后誅其黨時平秦王歸彥亦預謀焉皇建二年秋天文告變歸彥

慮有後害仍白孝昭以王當咎乃遣歸彥馳駟至晉陽害之王薨後孝昭不豫見文宣爲祟孝昭深惡之厭勝術備設而無益也薨三旬而孝昭崩大寧二年葬於武寧之西北謚閔悼王初文宣命邢邵制帝名殷字正道從而尤之殷家弟及正字一止吾身後兒不得也邵懼請改焉文宣不許曰天也因謂昭帝曰奪時但奪愼勿殺也

孝昭皇帝演字延安神武皇帝第六子文宣皇帝之母弟也幼而英峙早有大成之量武明皇太后早所愛重魏元象元年封常山郡公及文襄執政遣中書侍郎李同軌就霸府爲諸弟師帝所覽文籍源其指歸而不好辭彩每歎云雖盟津之師左驂震而不衂以爲能遂篤志讀漢書至李陵傳恆壯其所爲焉聰敏過人所與游處一知其家諱終身未嘗誤犯同軌病卒又命開府長流參軍刁柔代之性嚴褊不適誘訓之宜中被遣出帝送出閤慘然斂容淚數行下左右莫不歔欷其敬業重舊如此天保初進爵爲王五年除幷省尚書令帝善斷割長思理省內畏服七年從文宣還鄴文宣以尚書奏事多有異同令帝與朝

臣先論定得失然後敷奏帝長於政術割斷咸盡其理文宣歎重之八年轉司空錄尚書事九年除大司馬仍錄尚書事時文宣溺於游宴帝憂憤表於神色文宣覺之謂帝曰但令汝在我何爲不縱樂帝唯啼泣拜伏竟無所言文宣亦大悲抵盃於地曰汝似嫌我自今敢進酒者斬之因取所御盃盡皆壞棄後益沉湎或入諸貴戚家角力批拉不限貴賤惟常山王至內外肅然帝又密撰事條將諫其友王晞以爲不可帝不從因閒極言遂逢大怒順成后本魏朝宗室文宣欲帝離之陰爲帝廣求淑媛望移其寵帝雖承旨有納而情義彌重帝性頗嚴尚書郎中剖斷有失輒加捶楚令史姦慝便即考竟文宣乃立帝於前以刀環擬脅召被立罰者臨以白刃求帝之短咸無所陳方見解釋自是不許笞箠郎中後賜帝魏時宮人醒而忘之謂帝擅取遂令刀環亂築因此致困皇太后日夜啼泣文宣不知所爲先是禁友王晞乃捨之令侍帝帝月餘漸瘳不敢復諫及文宣崩帝居禁中護喪事幼主即位乃即朝班除太傅錄尚書事朝政皆決於帝月餘乃居藩邸自是詔敕多不關帝客或言於帝曰鷙鳥捨巢必有

探卵之患今日之地何宜屢出乾明元年從廢帝赴鄴居於領軍府時楊愔燕
子獻可朱渾天和宋欽道鄭子默等以帝威望既重內懼權逼請以帝爲太師
司州牧錄尙書事長廣王湛爲大司馬錄幷省尙書事解京畿大都督帝既以
尊親而見猜斥乃與長廣王期獵謀之於野三月甲戌帝初上省旦發領軍府
大風暴起壞所御車幔帝甚惡之及至省朝士咸集坐定酒數行於坐執尙書
令楊愔右僕射燕子獻領軍可朱渾天和侍中宋欽道等於坐帝戎服與平原
王段韶平秦王高歸彥領軍劉洪徽入自雲龍門於中書省前遇散騎常侍鄭
子默又執之同斬於御府之內帝至東閤門都督成休寧抽刃呵帝帝令高歸
彥喻之休寧厲聲大呼不從歸彥既爲領軍素爲兵士所服悉皆弛仗休寧方
歎息而罷帝入至昭陽殿幼主太皇太后皇太后並出臨御坐帝奏愔等罪求
伏專擅之辜時庭中及兩廊下衞士二千餘人皆被甲待詔武衞娥永樂武力
絶倫又被文宣重遇撫刃思效廢帝吃訥兼倉卒不知所言太皇太后又爲皇
太后誓言帝無異志唯云逼而已高歸彥敕勞衞士戒嚴永樂乃內刀而泣帝

乃令歸彥引侍衛之士向華林園以京畿軍入守門閤斬娥永樂於園詔以帝爲大丞相都督中外諸軍錄尚書事相府佐史進位一等帝尋如晉陽有詔軍國大政咸諮決焉帝既當大位知無不爲擇其令典考綜名實廢帝恭己以聽政太皇太后尋下令廢少主命帝統大業

皇建元年八月壬午皇帝即位於晉陽宣德殿大赦改乾明元年爲皇建詔奉太皇太后還稱皇太后皇太后稱文宣皇后宮曰昭信乙酉詔自太祖創業已來諸有佐命功臣子孫絕滅國統不傳者有司搜訪近親以名聞當量爲立後諸郡國老人各授板職賜黃帽鳩杖又詔謇正之士並聽進見陳事軍人戰亡死王事者以時申聞當加榮贈督將朝士名望素高位歷通顯天保以來未蒙追贈者亦皆錄奏又以廷尉中丞執法所在繩違案罪不得僻文弄法其官奴婢年六十已上免爲庶人戊子以太傅長廣王湛爲右丞相以太尉平陽王淹爲太傅以尚書令彭城王浟爲大司馬壬辰詔分遣大使巡省四方觀察風俗問人疾苦考求得失搜訪賢良甲午詔曰昔武王剋殷先封往代兩漢魏晉無

廢茲典及元氏統歷不率舊章朕纂承大業思弘古典但二王三恪舊說不同可議定是非列名條奏其禮儀體式亦仰議之又詔國子寺可備立官屬依舊置生講習經典歲時考試其文襄帝所運石經宜即施列於學館外州大學亦仰典司勤加督課景申詔九州勳人有重封者聽分授子弟以廣骨肉之恩九月壬申詔議定三祖樂冬十一月辛亥立妃元氏爲皇后世子百年爲皇太子賜天下爲父後者爵一級癸丑有司奏太祖獻武皇帝廟宜奏武德之樂舞昭烈之舞太宗文襄皇帝廟宜奏文德之樂舞宣政之舞高祖文宣皇帝廟宜奏文正之樂舞光大之舞詔曰可庚申詔以故太師尉景故太師竇泰故太師太原王婁昭故太宰章武王庫狄干故太尉段榮故太師万俟普故司徒蔡儁故太師高乾故司徒莫多婁貸文故太保劉貴故太保封祖裔故廣州刺史王懷十二人配饗太祖廟庭故太師清河王岳故太宰安德王韓軌故太宰扶風王可朱渾道元故太師高昂故大司馬劉豐故太師万俟受洛干故太尉慕容紹宗十一人配饗世宗廟庭故太尉河東王潘相樂故司空薛修義故太傅破六

韓常三人配饗高祖廟庭是月帝親戎北討庫莫奚出長城虜奔遁分兵致討大獲牛馬括總入晉陽宮十二月景午車駕至晉陽

二年春正月辛亥祀圜丘壬子禘於太廟癸丑詔降罪人各有差二月丁丑詔內外執事之官從五品已上及三府主簿錄事參軍諸王文學侍御史廷尉三官尚書郎中中書舍人每二年之內各舉一人冬十月景子以尚書令彭城王浟爲太保長樂王尉粲爲太尉己酉野雉栖于前殿之庭十一月甲辰詔曰朕嬰此暴疾奄忽無逮今嗣子沖眇未閑政術社稷業重理歸上德右丞相長廣王湛研機測化體道居宗人雄之望海內瞻仰同胞共氣家國所憑可遺尚書左僕射趙郡王叡喻旨徵王統茲大寶其喪紀之禮一同漢文三十六日悉從公除山陵施用務從儉約先是帝不豫而無闕聽覽是日崩於晉陽宮時年二十七大寧元年閏十二月癸卯梓宮還鄴上謚曰孝昭皇帝庚午葬於文靜陵

帝聰敏有識度深沉能斷不可窺測身長八尺腰帶十圍儀望風表迥然獨秀自居臺省留心政術閑明簿領吏所不逮及正位宸居彌所克勵輕徭薄賦勤

恤人隱內無私寵外收人物雖后父位亦特進無別日昃臨朝務知人之善惡每訪問左右冀獲直言曾問舍人裴澤在外議論得失澤率爾對曰陛下聰明至公自可遠侔古昔而有識之士咸言傷細帝王之度頗爲未弘帝笑曰誠如卿言朕初臨萬機慮不周悉故致爾耳此事安可久行恐後又嫌疎漏澤因被寵遇其樂聞過也如此趙郡王叡與庫狄顯安侍坐帝曰須拔我同堂弟顯安我親姑子今序家人禮除君臣之敬可言我之不逮顯安曰陛下多妄言曰若何對曰陛下昔見文宣以馬鞭撻人常以爲非而今行之非妄言邪帝握其手謝之又使直言對曰陛下太細天子乃更似吏帝曰朕甚知之然無法來久將整之以至無爲耳又問王晞晞答如顯安皆從容受納性至孝太后不豫出居南宮帝行不正履容色貶悴衣不解帶殆將四旬殿去南宮五百餘步雞鳴而去辰時方還來去徒行不乘輿輦太后所苦小增便卽寢伏閤外食飲藥物盡皆躬親太后嘗心痛不自堪忍帝立侍帷前以爪搯手心血流出袖友愛諸取無君臣之隔雄勇有謀于時國富兵強將雪神武遺恨意在頓駕平陽爲進弟

之策遠圖不遂惜哉初帝與濟南約不相害及輿駕在晉陽武成鎮鄴望氣者云鄴城有天子氣帝恐濟南復興乃密行鴆毒濟南不從乃扼而殺之後頗愧悔初苦內熱頻進渴散時有尚書令史姓趙於鄴見文宣從楊愔燕子獻等西行言相與復讎帝在晉陽宮與毛夫人亦見焉遂漸危篤備禳厭之事或煑油四灑或持炬燒逐諸厲方出殿梁山騎棟上歌呼自若了無懼容時有天狗下乃於其所講武以厭之有兔驚馬帝墜而絕肋太后視疾問濟南所在者三帝不對太后怒曰殺去邪不用吾言死其宜矣臨終之際唯扶服牀枕叩頭求哀遣使詔追長廣王入纂大統又手書云宜將吾妻子置一好處勿學前人也

論曰神武平定四方威權在己遷鄴之後雖主祭有人號令所加政皆自出文宣因循鴻業內外叶從自朝及野羣心屬望東魏之地舉國樂推曾未期月遂登宸極始則存心政事風化肅然數年之間朝野安乂其後縱酒肆欲事極猖狂昏邪殘暴近代未有饗國不永實由斯疾濟南繼業大革其弊風教粲然搢紳稱幸股肱輔弼雖懷厥誠既不能贊弘道德和睦親懿又不能遠慮防身深

謀衞主應斷不斷自取其災臣旣誅夷君尋廢辱皆任非其器之所致爾孝昭早居臺閣故事通明人吏之間無所不委文宣崩後大革前弊及臨尊極留心更深時人服其明而譏其細也情好稽古率由禮度將封先代之胤且敦學校之風徵召才賢文武畢集于時周氏朝政移於宰臣主將相猜不無危殆乃睠關右實懷兼幷之志經謀宏曠諒近代之明主而降年不永其故何哉豈幽顯之塗別有復報將齊之基宇止在於斯帝欲大之天不許也

北史卷七

北史卷七考證

顯祖文宣皇帝紀乙卯以尚書令平原王封隆之爲錄尚書事○齊書無封字

乙酉以特進元紹爲尚書左僕射幷州刺史段韶爲右僕射○韶監本訛紹殆承上元紹而訛也今改從本傳

夏四月壬申東南道行臺辛術於廣陵送傳國八璽○齊書無八字

帝露頭袒身晝夜不息行千餘里○身齊書作膊

東西凡三千餘里六十里一戍○六一本作率

帝以祈雨不降毀西門豹祠掘其冢○降一本作應

以功業自矜遂留情躭湎○躭齊書作沉

廢帝紀廢帝殷○監本連書于文宣紀廟號顯祖下與前後例不畫一今改正

文宣怒親以馬鞭撞太子三下○撞監本訛揰今改從南本

乃遣歸彥馳駟至晉陽害之○駟當作騶今各本俱同仍之

孝昭皇帝紀召被立罰者臨以白刃求帝之短○立齊書作帝

有司搜訪近親以名聞當量爲立後○立監本訛主今改從齊書

故司徒蔡儁○儁監本誤擕今改從本傳

十二人配饗太祖廟庭○二監本訛三今從南本改正

十一人配饗世宗廟庭○以上文計之止七人但各本俱同姑仍其舊

太后怒曰殺去邪○去齊書作之

北史卷七考證

唐　李延壽　撰

齊本紀下第八

世祖武成皇帝諱湛神武皇帝第九子孝昭皇帝之母弟也儀表瓌傑神武尤所鍾愛神武方招懷荒遠乃爲帝娉蠕蠕太子菴羅辰女號隣和公主帝時年八歲冠服端嚴神情閑遠華戎歎異元象中封長廣郡公天保初進爵爲王拜尙書令尋兼司徒遷太尉乾明初楊愔等密相疏忌以帝爲大司馬領幷州刺史帝既與孝昭謀誅諸執政遷太傅錄尙書事領京畿大都督皇建初進位右丞相孝昭幸晉陽帝以懿親居守鄴政事咸見委託二年孝昭崩遺詔徵帝入統大位及晉陽宮發喪於崇德殿皇太后令所司宣遺詔左丞相斛律金率百寮敦勸三奏乃許之

大寧元年冬十一月癸丑皇帝卽位於南宮大赦改皇建二年爲大寧乙卯以司徒平秦王歸彥爲太傅以尙書右僕射趙郡王叡爲尙書令以太尉尉粲爲

太保以尚書令段韶爲大司馬以豐州刺史婁叡爲司空以太傅平陽王淹爲
太宰以太保彭城王浟爲太師錄尚書事以冀州刺史博陵王濟爲太尉以中
書監任城王湝爲尚書左僕射以并州刺史斛律光爲右僕射封孝昭皇帝太
子百年爲樂陵郡王庚申詔大使巡行天下求政善惡問人疾苦擢進賢良是
歲周武帝保定元年
河清元年春正月乙亥車駕至自晉陽辛巳祀南郊壬午享太廟景戌立妃胡
氏爲皇后子緯爲皇太子戊子大赦內外百官普加汎級諸爲父後者賜爵一
級己亥以前定州刺史馮翊王潤爲尚書左僕射詔普斷屠殺以順春令二月
丁未以太宰平陽王淹爲青州刺史太傅領司徒以領軍大將軍宗師平秦王
歸彥爲太宰冀州刺史乙卯以兼尚書令任城王湝爲司徒詔散騎常侍崔瞻
聘于陳夏四月辛丑皇太后婁氏崩乙巳青州刺史上言今月庚寅河濟清以
河濟清改太寧二年爲河清降罪人各有差五月甲申祔葬武明皇后於義平
陵己丑以尚書右僕射斛律光爲尚書令秋七月太宰冀州刺史平秦王歸彥

據州反詔大司馬段韶司空婁叡討禽之乙未斬歸彥幷其三子及黨與二十
人於都市丁酉以大司馬段韶爲太傅以司空婁叡爲司徒以太傅平陽王淹
爲太宰以尚書令斛律光爲司空以太子太傅趙郡王叡爲尚書令中書監河
間王孝琬爲尚書左僕射癸亥行幸晉陽陳人來聘冬十一月丁丑詔兼散騎
常侍封孝琰使於陳十二月景辰車駕至自晉陽是歲殺太原王紹德
二年春正月乙亥帝詔臨朝堂策試秀孝以太子少傅魏收爲兼尚書右僕射
己卯兼右僕射魏收以阿縱除名丁丑以武明皇后配祭北郊辛卯帝臨都亭
錄見囚降在京罪人各有差三月己丑詔司空斛律光督五營軍士築戍於軹
關壬申室韋國遣使朝貢景戌以兼尚書右僕射趙彥深爲左僕射夏四月幷
汾晉東雍南汾五州蟲旱傷稼遣使賑恤戊午陳人來聘五月壬午詔以城南
雙堂之苑迴造大總持寺六月乙巳齊州上言濟河水口見八龍升天乙卯詔
兼散騎常侍崔子武使于陳庚申司州牧河南王孝瑜薨秋八月辛丑詔以三
臺宮爲大興聖寺冬十二月癸巳陳人來聘己酉周將楊忠帥突厥阿史那木

可汗等一十餘萬人自恆州分爲三道殺掠吏人是時大雨雪連月南北千餘里平地數尺霜晝下雨血於太原戊午帝至晉陽己未周軍逼幷州又遣大將達奚武帥衆數萬至東雍及晉州與突厥相應是歲室韋庫莫奚靺鞨契丹並遣使朝貢

三年春正月庚申朔周軍至城下而陳戰於城西周軍及突厥大敗人畜死者相枕數百里不絕詔平原王段韶追出塞而還三月辛酉以律令班下大赦己巳盜殺太師彭城王浟庚辰以司空斛律光爲司徒以侍中武興王普爲尚書左僕射甲申以尚書令馮翊王潤爲司空夏四月辛卯詔兼散騎常侍皇甫亮使於陳五月甲子帝至自晉陽壬午以尚書令趙郡王叡爲錄尚書事以前司徒婁叡爲太尉甲申以太傅段韶爲太師丁亥以太尉任城王湝爲大將軍壬辰行幸晉陽六月庚子大雨晝夜不息至甲辰乃止是月晉陽訛言有鬼兵百姓競擊銅鐵以捍之殺樂陵王百年歸宇文媪于周秋九月乙丑封皇子綽爲南陽王儼爲東平王是月歸閻媪于周陳人來聘突厥寇幽州入長城虜掠而

還閏月乙未詔遣十二使巡行水潦州免其租調乙巳突厥寇幽州周軍三道
並出使其將尉迥寇洛陽楊摽入軹關權景宣趣懸瓠冬十一月甲午迥等圍
洛陽戊戌詔兼散騎常侍劉逖使於陳甲辰太尉婁叡大破周軍於軹關禽楊
摽十二月乙卯豫州刺史王士良以城降周將權景宣丁巳帝自晉陽南討己
未太宰平陽王淹薨壬戌太師段韶大破尉迥等解洛陽圍丁卯帝至洛陽免
洛州經周軍處一年租賦赦州城內死罪已下囚己巳以太師段韶爲太宰以
司徒斛律光爲太尉幷州刺史蘭陵王長恭爲尚書令壬申帝至武牢經滑臺
次於黎陽所經減降罪人景子車駕至自洛陽是歲高麗靺鞨新羅並遣使朝
貢山東大水飢死者不可勝計詔發賑給事竟不行
四年春正月癸卯以大將軍任城王湝爲大司馬辛未幸晉陽二月甲寅詔以
新羅國王金真興爲使持節東夷校尉樂浪郡公新羅王壬申以年穀不登禁
酤酒己卯詔減百官食稟各有差三月戊子詔給西兗梁滄趙州司州之東郡
陽平清河武都冀州之長樂勃海遭水潦之處貧下戶粟各有差家別斗升而

已又多不付是月彗星見有物隕於殿廷如赤漆鼓帶小鈴殿上石自起兩兩相對又有神見於後園萬壽堂前山穴中其體壯大不辨其面兩齒絕白長出於脣帝直宿嬪御已下七百人咸見焉帝又夢之夏四月戊午大將軍東安王婁叡坐事免乙亥陳人來聘太史奏天文有變其占當有易主景子乃使太宰段韶兼太尉持節奉皇帝璽綬傳位於皇太子大赦改元爲天統元年百官進級降罪各有差又詔皇太子妃斛律氏爲皇后於是羣公上尊號爲太上皇帝軍國大事咸以奏聞始將傳政使內參乘子尚乘驛送詔書於鄴子尚出晉陽城見人騎隨後忽失之尚未至鄴而其言已布矣天統四年十二月辛未太上皇帝崩於鄴宮乾壽堂時年三十二謚曰武成皇帝廟號世祖五年二月甲申葬於永平陵

後主諱緯字仁綱武成皇帝之長子也母曰胡皇后夢於海上坐玉盆日入裙下遂有娠天保七年五月五日生帝於并州邸帝少美容儀武成特所愛寵拜世子及武成入纂大業大寧二年正月景戌立爲皇太子河清四年武成禪位

於帝

天統元年夏四月景子皇帝即位於晉陽宮大赦改河清四年爲天統丁丑以太保賀拔仁爲太師太尉侯莫陳相爲太保司空馮翊王潤爲司徒錄尚書事趙郡王叡爲司空尚書左僕射河間王孝琬爲尚書令戊寅以瀛州刺史尉粲爲太尉斛律光爲大將軍東安王婁叡爲太尉尚書右僕射趙彥深爲左僕射六月壬戌彗星出文昌東北其大如手後稍長乃至丈餘百日乃滅己巳太上皇帝詔兼散騎常侍王季高使於陳秋七月乙未太上皇帝詔增置都水使者一人冬十一月癸未太上皇帝至自晉陽己丑太上皇帝詔改太祖獻武皇帝爲神武皇帝廟號高祖獻明皇后爲武明皇后其文宣謚號委有司議定十二月庚戌太上皇帝狩於北郊壬子狩於南郊乙卯狩於西郊壬戌太上皇帝幸晉陽丁卯帝至自晉陽庚午有司奏改高祖文宣皇帝爲威宗景烈皇帝是歲高麗契丹靺鞨並遣使朝貢河南大疫

二年春正月辛卯祀圓丘癸巳祫祭於太廟詔降罪人各有差景申以吏部尚

書尉瑾爲尚書右僕射庚子行幸晉陽二月庚戌太上皇帝至自晉陽壬子陳人來聘三月乙巳太上皇帝詔以三臺施興聖寺以旱故降禁囚夏四月陳文帝殂五月乙酉以兼尚書左僕射武興王普爲尚書令己亥封太上皇帝子儼爲東平王仁弘爲齊安王仁固爲北平王仁英爲高平王仁光爲淮南王六月太上皇帝詔兼散騎常侍韋道儒聘於陳秋八月太上皇帝幸晉陽冬十月乙卯以太保侯莫陳相爲太傅大司馬任城王湝爲太保太尉婁叡爲大司馬徙馮翊王潤爲太尉開府儀同三司韓祖念爲司徒十一月大雨雪盜竊太廟御服十二月乙丑陳人來聘是歲殺河間王孝琬突厥靺鞨國並遣使朝貢於周爲天和元年

三年春正月壬辰太上皇帝至自晉陽乙未大雪平地二尺戊戌太上皇帝詔京官執事散官三品已上舉三人五品已上各舉二人稱事七品已上及殿中侍御史尚書都檢校御史主書及門下錄事各舉一人鄴宮九龍殿災延燒西廊二月壬寅朔帝加元服大赦九州職人各進四級內外百官普進二級夏四

月癸丑太上皇帝詔兼散騎常侍司馬幼之使於陳五月甲午太上皇帝詔以領軍大將軍東平王儼爲尚書令乙未大風晝晦發屋拔樹六月己未太上皇帝詔封皇子仁機爲西河王仁約爲樂浪王仁儉爲頴川王仁雅爲安樂王統爲丹楊王仁謙爲東海王閏六月辛巳左丞相斛律金薨壬午太上皇帝詔尚書令東平王儼錄尚書事以尚書左僕射趙彥深爲尚書令幷省尚書右僕射婁定遠爲尚書左僕射中書監徐之才爲右僕射秋八月辛未太上皇帝詔以太保任城王湝爲太師太尉馮翊王潤爲大司馬太宰段韶爲左丞相太師賀拔仁爲右丞相太傅侯莫陳相爲太宰大司馬婁叡爲太傅大將軍斛律光爲太保司徒韓祖念爲大將軍司空趙郡王叡爲太尉尚書令東平王儼爲司徒九月己酉太上皇帝詔諸寺署所綰雜保戶姓高者天保之初雖有優放權假力用未免者今可悉蠲雜戶任屬郡縣一准平人丁巳太上皇帝幸晉陽是秋山東大水人饑僵尸滿道冬十月突厥大莫婁室韋百濟靺鞨等國各遣使朝貢十一月景午以晉陽大明殿成故大赦文武百官進二級免幷州居城太原

一郡來年租癸未太上皇帝至自晉陽十二月己巳太上皇帝詔以故左丞相
趙郡王琛配饗神武廟廷
四年春正月壬子詔以故清河王岳河東王潘相樂十人並配饗神武廟廷癸
亥太上皇帝詔兼散騎常侍鄭大護使於陳三月乙巳太上皇帝詔以司徒東
平王儼爲大將軍南陽王綽爲司徒開府儀同三司廣寧王孝珩爲尙書令夏
四月辛未鄴宮昭陽殿災及宣光瑤華等殿辛巳太上皇帝幸晉陽五月癸卯
以尙書右僕射胡長仁爲左僕射中書監和士開爲右僕射壬戌太上皇帝至
自晉陽自正月不雨至於是月六月甲子朔大雨甲申大風折木折樹是月彗
星見于東井秋九月景申周人來通和太上皇帝詔侍中斛斯文略報聘于周
冬十月辛巳以尙書令廣寧王孝珩爲錄尙書事左僕射胡長仁爲尙書令右
僕射和士開爲左僕射中書監唐邕爲右僕射十一月壬辰太上皇帝詔兼散
騎常侍李翥使於陳是月陳安成王頊廢其主伯宗而自立十二月辛未太上
皇帝崩景子大赦九州職人普加一級內外百官並加兩級戊寅上太上皇后

尊號爲皇太后甲申詔細作之務及所在百工悉罷之又詔掖廷晉陽中山宮人等及鄴下幷州太官官口二處其年六十已上及有癃患者仰所司簡放庚寅詔天保七年已來諸家緣坐配流者所在令還是歲契丹靺鞨國並遣使朝貢

五年春正月辛亥詔以金鳳等三臺未入寺者施大興聖寺是月殺定州刺史博陵王濟二月乙丑詔應宮刑者普免刑爲官口又詔禁網捕鷹鷂及畜養籠放之物癸酉大莫婁國遣使朝貢己丑改東平王儼爲琅邪王詔侍中叱列長文使於周是月殺太尉趙郡王叡三月丁酉以司空徐顯秀爲太尉幷省尚書令婁定遠爲司空是月行幸晉陽夏四月甲子詔以幷州尚書省爲大基聖寺晉祠爲大崇皇寺乙丑車駕至自晉陽秋七月己丑詔降罪人各有差戊申詔使巡省河北諸州無雨處境內偏旱者優免租調冬十月壬戌詔禁造酒十一月辛丑詔以太保斛律光爲太傅大司馬馮翊王潤爲太保大將軍琅邪王儼爲大司馬十二月庚午以開府儀同三司蘭陵王長恭爲尚書令庚辰以中書

監魏收爲尚書右僕射
武平元年春正月乙酉朔改元太師幷州刺史東安王婁叡薨戊申詔兼散騎常侍裴獻之聘于陳二月癸亥以百濟王餘昌爲使持節侍中驃騎大將軍帶方郡公王如故己巳以太傅咸陽王斛律光爲右丞相幷州刺史右丞相安定王賀拔仁爲錄尚書事冀州刺史任城王湝爲太師景子降死罪已下囚閏月戊戌錄尚書事安定王賀拔仁薨三月辛酉以開府儀同三司徐之才爲尚書左僕射夏六月乙酉以廣寧王孝珩爲司空甲辰以皇子恆生故大赦內外百官普進二級九州職人普進四級己酉詔以開府儀同三司唐邕爲尚書右僕射秋七月癸丑封孝昭皇帝子彥基爲城陽王彥康爲定陵王彥忠爲梁郡王甲寅以尚書令蘭陵王長恭爲錄尚書事中領軍和士開爲尚書令癸亥靺鞨遣使朝貢癸酉以華山王凝爲太傅八月辛卯行幸晉陽九月乙巳立皇子恆爲皇太子冬十月辛巳以司空廣寧王孝珩爲司徒以上洛王思宗爲司空封蕭莊爲梁王戊子曲降幷州死罪已下囚己丑復改威宗景烈皇帝謚號爲顯

祖文宣皇帝十二月丁亥車駕至自晉陽詔左丞相斛律光出晉州道脩城戍

二年春正月丁巳詔兼散騎常侍劉瓌儁使於陳戊寅以百濟王餘昌爲使持節都督東青州刺史二月壬寅以錄尚書事蘭陵王長恭爲太尉并省錄尚書事趙彥深爲司空尚書令和士開爲錄尚書事左僕射徐之才爲尚書令右僕射唐邕爲左僕射吏部尚書馮子琮爲右僕射夏四月壬午以大司馬琅邪王儼爲太保甲午陳遣使連和謀伐周朝議弗許六月段韶攻周汾州剋之獲刺史楊敷秋七月庚午太保琅邪王儼矯詔殺錄尚書事和士開於南臺卽日誅領軍大將軍庫狄伏連書侍御史王子宣等尚書右僕射馮子琮賜死殿中八月己亥行幸晉陽九月辛亥以太師任城王湝爲太宰馮翊王潤爲太師己未左丞相平原王段韶薨戊午曲降并州界內死罪已下各有差庚午殺太保琅邪王儼壬申陳人來聘冬十月罷京畿府入領軍府己亥車駕至自晉陽十一月庚戌詔侍中赫連子悅使於周景寅以徐州行臺廣寧王孝珩爲錄尚書事庚午以錄尚書事廣寧王孝珩爲司徒癸酉以右丞相斛律光爲左丞相

三年春正月己巳祀南郊辛亥追贈故琅邪王儼爲楚帝二月己卯以衛菩薩爲太尉辛巳以幷省吏部尚書高元海爲尚書右僕射庚寅以左僕射唐邕爲尚書令侍中祖珽爲左僕射是月敕撰玄洲苑御覽後改名聖壽堂御覽三月辛酉詔文武官五品已上各舉一人是月周誅冢宰宇文護夏四月周人來聘秋七月戊辰誅左丞相咸陽王斛律光及其弟幽州行臺荊山公豐樂八月庚寅廢皇后斛律氏爲庶人以太宰任城王湝爲右丞相太師馮翊王潤爲太尉蘭陵王長恭爲大司馬廣寧王孝珩爲大將軍安德王延宗爲司徒使領軍封輔相聘于周戊子拜右昭儀胡氏爲皇后己丑以司州牧北平王仁堅爲尚書令特進許季良爲左僕射彭城王寶德爲右僕射癸巳行幸晉陽是月聖壽堂御覽成敕付史閣後改爲修文殿御覽九月陳人來聘冬十月降死罪已下囚甲午拜弘德夫人穆氏爲左皇后大赦十二月辛丑廢皇后胡氏爲庶人是歲新羅百濟勿吉突厥並遣使朝貢於周爲建德元年

四年春正月戊寅以幷省尚書令高阿那肱爲錄尚書事庚辰詔兼散騎常侍

崔象使於陳是月鄴都并州並有狐媚多截人髮二月乙巳拜左皇后穆氏爲皇后景午置文林館乙卯以尚書令北平王仁堅爲錄尚書事丁巳行幸晉陽是月周人來聘三月辛未盜入信州殺刺史和士休南兗州刺史鮮于世榮討之庚辰車駕至晉陽夏四月戊午以大司馬蘭陵王長恭爲太保大將軍定州刺史南陽王綽爲大司馬大司馬太尉衞菩薩爲大將軍司徒安德王延宗爲太尉司空武興王普爲司徒開府儀同三司宜陽王趙彥深爲司空癸丑祈皇祠壇壝蕝之內忽有車軌之轍案驗傍無人跡不知車所從來乙卯詔以爲大慶班告天下己未周人來聘五月景子詔史官更撰魏書癸巳以領軍穆提婆爲尚書左僕射以侍中中書監段孝言爲右僕射是月開府儀同三司尉破胡長孫洪略等與陳將吳明徹戰於呂梁南大敗破胡走以免洪略戰歿遂陷秦涇二州明徹進陷和合二州是月殺太保蘭陵王長恭六月明徹進軍圍壽陽壬子幸南苑從官暍死者六十人以錄尚書事高阿那肱爲司徒景辰詔開府王師羅使於周秋七月校獵于鄴東冬十月陳將吳明徹陷壽陽辛丑殺侍中

崔季舒張彫唐散騎常侍劉逖封孝琰黄門侍郎裴澤郭遵癸卯行幸晉陽十
二月戊寅以司徒高阿那肱爲右丞相是歲高麗靺鞨並遣使朝貢突厥使求
婚
五年春正月乙丑置左右娥英各一人二月乙未車駕至自晉陽朔州行臺南
安王思好反辛丑行幸晉陽尚書令唐邕等大破思好投火死焚其尸幷其妻
李氏丁未車駕至自晉陽甲寅以尚書令唐邕爲錄尚書事夏五月大旱晉陽
得死魃長二尺面頂各二目帝聞之使刻木爲其形以獻庚申大赦丁亥陳人
寇淮北秋八月癸卯行幸晉陽甲辰以高勱爲尚書右僕射是歲殺南陽王綽
六年春三月乙亥車駕至自晉陽丁丑烹祆賊鄭子饒於都市是月周人來聘
夏四月庚子以中書監陽休之爲尚書右僕射癸卯靺鞨遣使朝貢秋七月甲
戌行幸晉陽八月丁酉冀定趙幽滄瀛六州大水是月周師入洛川屯芒山攻
逼洛城縱火船焚浮橋河橋絶閏月己丑遣右丞相高阿那肱自晉陽禦之師
次河陽周師夜遁庚辰以司空趙彥深爲司徒斛律阿列羅爲司空辛巳以軍

國資用不足稅關市舟車山澤鹽鐵店肆輕重各有差開酒禁

七年春正月壬辰詔去秋已來水潦人飢不自立者所在付大寺及諸富戶濟其性命甲寅大赦乙卯車駕至自晉陽二月辛酉括雜戶女年二十已下十四已上未嫁悉集省隱匿者家長處死刑二月景寅風從西北起發屋拔樹五日乃止夏六月戊申朔日有蝕之庚申司徒趙彥深薨秋七月丁丑大雨霖是月以水澇遣使巡撫流亡人戶八月丁卯行幸晉陽雉集於御坐獲之有司不敢以聞詔營邯鄲宮冬十月景辰帝大狩於祁連池周師攻晉州癸亥帝還晉陽甲子出兵大集晉祠庚午帝發晉陽癸酉帝列陣而行上雞栖原與周齊王憲相對至夜不戰周師斂陣而退十一月周武帝退還長安留偏帥守晉州高阿那肱等圍晉州城戊寅帝至圍所十二月戊申周武帝來救晉州庚戌戰于城南齊軍大敗帝棄軍先還癸丑入晉陽憂懼不知所之甲寅大赦帝謂朝臣曰周師甚盛若何羣臣咸曰天命未改一得一失自古皆然宜停百賦安朝野收遺兵背城死戰以存社稷帝意猶豫欲向北朔州乃留安德王延宗廣寧王孝

珩等守晉陽若晉陽不守卽欲奔突厥羣臣皆曰不可帝不從其言開府儀同三司賀拔伏恩封輔相慕容鍾葵等宿衞近臣三十餘人西奔周師乙卯詔募兵遣安德王延宗爲左廣廣寧王孝珩爲右廣延宗入見帝帝告欲向北朔州延宗泣諫不從帝密遣王康德與中人齊紹等送皇太后皇太子於北朔州景辰帝幸城南軍營勞將士其夜欲遁諸將不從丁巳大赦改武平七年爲隆化元年其日穆提婆降周詔除安德王延宗爲相國委以備禦延宗流涕受命帝乃夜斬五龍門而出欲走突厥從官多散領軍梅勝郎叩馬諫乃迴之鄴時唯高阿那肱等十餘騎廣寧王孝珩襄城王彥道續至得數十人同行戊午延宗從衆議卽皇帝位於晉陽改隆化爲德昌元年庚申帝入鄴辛酉延宗與周師戰於晉陽大敗爲周師所虜帝遣募人重加官賞雖有此言而竟不出物廣寧王孝珩奏請出宮人及珍寶班賜將士帝不悅斛律孝卿居中受委帶甲以處分請帝親勞爲帝撰辭且曰宜慷慨流涕感激人心帝既出臨衆將令之不復記所受言遂大笑左右亦羣咍將士莫不解體於是自大丞相已下太宰大司

馬三師大將軍三公等官並增員而授或三或四不可勝數甲子皇太后從北道至引文武一品已上入朱華門賜酒食及紙筆問以禦周之方略羣臣各異議帝莫知所從又引高元海宋士素盧思道李德林等欲議禪位皇太子先是望氣者言當有革易於是依天統故事授位幼主

幼主名恆帝之長子也母曰穆皇后武平元年六月生於鄴其年十月立爲皇太子隆化二年春正月乙亥卽皇帝位時年八歲改元爲承光元年大赦尊皇太后爲太皇太后帝爲太上皇帝后爲太上皇后於是黃門侍郎顏之推中書侍郎薛道衡侍中陳德信等勸太上皇帝往河外募兵更爲經略若不濟南投陳國從之丁丑太皇太后太上皇自鄴先趣濟州周師漸逼癸未幼主又自鄴東走己丑周師至紫陌橋癸巳燒城西門太上皇將百餘騎東走乙亥度河入濟州其日幼主禪位於大丞相任城王湝令侍中斛律孝卿送禪文及璽紱於瀛州孝卿乃以之歸周又爲任城王詔尊太上皇爲無上皇幼主爲守國天王留太皇太后濟州遣高阿那肱留守太上皇幷皇后攜幼主走青州韓長鸞鄧

顒等數十人從太上皇既至青州卽爲入陳之計而高阿那肱召周軍約生致齊主而屢使人告言賊軍在遠已令人燒斷橋路太上所以停緩周軍奄至青州太上窘急將遜於陳置金囊於鞍後與長鸞淑妃等十數騎至青州南鄧村爲周將尉遲綱所獲送鄴周武帝與抗賓主禮幷太后幼主諸王俱送長安封帝温國公至建德七年誣與宜州刺史穆提婆謀反及延宗等數十人無少長咸賜死神武子孫所存者一二而已至大象末陽休之陳德信等啓大丞相隋公請收葬聽之葬於長安北原洪瀆川帝幼而令善及長頗學綴文置文林館引諸文士焉而言語澁吶無志度不喜見朝士自非寵私昵狎未嘗交語性懦不堪人視者卽有忿責其奏事者雖三公令錄莫得仰視皆略陳大旨驚走而出每災異寇盜水旱亦不自貶損唯諸處設齋以此爲修德雅信巫覡解禱無方初琅邪王舉兵人告者誤云庫狄伏連反帝曰此必仁威也又斛律光死後諸武官舉高思好堪大將軍帝曰思好喜反皆如所言遂自以策無遺算乃益驕縱盛爲無愁之曲帝自彈胡琵琶而唱之侍和之者以百數人閒謂之無愁

天子嘗出見羣厲盡殺之或殺人剝面皮而視之任陸令萱和士開高阿那肱穆提婆韓長鸞等宰制天下陳德信鄧長顒何洪珍參預機權各引親黨超居非次官由財進獄以賄成其所以亂政害人難以備載諸宮奴婢閹人商人胡戶雜戶歌舞人見鬼人濫得富貴者將以萬數庶姓封王者百數不復可紀開府千餘儀同無數領軍一時三十連判文書各作依字不具姓名莫知誰也諸貴寵祖禰追贈官歲一進位極乃止宮掖婢皆封郡君宮女寶衣玉食者五百餘人一裙直萬疋鏡臺直千金競爲變巧朝衣夕弊承武成之奢麗以爲帝王當然乃更增益宮苑造偃武修文臺其嬪嬙諸院中起鏡殿寶殿瑇瑁殿丹青彫刻妙極當時又於晉陽起十二院壯麗逾於鄴下所愛不恆數毀而又復夜則以火照作寒則以湯爲泥百工困窮無時休息鑿晉陽西山爲大佛像一夜燃油萬盆光照宮內又爲胡昭儀起大慈寺未成改爲穆皇后大寶林寺窮極工巧運石填泉勞費億計人牛死者不可勝紀御馬則藉以氈罽食物有十餘種將合牝牡則設青廬具牢饌而親觀之狗則飼以粱肉馬及鷹犬乃有儀同

郡君之號故有赤彪儀同逍遙郡君陵霄郡君高思好書所謂馱龍逍遙著也犬於馬上設褥以抱之鬬雞亦號開府犬馬鷄鷹多食縣幹鷹之入養者稍割犬肉以飼之至數日乃死又於華林園立貧窮村舍帝自弊衣爲乞食兒又爲窮兒之市躬自交易寫築西鄙諸城黑衣爲羌兵鼓譟陵之親率內參臨拒或實彎弓射人自晉陽東巡單馬馳騖衣解髮散而歸又好不急之務曾一夜索蝎及旦得三升特愛非時之物取求火急皆須朝徵夕辦當勢者因之貸一而責十焉賦斂日重徭役日煩人力既殫帑藏空竭乃賜諸佞幸賣官或得郡兩三或得縣六七各分州郡下逮鄉官亦多降中者故有敕用州主簿敕用郡功曹於是州縣職司多出富商大賈競爲貪縱人不聊生爰自鄴都及諸州郡所在徵稅百端俱起凡此諸役皆漸於武成至帝而增廣焉然未嘗有帷薄淫穢唯此事頗優於武成云初河清末武成夢大蝟攻破鄴城故索境內蝟膏以絕之識者以後主名聲與蝟相協亡齊徵也又婦人皆翦剔以著假髻而危邪之狀如飛鳥至於南面則髻心正西始自宮內爲之被於四遠天意若曰元首翦

落危側當走西也又爲刀子者刃皆狹細名曰盡勢遊童戲者好以兩手持繩拂地而却上跳且唱曰高末高末之言蓋高氏運祚之末也然則亂亡之數蓋有兆云

論曰武成風度高爽經算弘長文武之官俱盡謀力有帝王之量矣但愛狎庸豎委以朝權帷薄之間淫侈過度滅亡之兆其在斯乎玄象告變傳位元子名號雖殊政猶己出迹有虛飾事非憲典聰明臨下何易可誣又河南河間樂陵等諸王或以時嫌或以猜忌皆無罪而殞非所謂知命任天體大道之義也後主以中庸之姿懷易染之性永言先訓教匪義方始自襁褓至于傳位隔以正人閉其善道養德所履異乎春誦夏弦過庭所聞莫非不軌不物輔之以中官嬭媪屬之以麗色淫聲縱韝紲之娛恣朋淫之好語曰從惡若崩蓋言其易武平在御彌見淪胥罕接朝士不親政事一日萬機委諸凶族內侍帷幄外吐絲綸威厲風霜志迴天日虐人害物搏噬無厭賣獄鬻官谿壑難滿重以名將貽禍忠臣顯戮始見浸溺之萌俄觀土崩之勢周武因機遂混區夏悲夫蓋桀紂

罪人其亡也忽焉自然之理矣

鄭文貞公魏徵總而論之曰神武以雄傑之姿始基霸業文襄以英明之略伐叛柔遠于時喪君有君師出以律河陰之役摧宇文如反掌渦陽之戰掃侯景如拉枯故能氣懾西鄰威加南服王室是賴東夏宅心文宣因累世之資膺樂推之會地居當璧遂遷魏鼎懷譎詭非常之才運屈奇不測之智網羅俊乂明察臨下文武名臣盡其力用親戎出塞命將臨江定單于於龍城納長君於梁國外內充實疆埸無警胡騎息其南侵秦人不敢東顧既而荒淫敗德罔念作狂爲善未能亡身餘殃足以傳後得以壽終幸也胤嗣不永宜哉孝昭地逼身危逆取順守外敷文教內蘊雄圖將以牢籠區域奄有函夏享齡不永績用無成若或天假之年足使秦吳旰食武成即位雅道陵遲昭襄之風摧焉已墜暨乎後主外內崩離衆潰於平陽身禽于青土天道深遠或未易談吉凶由人抑可揚搉觀夫有齊全盛控帶遐阻西包汾晉南極江淮東盡海隅北漸沙漠六國之地我獲其五九州之境彼分其四料甲兵之衆寡校帑藏之虛實折衝千

里之將帷幄六奇之士比二方之優劣無等級以寄言然其太行長城之固自若也江淮汾晉之險不移也帑藏輸稅之富未虧也士庶甲兵之衆不缺也然而前王用之而有餘後主守之而不足其故何哉前王之御時也沐雨櫛風拯其溺而救其焚信必賞過必罰安而利之既與共其存亡故得同其生死後主則不然以人從欲損物益己雕牆峻宇甘酒嗜音鄽肆遍於宮園禽色荒於外內俾晝作夜罔水行舟所欲必成所求必得既不軌不物又暗於聽受忠信弗聞萋斐必入視人如草芥從惡如順流佞閹處當軸之權婢媼擅回天之力賣官鬻獄亂政淫刑刳剒被於忠良祿位加於犬馬讒邪並進法令多聞持瓢者非止百人搖樹者不唯一手於是土崩瓦解衆叛親離顧瞻周道咸有西歸之志方更盛其宮觀窮極荒淫謂黔首之可誣指白日以自保驅倒戈之旅抗前歌之師五世崇基一舉而滅豈非鐫金石者難爲功摧枯朽者易爲力歟抑又聞之皇天無親唯德是輔天時不如地利地利不如人和齊自河清之後逮于武平之末土木之功不息嬪嬙之選無已征稅盡人力殫物產無以給其求江

海不能贍其欲所謂火既熾矣更負薪以足之數既窮矣又爲惡以促之欲求大廈不燔延期過歷不亦難乎由此言之齊氏之敗亡蓋亦由人匪惟天道也

北史卷八

北史卷八考證

世祖武成皇帝紀五月壬午詔以城南雙堂之苑迴造大總持寺○雙堂下齊書有閏位二字

甲申以太傅段韶爲太師○段韶監本誤改詔今改從南本

九月乙丑封皇子綽爲南陽王儼爲東平王○顧炎武云本卷後主天統二年五月己亥封太上皇帝子儼爲東平王一事兩書必有一誤

閏月乙未○月監本訛年今改正

十二月乙卯豫州刺史王似良以城降周將權景宣○似齊書作士

後主紀詔侍中叱列長文使於周○文監本誤又今改從南本

丁巳詔兼散騎常侍劉瓌儁使于陳○瓌監本訛環今從各本改正

帝意猶豫欲向北朔州○豫監本訛預今改從南本

幼主紀造偃武修文臺○造監本訛進今改正

高思好書所謂馱龍逍遙著也○馱齊書作駮

寫築西鄙諸城○寫一本作嘗齊書同

會一夜索蝎及旦得三升○會監本作會今從齊書

史臣論屬之以麗色淫聲○屬齊書作蠱

孝昭地逼身危○監本逼訛道又下文武成郎位句成訛城今俱改正

北史卷八考證

北史卷九

唐　李　延　壽　撰

周本紀上第九

周太祖文皇帝姓宇文氏諱泰字黑獺代郡武川人也其先出自炎帝炎帝爲黃帝所滅子孫遁居朔野其後有葛烏兔者雄武多算略鮮卑奉以爲主遂總十二部落世爲大人及其裔孫曰普回因狩得玉璽三紐文曰皇帝璽普回以爲天授己獨異之其俗謂天子曰宇文故國號宇文並以爲氏普回子莫那自陰山南徙始居遼西是曰獻侯爲魏舅甥之國自莫那九世至侯歸豆爲慕容晃所滅其子陵仕燕拜駙馬都尉封玄菟公及慕容寶敗歸魏拜都牧主賜爵安定侯天興初魏遷豪傑於代都陵隨例徙居武川卽爲其郡縣人焉陵生系系生韜韜生皇考肱並以武略稱肱任俠有氣幹正光末沃野鎮人破六韓拔陵作亂其僞署王衞可瓌最盛肱乃糺合鄉里斬瓌其衆乃散後陷鮮于修禮爲定州軍所破戰沒於陣武成初追諡曰德皇帝帝德皇帝之少子也母曰王

氏初孕五月夜夢抱子升天纔不至而止寤以告德皇帝德皇帝喜曰雖不至天貴亦極矣帝生而有黑氣如蓋下覆其身及長身長八尺方顙廣額美鬚髯髮長委地垂手過膝背有黑子宛轉若盤龍之形面色紫光人望而敬畏之少有大度不事家人生業輕財好施以交結賢士大夫爲務隨德皇帝在鮮于修禮軍及葛榮殺修禮帝時年十八榮下任將帥察其無成謀與諸兄去之計未行會榮滅因隨尒朱榮遷晉陽榮忌帝兄弟雄傑遂託以他罪誅帝第三兄洛生帝以家寃自理辭旨慷慨榮感而免之益加敬待始以統軍從榮征討後以別將從賀拔岳討北海王顥於洛陽孝莊反正以功封寧都子後從岳入關平万俟醜奴行原州事時關隴寇亂帝撫以恩信百姓皆喜曰早遇宇文使君吾等豈從逆亂帝嘗從數騎於野忽聞簫鼓之音以問從者皆莫之聞意獨異之普泰二年尒朱天光東拒齊神武留弟顯壽鎮長安召秦州刺史侯莫陳悅東下岳知天光必敗欲留悅共圖顯壽計無所出帝謂岳曰今天光尚近悅未必貳心若以此事告之恐其驚懼然悅雖爲主將不能制物若先說其衆必人有

留心進失尒朱之期退恐人情變動若乘此說悅事無不遂岳大喜卽令帝入悅軍說之悅遂與岳襲長安帝輕騎爲前鋒追至華陰禽顯壽及岳爲關西大行臺以帝爲左丞領岳府司馬事無巨細皆委決焉齊神武旣除尒朱氏遂專朝政帝請往觀之至幷州神武以帝非常人曰此小兒眼目異將留之帝詭陳忠款具託左右苦求復命倍道而行行一日而神武乃悔發上驛千里追帝至關不及而反帝還謂岳曰高歡豈人臣邪逆謀未發者憚公兄弟耳侯莫陳悅本實庸材亦不爲歡忌但爲之備圖之不難今費也頭控弦之騎不下一萬夏州刺史解拔彌俄突勝兵三千餘人及靈州刺史曹泥並恃僻遠常懷異望河西流人紇豆陵伊利等戶口富實未奉朝風今若移軍近隴扼其要害示之以威懷之以德卽可收其士馬以資吾軍西輯氐羌北撫沙塞還軍長安匡輔魏室此桓文之舉也岳大悅復遣帝詣闕請事密陳其狀魏帝納之加帝武衞將軍還令報岳岳遂引軍西次平涼岳以夏州鄰接寇賊欲求良刺史以鎮之衆皆舉帝岳曰宇文左丞吾左右手何可廢也沉吟累日乃從衆議表帝爲夏州

刺史帝至州伊利望風款附而曹泥猶通使於齊神武魏永熙三年正月賀拔
岳欲討曹泥遣都督趙貴至夏州與帝謀帝曰曹泥孤城阻遠未足爲憂侯莫
陳悅貪而無信是宜先圖也岳不聽遂與悅俱討泥二月至河曲果爲悅所害
衆散還平涼唯大都督趙貴率部曲收岳屍還營三軍未知所屬諸將以都督
寇洛年最長推總兵事洛素無雄略威令不行乃請避位於是趙貴言於衆稱
帝英姿雄略若告喪必來赴難因而奉之大事濟矣諸將皆稱善乃令赫連達
馳至夏州告帝士吏咸泣請留以觀其變帝曰難得而易失者時也不俟終日
者機也今不早赴將恐衆心自離都督彌姐元進規應悅密圖帝事發斬之帝
乃率帳下輕騎馳赴平涼時齊神武遣長史侯景招引岳衆帝至定安遇之於
傳舍吐哺上馬謂曰賀拔公雖死宇文泰尚存卿何爲也景失色曰我猶箭耳
隨人所射者也景於此還帝至平涼哭岳甚慟將士悲且喜曰宇文公至無所
憂矣齊神武又使景與常侍張華原義寧太守王基勞帝帝不受命與基有舊
將留之幷欲留景並不屈乃遣之時斛斯椿在帝所曰景人傑也何故放之帝

亦悔驛追之不及基亦逃歸言帝雄傑請及其未定滅之神武曰卿不見賀拔侯莫陳乎吾當以計拱手取之及沙苑之敗神武乃始追悔于時魏帝將圖神武聞岳被害遣武衞將軍元毗宣旨勞岳軍追還洛陽毗到平涼會諸將已推帝侯莫陳悅亦被敕追還悅既附神武不肯應召帝曰悅枉害忠良復不應詔命此國之大賊乃令諸軍戒嚴將討悅及毗還帝表於魏帝辭以高歡至河東侯莫陳悅在永洛首尾受敵乞少停緩帝志在討悅而未測朝旨且衆未集假爲此辭因與元毗及諸將刑牲盟誓同獎王室初賀拔岳營河曲軍吏獨行忽見一翁謂曰賀拔雖據此衆終無所成當有一宇文家從東北來後必大盛言訖不見至是方驗魏帝因詔帝爲大都督卽統賀拔岳軍帝乃與悅書責以殺賀拔岳罪又諭令歸朝悅乃詐爲詔書與秦州刺史万俟普撥令爲己援普撥疑之封以呈帝帝表奏之魏帝因問帝安秦隴計帝請召悅授以內官及處以瓜涼一藩不然則終致猜虞三月帝進軍至原州衆軍悉集諭以討悅意士卒莫不懷憤四月引兵上隴留兄子遵爲都督鎮原州帝軍令嚴肅秋毫無犯百

姓大悅軍出木狹關大雪平地二尺帝知悅怯而多猜乃倍道兼行出其不意悅果疑其左右有異志左右不自安衆遂離貳聞大軍且至退保略陽留一萬餘人據守永洛帝至圍之城降帝即輕騎數百趣略陽以臨悅軍其部將皆勸悅退保上邽時南秦州刺史李弼亦在悅軍間遣使請爲內應其夜悅出軍軍自驚潰將卒或來降帝縱兵奮擊大破之悅與其子弟及麾下數十騎遁走帝乃命原州都督導追悅至牽屯山斬之傳首洛陽帝至上邽悅府庫財物山積皆以賞士卒毫釐無所取左右竊以一銀甕歸帝知而罪之即剖賜將士衆大悅齊神武聞關隴克捷遣使於帝深相倚結帝拒而不納封神武書以聞時神武已有異志故魏帝深仗於帝仍令帝稍引軍而東帝乃令大都督梁禦率步騎五千將鎮河渭合口爲圖河東計魏帝進帝侍中驃騎大將軍開府儀同三司關西大都督略陽縣公承制封拜使持節如故時魏帝方圖齊神武又遣徵兵帝乃令前秦州刺史駱超爲大都督率輕騎一千赴洛魏帝進授帝兼尚書左僕射關西大行臺餘官如故帝乃傳檄方鎮曰蓋聞陰陽遞用盛衰相襲苟

當百六無聞三五皇家創歷陶鑄蒼生保安四海仁育萬物運距孝昌屯沴屢起隴冀騷動燕河狼顧雖靈命重啓蕩定有期而乘釁之徒因翼生羽賊臣高歡器識庸下出自輿皁罕聞禮義直以一介鷹犬効力戎行醜冒恩私遂階榮寵不能竭誠盡節專挾姦回乃勸尒朱榮行茲篡逆及榮以專政伏誅世隆以凶黨外叛歡苦相敦勉令取京師又勸吐万兒復爲弒虐暫立建明以令天下假推普泰欲竊威權並歸廢斥俱見酷害於是稱兵河北假討尒朱亟通表奏云取讒賊既行廢黜遂將篡弒以人望未改恐鼎鑊交及乃求宗室權允人心天方與魏必將有主翊戴聖明誠非歡力而歡阻兵安忍自以爲功廣布腹心跨州連郡端揆禁闥莫非親黨皆行貪虐窫窳生靈而舊將名臣正人直士橫生瘡痏動挂網羅故武衞將軍伊琳清直武毅禁旅攸屬直閤將軍鮮于康仁忠亮驍傑爪牙斯在歡收而戮之曾無聞奏司空高乾是其黨與每相影響謀危社稷但姦志未從恐先泄漏乃密白朝廷使殺高乾方哭對其弟稱天子橫戮孫騰任祥歡之心膂並使入居樞近伺國閑隙知歡逆謀將發相繼歸逃歡

益加撫待亦無陳白然歡入洛之始本有姦謀令親人蔡儁作牧河濟厚相恩
贍爲東道主人故關西大都督淸水公賀拔岳勳德隆重與亡伇寄歡好亂樂
禍深相忌毒乃與侯莫陳悅陰圖陷害幕府以受律專征便卽討戮歡知逆狀
已露稍懷旅拒遂遣蔡儁拒代令竇泰佐之又遣侯景等云向白馬輔世珍等
徑趣石濟高隆之及婁昭等屯據壺關韓軌之徒擁衆蒲坂於是上書天子數
論得失訾毀乘輿威侮朝廷藉此微庸冀茲大寶溪壑可盈禍心不測或言徑
赴荊楚開疆於外或言分詣伊洛取彼讒人或言欲來入關與幕府決戰今聖
明御運天下淸夷百寮師師四隩來暨人盡忠良誰爲君側而歡威福自己生
是亂階緝構南箕指鹿爲馬包藏凶逆伺我神器是而可忍孰不可容幕府折
衝宇宙親當受脤銳師百萬彀騎千羣裹糧坐甲唯敵是侯義之所在糜軀匪
恡頻有詔書班告天下稱歡逆亂徵兵致伐今便分命將帥應機進討或趣其
要害或襲其窟穴電繞蛇擊霧合星羅而歡違負天地毒被人鬼乘此掃蕩易
同俯拾歡若度河稍逼宮廟則分命諸將直取幷州幕府躬自東轅電赴伊洛

若固其巢穴未敢發動亦命羣帥百道俱前轘裂賊臣以謝天下其州鎮郡縣率土黎人或州鄉冠冕或勳庸世濟並宜捨逆歸順立効軍門封賞之科已有別格凡百君子可不勉哉帝謂諸軍曰高歡雖智不足而詐有餘今聲言欲西其意在入洛吾欲令寇洛率馬步萬餘自涇州東引王羆率甲士一萬先據華州歡若西來王羆足得抗拒如其入洛寇洛卽襲汾晉吾便速駕直赴京邑使其進有內顧之憂退有被躡之勢一舉大定此爲上策衆咸稱善七月帝帥衆發自高平前軍至于弘農而齊神武稍逼京師魏帝親總六軍屯河橋令左衞元斌之領軍斛斯椿鎮武牢帝謂左右曰高歡數日行八九百里曉兵者所忌正須乘便擊之而主上以萬乘之重不能度河決戰方緣津據守且長河萬里扞禦爲難一處得度大事去矣卽以大都督趙貴爲別道行臺自蒲坂濟趣幷州遣大都督李賢將精騎一千赴洛陽會斌之與斛斯椿爭權鎮防不守魏帝遂輕騎入關帝備儀衞奉迎謁見於東驛免冠流涕謝罪乃奉魏帝都長安披草萊立朝廷軍國之政咸取決於帝仍加授大將軍雍州刺史兼尚書令進封

略陽郡公別置二尚書隨機處分解尚書僕射餘如故初魏帝在洛陽許以馮翊長公主配帝未及結納而魏帝西遷至是詔帝尚之拜駙馬都尉八月齊神武襲陷潼關侵華陰帝率諸軍屯霸上以待之神武留其將薛瑾守關而退帝乃進軍斬瑾虜其卒七千還長安進位丞相十一月遣儀同李諱與李弼趙貴等討曹泥於靈州諱引河灌之明年泥降遷其豪帥于咸陽十二月魏孝武帝崩帝與羣公定冊尊立魏南陽王寶炬爲嗣是爲文帝大統元年正月己酉魏帝進帝都督中外諸軍錄尚書事大行臺改封安定郡王帝固讓王及錄尚書魏帝許之乃改封安定郡公東魏將司馬子如寇潼關帝軍霸上子如乃回軍自蒲津寇華州刺史王羆擊走之三月帝命有司爲二十四條新制奏行之

二年五月秦州刺史建忠王万俟普撥率所部入東魏帝輕騎追之至河北千餘里不及而還

三年正月東魏寇龍門屯軍蒲坂造三道浮橋度河又遣其將竇泰趣潼關高昂圍洛州帝出軍廣陽召諸將謂曰賊掎吾三面又造橋示欲必度是欲綴吾

軍使竇泰得西入耳且歡起兵以來泰每先驅下多銳卒屢勝而驕今襲之必剋剋泰則歡不戰而走矣諸將咸曰賊在近捨而襲遠若差跌悔何及也帝曰歡前再襲潼關吾軍不過霸上今者大來謂吾但自守耳又狃於得志有輕我之心乘此擊之何往不剋賊雖造橋未能徑度比五日中吾取泰必矣庚戌帝還長安聲言欲向隴右辛亥謁魏帝而潛軍至小關竇泰卒聞軍至陳未成帝擊之盡俘其衆斬泰傳首長安高昂聞之焚輜重而走齊神武亦撤橋而退帝乃還六月帝請罷行臺魏帝復申前命授帝錄尚書事固讓乃止八月丁丑帝率李弼獨孤信梁禦趙貴于謹若干惠怡峯劉亮王德侯莫陳崇李遠達奚武等十二將東伐至潼關帝乃誓於師曰與爾有衆奉天威誅暴亂惟爾衆士整爾甲兵戒爾戎事無貪財以輕敵無暴人以作威用命則有賞不用命則有戮爾衆士其勉之乃遣于謹先徇地至盤豆拔之獲東魏將高叔禮送于長安戊子至弘農攻之城潰禽東魏陝州刺史李徽伯虜其戰士八千守將高千走度河命賀拔勝追禽之並送長安於是宜陽邵郡皆歸附先是河南豪傑應東魏

者皆降齊神武懼率衆下蒲坂將自后土濟遣其將高昂以三萬人出河南是歲關中饑帝館穀於弘農五十餘日時軍士不滿萬人聞神武將度乃還神武遂度河逼華州刺史王羆嚴守乃涉洛軍於許原西帝至渭南徵諸州兵未會將擊之諸將以衆寡不敵請且待歡更西以觀之帝曰歡若至咸陽人情轉騷擾今及其新至可擊之卽造浮橋於渭令軍士齎三日糧輕騎度渭輜重自渭南夾渭而西十月壬辰至沙苑距齊軍六十餘里神武引軍來會癸巳候騎告齊軍至帝召諸將謀李弼曰彼衆我寡不可平地置陣此東十里有渭曲可先據以待之遂進至渭背水東西爲陣李弼爲右拒趙貴爲左拒命將士皆偃戈於葭蘆中聞鼓聲而起日晡齊師至望見軍少競萃於左軍亂不成列兵將交帝鳴鼓士皆奮起于謹等六軍與之合戰李弼等率鐵騎橫擊之絕其軍爲二遂大破之斬六千餘級臨陣降者二萬餘人神武夜遁追至河上復大剋前後虜其卒七萬留其甲兵二萬餘悉縱歸收其輜重兵甲獻俘長安李穆曰高歡膽破矣逐之可獲帝不聽乃還軍渭南時所徵諸州兵始至乃於戰所準當時

兵人種樹一株栽柳七千根以旌武功魏帝進帝柱國大將軍增邑并前五千戶李弼等十二將亦進爵增邑以左僕射馮翊王元季海爲行臺與開府獨孤信帥步騎二萬向洛陽賀拔勝李弼度河圍蒲坂蒲坂鎮將高子信開門納勝軍東魏將薛崇禮棄城走勝等追獲之帝進軍蒲坂略定汾絳初帝自弘農入關後東魏將高昂圍弘農聞其軍敗退守洛陽獨孤信至新安昂復走度河遂入洛陽自梁陳已西將吏降者相屬於是東魏將堯雄趙育是云寶出潁川欲復降地帝遣儀同宇文貴梁遷等逆擊大破之趙育來降東魏復遣任祥率河南兵與堯雄合儀同怡峯與貴遷等復擊破之又遣都督韋孝寬取豫州是云寶殺其東揚州刺史那椿以州來降

四年三月帝率諸將入朝禮畢還華州七月東魏將侯景等圍獨孤信於洛陽齊神武繼之帝奉魏帝至穀城臨陣斬東魏將莫多婁貸文悉虜其衆送弘農遂進軍瀍東景等夜解圍去及旦帝率輕騎追至河上景等北據河橋南屬芒山爲陣與諸軍戰帝馬中流矢驚逸軍中擾亂都督李穆下馬授帝軍復振於

是大捷斬其將高昂李猛宋顯等虜其甲士一萬五千人赴河死者萬數是日置陣既大首尾懸遠從旦至未戰數十合氛露四塞莫能相知獨孤信李遠居右趙貴怡峯居左戰並不利又未知魏帝及帝所在皆棄其卒先歸開府李諱念賢等爲後軍遇信等退卽與俱還由是班師洛陽亦失守大軍至弘農守將皆已棄城西走所虜降卒在弘農者因相與閉門拒守進攻拔之誅其魁首數百人大軍之東伐也關中留守兵少而前後所虜東魏士卒皆散在百姓間乃謀亂及李諱等至長安計無所出乃與太尉王明僕射周惠達輔魏太子出次渭北關中大震恐百姓相剽劫於是沙苑所俘軍人趙青雀雍州人于伏德等遂反青雀據長安子城伏德保咸陽與太守慕容思度各收降卒以拒還師長安城人皆相率拒青雀每日接戰魏帝留止閿鄉令帝討之長安父老見帝且悲且喜曰不意今日復得見公士女咸相賀華州刺史宇文導襲咸陽斬思度禽伏德南度渭與帝會攻破青雀太傅梁景叡先以疾留長安遂與青雀通謀至是亦伏誅關中乃定魏帝還長安帝復屯華州十二月是云寶襲洛陽東魏

將王元軌棄城走都督趙剛襲廣州拔之自襄廣以西城鎮復西屬

五年冬大閱於華陰

六年春東魏將侯景出三鵶將侵荊州帝遣開府李弼獨孤信各率騎出武關景乃還夏蠕蠕度河至夏州帝召諸軍屯沙苑以備之

七年十一月帝奏行十二條制恐百官不勉於職事又下令申明之

八年十月齊神武侵汾絳圍玉壁帝出軍蒲坂神武退度汾追之遂遁去十二月魏帝狩於華陰大饗將士帝帥諸將朝於行在所

九年二月東魏北豫州刺史高慎舉州來附帝帥師迎之三月齊神武據芒山陣不進者數日帝留輜重於瀍曲軍士銜枚夜登芒山未明擊之神武單騎爲賀拔勝所逐僅免帝率右軍若于惠大破神武軍悉虜其步卒趙貴等五將軍居右戰不利神武復合戰帝又不利夜引還入關屯渭上神武進至陝開府達奚武等禦之乃退帝以芒山諸將失律上表自貶魏帝不許於是廣募關隴豪右以增軍旅十月大閱於櫟陽還屯華州

十年五月帝朝京師七月魏帝以帝前後所上二十四條及十二條新制定爲中興永式命尚書蘇綽更損益之總爲五卷班於天下於是搜簡賢才爲牧守令習新制而遣焉數年間百姓便之十月大閱於白水

十一年十月大閱于白水遂西狩岐陽

十二年春涼州刺史宇文仲和據州反瓜州人張保害刺史成慶以應之帝遣開府獨孤信討之東魏將侯景侵襄州帝遣開府若干惠禦之至穰景遁去五月獨孤信平涼州禽仲和遷其百姓六千餘家於長安瓜州都督令狐延起義誅張保瓜州平七月帝大會諸軍於咸陽

十三年正月東魏河南大行臺侯景舉河南六州來附被圍於頴川六月帝遣開府李弼援之東魏將韓軌等遁去景遂徙鎮豫州於是遣開府王思政據頴川弼引軍還七月侯景密圖附梁帝知其謀悉追還前後所配景將士景懼遂叛冬帝奉魏帝西狩咸陽

十四年春魏帝詔封帝長子覺爲寧都郡公初帝以平元顯納孝莊帝功封寧

都縣子至是改以爲郡以封覺用彰勳王之始也五月魏帝進帝位太師帝奉魏太子巡撫西境登隴刻石紀事遂至原州歷北長城大狩東趣五原至蒲州聞魏帝不豫而還及至魏帝疾已愈乃還華州是歲東魏將高岳圍王思政於潁川

十五年春帝遣大將軍趙貴帥師援王思政高岳堰洧水以灌城潁川以北皆爲陂澤救兵不得至六月潁川陷初侯景圍建鄴梁司州刺史柳仲禮赴臺城梁竟陵郡守孫暠以郡內附帝使大都督符貴鎮之及建鄴陷仲禮還司州來寇暠以郡叛帝大怒十一月遣開府楊忠攻剋隨州進圍仲禮長史馬岫於安陸

十六年正月仲禮來援安陸楊忠逆擊於漴頭大破之禽仲禮馬岫以城降三月魏帝封帝第二子震爲武邑公七月帝東伐拜章武公導爲大將軍總督留守諸軍屯涇北鎮關中九月丁巳軍出長安連雨自秋及冬諸軍馬驢多死遂於弘農北造橋濟河自蒲坂還於是河南自洛陽河北自平陽以東遂入齊

十七年三月魏文帝崩皇太子嗣位帝以冢宰總百揆十月帝遣大將軍王雄出子午伐上津魏與大將軍達奚武出散關伐南鄭

廢帝元年春王雄平上津魏與以其地置東梁州四月達奚武圍南鄭月餘梁州刺史宜豐侯蕭脩以州降武八月東梁州百姓圍州城帝復遣王雄討之

二年正月魏帝詔帝爲左丞相大行臺都督中外諸軍事二月東梁州平遷其豪帥於雍州三月帝遣大將軍魏安公尉遲迥帥師伐梁武陵王蕭紀於蜀四月帝勒銳騎三萬西踰隴度金城河至姑臧吐谷渾震懼遣使獻其方物七月帝至自姑臧八月尉遲迥剋成都劍南平十一月尚書元烈謀亂伏誅

三年正月始作九命之典以敘內外官爵以第一品爲九命第九品爲一命改流外品爲九秩亦以九爲上又改置州郡縣凡改州四十六置州一改郡一百六改縣三百三十魏帝有怨言於是帝與公卿議廢帝立齊王廓是爲恭帝

恭帝元年四月帝大饗羣臣魏史柳虯執簡書告于朝曰廢帝文皇帝之嗣子年七歲文皇帝託於安定公曰是子也才由于公不才亦由于公公宜勉之公

既受茲重寄居元輔之任又納女爲皇后遂不能訓誨有成致令廢黜負文皇帝付屬之意此咎非安定公而誰帝乃令太常盧辯作誥諭公卿曰嗚呼我羣后暨衆士維文皇帝以襁褓之嗣託於予訓之誨之庶厥有成而予罔能弗變厥心庸暨乎廢墜我文皇帝之志嗚呼茲咎予其焉避予實知之矧爾衆人之心哉惟予之顏豈惟今厚將恐來世以予爲口實乙亥魏帝詔封帝子邕爲輔城公憲爲安城公七月西狩至原州梁元帝遣使請據舊圖以定疆界又連結於齊言辭悖慢帝曰古人有言天之所棄誰能興之其蕭繹之謂乎十月壬戌遣柱國于謹中山公護與大將軍楊忠韋孝寬等步騎五萬討之十一月癸未師濟漢中山公護與楊忠率銳騎先屯其城下景申于謹至江陵列營圍守辛亥剋其城戕梁元帝虜其百官士庶以歸沒爲奴婢者十餘萬免者二百餘家立蕭詧爲梁主居江陵爲魏附庸魏氏之初統國三十六大姓九十九後多絕滅至是以諸將功高者爲三十六國後次者爲九十九姓後所統軍人亦改從其姓

二年梁廣州刺史王琳寇邊十月帝遣大將軍豆盧寧帥師討之
三年正月丁丑初行周禮建六官魏帝進帝位太師大冢宰帝以漢魏官繁思革前弊大統中乃令蘇綽盧辯依周制改創其事尋亦置六卿官然爲撰次未成衆務猶歸臺閣至是始畢乃命行之四月帝北巡七月度北河魏帝封帝子直爲秦郡公招爲正平公九月帝不豫還至雲陽命中山公護受遺輔嗣子十月乙亥帝薨于雲陽宮還長安發喪時年五十十二月甲申葬于成陵謚文公及孝閔帝受禪追尊爲文王廟曰太祖武成元年追尊爲文皇帝帝知人善任使從諫如順流崇尚儒術明達政事恩信被物能駕馭英豪一見之者咸思用命沙苑所獲囚俘釋而用之及河橋之役以充戰士皆得其死力諸將出征授以方略無不制勝性好朴素不尚虛飾恆以反風俗復古始爲心云

孝閔皇帝諱覺字陁羅尼文帝第三子也母曰元皇后大統八年生於同州七歲封略陽郡公時善相者史元華見帝退謂所親曰此公子有至貴相但恨不壽耳魏恭帝三年三月命爲安定公世子四月拜大將軍十月乙亥文帝崩景

子世子嗣位爲太師大冢宰十二月丁亥魏帝詔以岐陽地封帝爲周公庚子詔禪位于帝曰予聞皇天之命不于常惟歸于德故堯授舜舜授禹時宜也天厭我魏邦垂變以告惟爾罔弗知予雖不明敢弗龔天命格有德哉今踵唐虞舊典禪位于周庸布告爾焉使大宗伯趙貴持節奉冊書曰咨爾周公帝王之位弗常有德者受命時乃天道予式時庸荒求于唐虞之彝踵曰我魏德之終舊矣我邦小大罔弗知今其可亢怫于天道而不歸有德歟時用詢謀僉曰公昭考文公格勳德于天地丕濟黔黎洎公又躬宣重光故玄象徵見于上謳訟奔走于下天之歷數用實在焉予安敢弗若是以欽祗聖典遜位于公公其享茲天命保有萬國可不慎歟魏帝臨朝遣戶部中大夫濟北公元迪致皇帝璽紱帝固辭公卿百辟勸進太史陳祥瑞乃從之是日魏帝遜位于大司馬府

元年春正月天王即位柴燎告天朝百官于路門追尊皇考文公爲文王皇妣爲文后大赦封魏帝爲宋公是日槐里獻赤雀百官奏議曰帝王之興罔弗更正朔明受之於天革人視聽也逮于尼甫稽諸陰陽云行夏之時後王所不易

今魏歷告終周室受命以木承水實當行籙正用夏時式遵聖道惟文王誕玄
氣之祥有黑水之讖服色宜尚焉制曰可以大司徒趙郡王李弼爲太師以大
宗伯南陽公趙貴爲太傅大冢宰以大司馬河內公獨孤信爲太保以大宗伯
中山公護爲大司馬以大將軍寧都公毓高陽公達奚武武陽公豆盧寧小司
寇陽平公李遠小司馬博陵公賀蘭祥小宗伯魏安公尉遲迥並爲柱國壬寅
祀圓丘詔曰予本自神農其於二丘宜作厥主始祖獻侯啓于遼海配南北郊
文考德符五運受天明命祖于明堂以配上帝癸卯祀方澤甲辰遂祭太社初
除市門稅乙巳享太廟丁未會于乾安殿班賞各有差戊申詔有司分命使者
巡察風俗求人得失禮餼高年恤于鰥寡辛亥祀南郊壬子立王后元氏辛酉
享太廟癸亥親耕籍田二月癸酉朔朝日于東郊戊寅祭太社丁亥柱國楚國
公趙貴謀反伏誅太保獨孤信罪免甲午以大司空梁國公侯莫陳崇爲太保
大司馬晉國公護爲大冢宰柱國博陵公賀蘭祥爲大司馬高陽公達奚武爲
大司寇大將軍化政公宇文貴爲柱國三月己酉衞國公獨孤信賜死癸亥省

六府士員二分之一夏四月壬申降死罪已下囚壬午謁成陵丁亥享太廟五月己酉帝將觀漁於昆明池博士姜頊諫乃止秋七月壬寅帝聽訟於右寢多所哀宥辛亥享太廟八月戊辰祭太社辛未降死罪已下囚甲午詔二十四軍舉賢良九月庚申改太守爲郡守帝性剛果忌晉公護之專司會李植軍司馬孫恆以先朝佐命入侍左右亦疾護權重乃與宮伯乙鳳賀拔提等潛請帝誅護帝許之又引宮伯張先洛先洛以白護護乃出植爲梁州刺史恆爲潼州刺史鳳等更奏帝將召羣臣入因此誅護先洛又白之時小司馬尉綱總統宿衛兵護乃召綱入殿中詐呼鳳等論事以次執送護第並誅之綱仍罷禁兵帝無左右獨在內殿以宮人執兵自守護遣大司馬賀蘭祥逼帝遜位貶爲略陽公遂幽於舊邸月餘日以弒崩時年十六植恆等亦遇害及武帝誅護後乃詔曰故略陽公至德純粹天姿秀傑屬魏祚告終寶命將改謳歌允集歷數攸歸上協蒼靈之慶下昭后祇之錫而禍生肘腋釁起蕭牆白武噬驂蒼鷹集殿幽辱神器弒酷乘輿冤結生靈毒流寓縣今河海澄清氛沴消蕩追尊之禮宜崇徽

號遺太師蜀國公迥於南郊上諡曰孝閔皇帝陵曰靜陵
世宗明皇帝諱毓小名統萬突文皇帝之長子也母曰姚夫人永熙三年文帝
臨夏州生於統萬城因以名焉大統十四年封寧都郡公魏恭帝三年累遷大
將軍鎮隴右孝閔踐阼進位柱國轉岐州刺史有美政及孝閔廢晉公護遣迎
帝於岐州九月癸亥至京師止於舊邸羣臣上表勸進備法駕奉迎帝固讓羣
臣固請乃許之
元年秋九月天王卽位大赦乙丑朝羣臣於延壽殿冬十月癸酉太師趙國公
李弼薨己卯以大將軍昌平公尉綱爲柱國乙酉祀圜丘景戌祀方丘甲午祭
太社陽平公李遠賜死辛未梁敬帝遜位于陳十一月庚子享太廟丁未祀圜
丘十二月庚午謁成陵庚辰以大將軍輔城公邕爲柱國戊子赦長安見囚甲
午詔元氏子女自坐趙貴等事以來所有沒入爲官口者悉免之
二年春正月乙未以大冢宰晉公護爲太師辛亥親耕籍田癸丑立王后獨孤
氏丁巳於雍州置十二郡三月甲午北豫州刺史司馬消難舉州來附改雍州

刺史爲牧京兆郡守爲尹庚申詔三十六國九十九姓自魏南徙皆稱河南人今周室既都關中宜改稱京兆人夏四月己巳以太師晉公護爲雍州牧辛未降死罪囚一等五歲刑已下皆原之甲戌天王后獨孤氏崩甲申葬敬后五月乙未以大司空梁國公侯莫陳崇爲大宗伯六月癸亥嚈噠國遣使朝貢己巳板授高年刺史守令恤鰥寡孤獨各有差分長安爲萬年縣並居京城壬申遣使分行州郡理囚徒察風俗掩骸埋胔秋七月順陽獻三足烏八月甲子羣臣上表稱慶於是大赦文武普進級九月辛卯以大將軍楊忠王雄並爲柱國甲辰封少師元羅爲韓國公以紹魏後丁未行幸同州故宅賦詩冬十月辛酉突厥遣使朝貢癸亥太廟成乙亥以功臣琅邪貞獻公賀拔勝等十三人配享文帝廟庭壬午大赦

武成元年春正月己酉太師晉公護上表歸政帝始親萬機軍旅猶總於護初改都督諸州軍事爲總管三月癸巳陳六軍帝親擐甲胄迎太白於東方吐谷渾寇邊庚戌遣大司馬博陵公賀蘭祥率衆討之夏五月戊子詔有司造周歷

己亥聽訟於正武殿辛亥以大宗伯梁國公侯莫陳崇爲大司徒大司寇高陽公達奚武爲大宗伯武陽公豆盧寧爲大司寇柱國輔城公邕爲大司空乙卯詔曰比屢有糺發官司赦前事者有司自今勿推究唯庫廐倉廩與海內所共漢帝有云朕爲天下守財耳若有侵盜公家財畜錢粟者魏朝之事年月旣遠一不須問自周有天下以來雖經赦宥事迹可知者有司宜卽推窮得實之日免其罪徵備如法賀蘭祥攻拔洮陽洪和二城吐谷渾遁走閏月高昌遣使朝貢六月戊子大雨霖詔公卿大夫士爰及牧守黎庶等令各上封事讜言極諫無有所諱其遭水者有司可時巡檢條列以聞庚子詔曰頼川從我是曰元勳無忘父城實起王業文考屬天地草昧造化權輿拯彼流亡匡茲頽運賴英賢盡力文武同心翼贊大功克隆帝業而被堅執銳櫛風沐雨永言疇昔良用憮然若功成名遂建國剖符子唯休也其有致死王事妻子無歸者朕甚傷之凡從先王向夏州發夏州從來見在及薨亡者並量賜錢帛稱朕意焉是月陳武帝殂秋八月己亥改天王稱皇帝追尊文王爲文皇帝大赦改元癸丑增御正

四人位上大夫冬十月齊文皇帝殂
二年春正月癸丑朔大會羣臣于紫極殿始用百戲三月辛酉重陽閣成會羣臣公侯列將卿大夫及突厥使於芳林園賜錢帛各有差夏四月帝因食糖䭔遇毒庚子大漸詔曰人生天地之間稟五常之氣天地有窮已五常有推移人安得長在是以有生有死者物理之必然處必然之理脩短之間何足多恨朕雖不德性好典墳披覽聖賢餘論未嘗不以此自曉今乃命也夫復何言諸公及在朝卿大夫士軍中大小督將軍人等並立勳効積有年載輔翼太祖成我周家令朕纘承大業處萬乘之上此上不負太祖下不負朕躬朕得啓手啓足從先帝於地下實無恨于心矣所可恨者朕享大位可謂四年矣不能使政化修理黎庶豐足九州未一二方猶梗顧此恨恨目用不瞑唯冀仁兄冢宰洎朕先正先父公卿大臣等協和爲心勉力相勸勿忘太祖遺志提挈後人朕雖沒九泉形骸不朽今大位虛曠社稷無主朕兒幼少未堪當國魯國公邕朕之介弟寬仁大度海內共聞能弘我周家必此子也夫人貴有始終公等事太祖輔

朕躬可謂有始矣若克念政道顧其艱難輔邕以王天下者可謂有終矣哀死事生人臣大節公等可思念此言令萬代稱歎朕稟生儉素非能力行菲薄每寢大布之被服大帛之衣凡是器用皆無彫刻身終之日豈容違棄此好喪事所須務從儉約斂以時服勿使有金玉之飾若以禮不可闕皆令用瓦小斂訖七日哭文武百官各權辟麻苴以素服從事葬日選擇不毛之地因勢爲墳勿封勿樹且厚葬傷生聖人所誡既服膺聖人之教安敢違之凡百官司勿異朕意四方州鎮使到各令三日哭哭訖權辟凶服還以素服從事待大例除非有呼召各按部自守不得輒奔赴闕庭禮有通塞隨時之義葬訖內外悉除服從吉三年之內勿禁婚娶一令如平常也時事殷猥病困心亂止能及此如事有不盡準此以類爲斷死而可忍古人有之朕今忍死盡此懷抱其詔卽帝口授也辛丑帝崩於延壽殿時年二十七謚曰明皇帝廟號世宗五月辛未葬於昭陵帝寬明仁厚敦睦九族有君人之量幼而好學博覽羣書善屬文詞彩溫麗及卽位集公卿已下有文學者八十餘人於麟趾殿刊校經史又捃採衆書自

羲農已來訖于魏末敘爲世譜凡百卷所著文章十卷

論曰昔者水運將終羣凶放命或權威震主或釁逆滔天咸謂大寶可以力致神器可以求得而卒誅夷繼及亡不旋踵是知天命有底庸可慆乎周文爰自潛躍衆無一旅驅馳戎馬之際躡足行伍之間時屬與能運膺啓聖鳩集義勇糾合同盟一舉而殄仇讎再駕而匡帝室於是內詢帷幄外杖材雄推至誠以待人弘大順以訓物高氏藉甲兵之衆恃戎馬之強屢入近畿志圖吞噬及英謀電發神旆風馳弘農建城濮之勳沙苑有昆陽之捷取威定霸以弱爲強紹元宗之衰緒創隆周之景命南清江漢西舉巴蜀北控沙漠東據伊瀍乃擯落魏晉憲章古昔修六官之廢典成一代之鴻規德刑並用勳賢兼敘遠安邇悅俗阜人和億兆之望有歸揖讓之期允集功業若此人臣以終盛矣哉非求雄略冠時英姿不世天與神授緯武經文者孰能與於此乎昔漢獻蒙塵曹公成夾輔之業晉安播蕩宋武建匡合之勳校德論功綽有餘裕至於渚宮制勝闔城孥戮蠕蠕歸命盡種誅夷雖事出於權道而用乖於德教斯爲過矣孝閔承

既安之業虖樂推之運明皇處代邸之尊纂大宗之緒始則權臣專命終乃政出私門俱懷芒刺之疑用致幽縶之禍惜哉

北史卷九

北史卷九考證

周太祖文皇帝紀自莫那九世至侯歸豆○侯歸豆周書作侯豆歸

其僞署王衛可瓌最盛○瓌周書作孤

後陷鮮于修禮○鮮于上脫於字今各本俱同姑仍之

四月引兵上隴留兄子遵爲都督鎭原州○遵周書作導

軍出木狹關○狹一本作峽

世隆以凶黨外叛歡苦相敦勉令取京師○苦監本訛若今改從閣本

謁見于東驛○東驛周書作東陽驛

帝至渭南徵諸州兵未會將擊之○未周書作皆下文云乃還軍渭南時所徵

諸州兵始至則此處當以未爲正

三月齊神武據芒山陣不進者數日○陣字上周書有爲字

十四年春魏帝詔封帝長子覺爲寧都郡公○覺周書作毓本卷明帝紀諱毓

爲文皇帝長子大統十四年封寧都郡公應改從之今各本俱同姑仍其舊

四月帝勒銳騎三萬西踰隴○勒監本誤勤今改從南本

孝閔皇帝紀洎公又躬宣重光○又監本作入今從南本

始祖獻侯啓于遼海○周書于作土又下文五月己酉帝將觀漁於昆明池博士姜頃諫乃止句頃作須又引宮伯張先洛句先作光

世宗明皇帝紀庚辰以大將軍輔城公邕爲柱國○城一本作成周書同然據高祖武皇帝紀年十二封輔城郡公當以此爲正

長安爲萬年縣並居京城○居周書作治

建國剖符子唯休也○剖監本訛劃今改從南本又子周書作予

史臣論非求雄略冠時英姿不世○求周書作夫

至於諸宮制勝○宮監本訛官今改從南本

北史卷九考證

北史卷十

唐　李　延　壽　撰

周本紀下第十

高祖武皇帝諱邕字禰羅突文帝第四子也母曰叱奴太后魏大統九年生於同州有神光照室帝幼而孝敬聰敏有器質文帝異之曰成吾志者此兒也年十二封輔城郡公孝閔帝踐阼拜大將軍出鎮同州明帝卽位遷柱國授蒲州刺史入爲大司空行御正進封魯國公領宗師甚見親愛參議朝廷大事性沉深有遠識非因問終無所言帝每歎曰夫人不言言必有中武成二年四月帝崩遺詔傳位於帝帝固讓百官勸進乃從之壬寅卽皇帝位大赦冬十二月改作路門是歲齊孝昭帝廢其主殷而自立

保定元年春正月戊申改元文武百官各增四級以大冢宰晉公護爲都督中外諸軍事令五府總於天官庚戌祀圓丘壬子祀方丘甲寅祀感帝於南郊乙卯祭太社己巳享太廟班文帝所述六官於廟庭甲戌板授高年官各有差乙

亥親耕耤田景子大射於正武殿賜百官各有差二月己卯遣大使巡察天下
風俗甲午朝日於東郊景午省輦輿去百戲三月景寅改八丁兵爲十二丁兵
率歲一月役夏四月景子朔日有蝕之庚寅以少傅吳公尉綱爲大司空丁酉
白蘭遣使獻犀甲鐵鎧五月景午封孝閔皇帝子康爲紀國公皇子贇爲魯國
公晉公護獲玉斗以獻六月乙酉遣御正殷不害使於陳秋七月戊申以旱故
詔所在降死罪已下囚更鑄錢文曰布泉以一當五與五銖並行九月甲辰南
寧州使獻滇馬及蜀鎧冬十月甲戌朔日有蝕之十一月乙巳陳人來聘丁巳
狩於岐陽是月齊孝昭帝殂十二月車駕至自岐陽是歲突厥吐谷渾高昌宕
昌龜茲等國並遣使朝貢

二年春正月壬寅初於蒲州開河渠同州開龍首渠以廣溉灌丁未以陳主弟
頊爲柱國送還江南閏月己亥大司馬涼公賀蘭祥薨二月癸丑以久不雨宥
罪人京城三十里內禁酒梁主蕭詧薨夏四月甲辰以旱故禁屠宰癸亥詔曰
諸柱國等勳德隆重宜有優崇各準別制邑戶聽寄食他縣五月庚午以南山

衆瑞並集免今年役及租賦之半壬辰以柱國隋公楊忠爲大司空六月己亥以柱國蜀公尉迥爲大司馬分山南荆州安州襄州江陵爲四總管秋九月戊辰朔日有蝕之陳人來聘冬十月辛亥帝御大武殿大射戊午講武於少陵原十一月丁卯以大將軍衛公直趙公招並爲柱國

三年春正月辛未改光遷國爲遷州乙酉太保梁公侯莫陳崇賜死二月庚子初頒新律辛酉詔自今舉大事行大政非軍機急速皆依月令以順天心三月乙丑朔日有蝕之景子宕昌國獻生猛獸二詔放之南山夏四月乙未以柱國鄭公達奚武爲太保大將軍韓果爲柱國己亥帝御正武殿錄囚徒癸卯大雩癸丑有牛足生於背戊午幸太學以太傅燕公于謹爲三老而問道焉初禁天下報讎犯者以殺人論壬戌詔百官及庶人上封事極言得失五月甲午朔以旱故避正寢不受朝甲戌兩秋七月戊辰行幸原州庚午陳人來聘丁丑幸津門問百年賜以金帛又賜高年板職各有差降死罪囚一等八月丁未改作路寢九月甲子自原州登隴山景戌幸同州戊子詔柱國楊忠率騎一萬與突厥

伐齊己丑初令世襲州郡縣者悉改爲五等爵州封伯郡封子縣封男冬十月庚戌陳人來聘十二月辛卯車駕至自同州遣太保達奚武率騎三萬出平陽以應楊忠是月有人生子男而陰在背後如尾兩足指如獸爪有犬生子腰以後分爲二身兩尾六足

四年春正月庚申楊忠破齊長城至晉陽而還二月庚寅朔日有蝕之三月庚辰初令百官執笏夏四月癸卯以柱國鄧公竇熾爲大宗伯五月壬戌封明帝長子賢爲畢公癸酉以大將軍安武公李穆爲柱國丁亥改禮部爲司宗大司禮爲禮部大司樂爲樂部六月庚寅改御伯爲納言秋七月焉耆國遣使獻名馬八月丁亥朔日有蝕之詔柱國楊忠帥師與突厥東伐至北河而還戊子以柱國齊公憲爲雍州牧以許公宇文貴爲大司徒九月丁巳以柱國衞公直爲大司空陳人來聘是月以皇世母閻氏自齊至大赦閏月己亥以大將軍韋孝寬長孫儉並爲柱國冬十月癸亥以大將軍陸通宇文盛蔡公廣並爲柱國甲子詔大冢宰晉公護伐齊齋於太廟庭授以斧鉞於是護總大軍出潼關大將

軍權景宣帥山南諸軍出豫州少師楊摽出軹關丁卯帝幸沙苑勞師癸酉還宮十一月甲午柱國尉遲迥圍洛陽柱國齊公憲營芒山晉公護次陝州十二月景辰齊豫州刺史王士良以州降壬戌齊師度河晨至洛陽諸軍驚散尉迥帥麾下數十騎扞敵得却至夜引還柱國王雄力戰死之遂班師楊摽於軹關戰沒權景宣亦棄豫州而還是歲突厥粟特等國並遣使朝貢

五年春正月甲申朔以柱國王雄死王事故廢朝乙巳以雄世子謙爲柱國二月辛丑詔陳公純等逆皇后于突厥景寅以柱國李穆爲大司空綏德公陸通爲大司寇壬申行幸岐州戊子柱國豆盧寧薨夏四月齊武成帝禪位於其太子緯自稱太上皇帝五月己亥左右武伯各置中大夫一人六月庚申彗星出三台入文昌犯上將經紫宮入苑漸長丈餘百餘日乃滅辛未詔江陵人年六十五已上爲官奴婢者已令放免其公私奴婢年七十以外者所在官私宜贖爲庶人秋七月辛巳朔日有蝕之庚寅行幸秦州降死罪已下刑辛丑遣大使巡察天下八月景子車駕至自秦州冬十月辛亥改函谷關城爲通洛防十一

月丁未陳人來聘是歲吐谷渾遣使朝貢
天和元年春正月己卯朔日有蝕之辛巳考路寢命羣臣賦古詩京邑耆老亦會焉頒賜各有差癸未大赦改元百官普加四級己亥親耕藉田丁未於宕昌國置宕州遣小載師杜果使於陳二月戊辰詔三公已下各舉所知庚午日鬬光遂微日中見烏三月景午祀南郊夏四月辛亥雩是月陳文帝殂五月庚辰帝御正武殿集羣臣親講禮記吐谷渾龍涸王莫昌率戶內附以其地爲扶州甲午詔曰甲子乙卯禮云不樂萇弘表昆吾之稔杜蕢有揚觶之文自世道喪亂禮儀紊毀此典茫然已墜於地宜依是日有事停樂庶知爲君之難爲臣不易貽之後昆殷鑒斯在六月景午以大將軍辛威爲柱國秋七月戊寅築武功郿斜谷武都留谷津坑諸城以置軍人壬午詔諸胄子入學但束脩於師不勞釋奠釋奠者學成之祭自今卽爲恆式八月己未詔諸有三年之喪或負土成墳或寢苫骨立一志一行可稱獎者本部官司隨事上言當加弔勉以勵薄俗九月乙亥信州蠻反詔開府陸騰討平之冬十月甲子初造山雲儛以備六代

樂十一月景戌行幸武功等城十二月庚申還宮

二年春正月癸酉朔日有蝕之己亥親耕藉田三月癸酉改武遊園爲道會苑丁亥初立郊丘壇壝制度夏四月乙巳省併東南諸州以大將軍陳公純爲柱國六月辛亥尊所生叱奴氏爲皇太后閏月庚午地震戊寅陳湘州刺史華皎帥衆來附壬辰以大將軍譙公儉爲柱國秋七月辛丑梁州上言鳳凰集楓樹羣鳥列侍以萬數甲辰立路門學置生七十二人壬子以太傅燕公于謹爲雍州牧九月衞公直等與陳將淳于量吳明徹戰于沌口王師敗績元定以步騎數千先度遂沒江南冬十一月戊戌朔日有蝕之癸丑太保許國公宇文貴薨是歲突厥吐谷渾安息等國並遣使朝貢

三年春正月辛丑祀南郊三月癸卯皇后阿史那氏至自突厥甲辰大赦丁未大會百寮及賓客於路寢戊午太傅燕公于謹薨夏四月辛巳以太保達奚武爲太傅大司馬尉迥爲太保柱國齊公憲爲大司馬五月庚戌享太廟六月甲戌有星孛於東井秋七月壬寅柱國隋公楊忠薨八月乙丑韓公元羅薨齊人

來聘請和親詔軍司馬陸逞報聘癸酉帝御大德殿集百寮及沙門道士等親講禮記冬十月癸亥享太廟丁亥上親帥六軍講武於城南京邑觀者輿馬彌漫數十里諸蕃使咸在焉十一月壬辰朔日有蝕之壬子遣開府崔彥穆使於齊甲寅陳安成王頊廢其主伯宗而自立辛未齊武成帝殂

四年春正月辛卯朔以齊武成殂故廢朝遣司會李綸等會葬於齊二月戊辰帝御大德殿集百寮道士沙門等討論釋老夏四月己巳齊人來聘五月己丑帝製象經成集百寮講說封魏廣平公子元謙爲韓國公以紹魏後丁巳柱國吳公尉綱薨六月築原州及涇州東城秋七月突厥遣使獻馬柱國昌寧公長孫儉薨

五年春三月甲辰初令宿衛官住關外者將家累入京不樂者解宿衛夏四月甲寅以柱國宇文盛爲大宗伯省帥都督官景寅遣大使巡察天下六月景子以皇女生故降宥罪人幷免逋租懸調冬十月辛巳朔日有蝕之丁酉太傅鄭公達奚武薨十一月丁卯柱國豳公廣薨十二月癸巳大將軍鄭恪帥師平越

巂置西寧州是月齊將斛律光侵邊於汾北築城自華谷至龍門

六年春正月己酉朔以路門未成故廢朝丁卯以大將軍王傑譚公會鴈門公田弘魏公李暉等並爲柱國三月己酉齊公憲自龍門度河斛律光退保華谷憲攻拔其新築五城夏四月戊寅朔日有蝕之辛卯信州蠻反遣大將軍趙誾帥師討平之庚子以大將軍司馬消難侯莫陳瓊大安公閻慶神武公竇毅南陽公叱羅協平高公侯伏侯龍恩並爲柱國五月癸亥遣納言鄭詡使於陳景寅以大將軍李諱中山公訓杞公亮上庸公陸騰安義公宇文丘北平公寇紹許公宇文善犍爲公高琳鄭公達奚震隴東公楊纂常山公于翼並爲柱國六月乙未以大將軍太原公王秉爲柱國是月齊將段孝先攻陷汾州秋七月乙丑以大將軍越公盛爲柱國八月癸酉省掖庭四夷樂後宮羅綺工五百餘人冬十月壬午冀公通薨乙未遣右武伯谷會琨使於齊壬寅上親帥六軍講武於城南十一月壬子以大將軍梁公侯莫陳芮大將軍李意並爲柱國景辰齊人來聘丁巳行幸散關十二月己丑還宮是冬牛疫死者十六七

建德元年春正月戊午帝幸玄都觀親御法座講說公卿道俗論難事畢還宮降死罪及流罪一等其五歲刑已下並宥之二月癸酉遣大將軍昌城公深使於突厥司宗李際使於齊乙酉柱國安義公宇文丘薨三月癸卯朔日有蝕之齊人來聘景辰誅大冢宰晉公護及其子柱國譚公會幷柱國侯伏侯龍恩及其弟大將軍萬壽大將軍劉勇等大赦改元罷中外府癸亥以太傅尉迥爲太師柱國竇熾爲太傅大司空李穆爲太保齊公憲爲大冢宰衛公直爲大司徒趙公招爲大司空柱國辛威爲大司寇綏德公陸通爲大司馬詔曰人勞不止則星動於天作事不時則石言於國頃興造無度徵發不已加以頻歲師旅農畝廢業去秋災蝗年穀不登自今正調以外無妄徵發夏四月甲戌以代公達滕公逌並爲柱國己卯詔公卿已下各舉所知遣工部代公達使於齊景戌詔百官軍人上封事極言得失丁亥詔斷四方非常貢獻庚寅追尊略陽公爲孝閔皇帝癸巳立魯公贇爲皇太子大赦百官各加封級五月壬戌以大旱集百官於庭詔之曰亢陽不雨豈朕德薄刑賞乖中歟將公卿大臣或非其人歟宜

盡直言無有所隱公卿各引咎自責其夜澍雨六月庚子改置宿衛官員秋七月辛丑陳人來聘九月庚子朔日有蝕之庚申扶風掘地得玉盃以獻冬十月庚午詔江陵所獲俘虜充官口者悉免爲百姓辛未遣小匠師楊勰使於陳大司馬綏德公陸通薨十一月景午上親御六軍講武于城南庚戌行幸羌橋集京城東諸都督以上頒賜各有差乙卯還宮壬戌以大司空趙公招爲大司馬十二月壬申行幸斜谷集京城以西諸軍都督以上頒賜有差景戌還宮己丑帝御正武殿親錄囚徒至夜而罷庚寅幸道會苑以上善殿壯麗遂焚之

二年春正月辛丑祀南郊乙巳以柱國田弘爲大司空大將軍若干鳳爲柱國庚戌復置帥都督官乙卯享太廟閏月己巳陳人來聘二月甲寅詔皇太子贇巡撫西土壬戌遣司會侯莫陳凱使於齊省雍州內八部併入京兆馮翊扶風咸陽等郡三月己卯皇太子於岐州獲白鹿二以獻詔答曰在德不在瑞癸巳省六府諸司中大夫以下官府置四司以下大夫爲官之長上士貳之夏四月己亥享太廟景辰增改東宮官員五月丁丑以柱國侯莫陳瓊爲大宗伯滎陽

公司馬消難爲大司寇上庸公陸騰爲大司空六月庚子省六府員外諸官皆爲丞壬子皇孫衍生文武官普加一級大階大選諸軍將帥景辰帝御路寢集諸軍將帥以戎事庚申詔諸軍旗旌皆畫以猛獸鷙鳥之象秋七月己巳享太廟自春末不雨至於是月壬申集百寮於大德殿帝責躬罪己問以時政得失戊子雨八月景午改三夫人爲三妃關中大蝗九月乙丑陳人來聘戊寅詔曰頃者婚嫁競爲奢靡有司宜加宣勤使遵禮制冬十月癸卯齊人來聘甲辰奏六代樂成帝御崇信殿集百官觀之十一月辛巳帝親帥六軍講武於城東癸未集諸軍都督以上五十人於道會苑大射帝親臨射堂大備軍容十二月癸巳集羣官及沙門道士等帝升高座辨釋三教先後以儒教爲先道教次之佛教爲後以大將軍赫連達爲柱國詔軍人之間年多者壽可頒授老職使榮沾邑里戊午聽訟於正武殿自旦及夜繼之以燭

三年春正月壬戌朝羣臣於路門冊柱國齊公憲衞公直趙公招譙公儉陳公純越公盛代公達滕公逌並進爵爲王己巳享太廟庚午突厥遣使獻馬癸酉

詔自今男年十五女年十三以上爰及鰥寡所在以時嫁娶務從節儉乙亥親耕藉田景子初服短衣享二十四軍督將以下試以軍旅之法縱酒盡歡詔以往歲年穀不登令公私道俗凡有貯積粟麥者皆準口聽留已外盡糶二月壬辰朔日有蝕之丁酉紀公康畢公賢酆公貞宋公實漢公贊秦公贄曹公允並進爵爲王景午令六府各舉賢良清正之士癸丑柱國許公宇文善有罪免景辰大赦三月癸酉皇太后叱奴氏崩帝居倚廬朝夕共一溢米羣臣表請累旬乃止詔皇太子贇總庶政夏四月乙卯齊人來弔賵會葬丁巳有星孛於東井五月庚申葬文宣后於永固陵帝袒跣至陵所辛酉詔曰齊斬之情經籍彝訓近代沿革遂亡斯禮伏奉遺令既葬便除攀慕几筵情實未忍三年之喪達於天子古今無易之道王者之所常行但時有未諧不得全制軍國務重庶有聽朝衰麻之節苫廬之禮率遵前典以申罔極百寮以下宜遵遺令公卿上表固請俯就權制過葬卽吉帝不許引古答之羣臣乃止於是遂申三年之制五服之內亦令依禮初置太子諫議員四人文學十人皇子皇弟友員各二人學士

六人戊辰詔故晉公護及諸子並追復先封改葬加謚景子初斷佛道二教經像悉毀罷沙門道士並令還俗并禁諸淫祀非祀典所載者盡除之六月丁未集諸軍將教以戰陣之法壬子更鑄五行大布錢以一當十與布泉錢並行戊午詔曰至道弘深混成無際體包空有理極幽玄但岐路既分源流逾遠淳離朴散形器斯乖遂使三墨八儒朱紫交競九流七略異說相騰道隱小成其來舊矣不有會歸爭驅靡息今可立通道觀聖哲微言先賢典訓金科玉篆祕賾玄文可以濟養黎元扶成教義者並宜弘闡一以貫之俾夫翫培塿者識嵩岱之崇崛守磧礫者悟渤澥之泓澄不亦可乎秋七月庚申行幸雲陽宮乙酉衛王直在京反欲突入肅章門司武尉遲運等拒守直敗遁走戊子車駕至自雲陽宮八月辛卯擒直於荊州免爲庶人冬十月景申詔御正楊尚希使於陳庚子詔蒲州人遭饑乏絕者令向鄜城以西及荊州管內就食甲寅行幸蒲州乙卯曲赦蒲州見囚大辟以下景辰行幸同州十一月戊午于闐遣使獻名馬己巳大閱於同州城東甲戌車駕至自同州十二月戊子大會衛官及軍人以上

賜錢帛各有差景申改諸軍軍人並名侍官癸卯集諸軍講武於臨臯澤涼州
比年地震壞城郭地裂涌泉出
四年春正月戊辰初置營軍器監壬申布寬大之詔多所蠲免二月景戌朔日
有蝕之辛卯改置宿衞官員己酉柱國廣德公李意有罪免三月景辰遣小司
寇元衞使於齊郡縣各省主簿一人甲戌以柱國趙王招爲雍州牧夏四月甲
午柱國燕公于實有罪免丁酉初令上書者並爲表於皇太子以下稱啓秋七
月己未禁五行大布錢不得出入關布泉錢聽入而不聽出甲戌陳人來聘景
子召大將軍以上於大德殿帝親諭以伐齊之旨言往以政出權宰無所措懷
自親覽萬機便圖東討惡衣菲食繕甲練兵數年以來戰備稍足而僞主昏虐
恣行無道伐暴除亂斯實其時羣臣咸稱善丁丑下詔暴齊氏過惡以柱國陳
王純爲前一軍總管滎陽公司馬消難爲前二軍總管鄭公達奚震爲前三軍
總管越王盛爲後一軍總管周昌公侯莫陳瓊爲後二軍總管趙王招爲後三
軍總管齊王憲帥衆二萬趣黎陽隋公楊堅廣寧公侯莫陳迴舟師三萬自渭

入河柱國梁公侯莫陳芮帥衆一萬守太行道申國公李穆帥衆三萬守河陽道常山公于翼帥衆二萬出陳汝壬午上親帥六軍衆六萬直指河陰八月癸卯入齊境禁伐樹殘苗稼犯者以軍法從事丁未上親帥諸軍攻拔河陰大城攻子城未剋上有疾九月辛酉夜班師水軍焚舟而退齊王憲于翼李穆等所在剋捷降拔三十餘城皆棄而不守唯以王藥城要害令儀同三司韓正守之正尋以城降齊戊寅至自東伐冬十月戊子初置上柱國上大將軍官改開府儀同三司爲開府儀同大將軍又置上開府上儀同官閏月以柱國齊王憲蜀公尉遲迥爲上柱國詔諸畿郡各舉賢良十一月己亥改置司內官員十二月辛亥朔日有蝕之景子陳人來聘是歲岐寧二州人饑開倉振恤

五年春正月辛卯行幸河東涑川集關河東諸軍校獵甲午還同州丁酉詔分遣大使周省四方察訟聽謠問人卹隱廢布泉錢戊申初令鑄錢者至絞從者遠配二月辛酉遣皇太子贇巡撫西土仍討吐谷渾三月壬寅車駕至自同州文宣皇太后服再期戊申祥夏六月戊申朔日有蝕之辛亥享太廟景辰利州

總管紀王康有罪賜死秋七月乙未京師旱八月戊申皇太子入吐谷渾至伏俟城而還乙丑陳人來聘九月丁丑大醮於正武殿以祈東伐冬十月帝復諭羣臣伐齊以去歲屬有疹疾遂不得剋平逋寇于時出軍河外直爲撫背未扼其喉然晉州本高歡所起統攝要重今往攻之彼必來援嚴軍以待擊之必剋然後乘破竹之勢鼓行而東足以窮其窟穴諸將多不願行帝曰機者事之微不可失矣沮軍事者以軍法裁之己酉帝總戎東伐以越王盛爲右一軍總管杞公亮爲右二軍總管隋公楊堅爲右三軍總管譙王儉爲左一軍總管大將軍竇泰爲左二軍總管廣化公丘崇爲左三軍總管齊王憲陳王純爲前軍癸亥帝至晉州遣齊王憲帥精騎二萬守雀鼠谷陳王純步騎二萬守千里徑鄭公達奚震步騎一萬守統軍川大將軍韓明步兵五千守齊子嶺烏氏公尹升步騎五千守鼓鍾鎮涼城公辛韶步騎五千守蒲津關柱國趙王招步騎一萬自華谷攻汾州諸城柱國宇文盛步兵一萬守汾水關遣內史王誼監六軍攻晉州城帝屯於汾曲齊王憲攻洪洞永安二城並拔之是夜虹見於晉州城上

首向南尾入紫宮帝每日自汾曲赴城下親督戰庚午齊行臺左丞侯子欽出降壬申齊晉州刺史崔嵩夜密使送款上開府王軌應之未明登城遂剋晉州甲戌以上開府梁士彥爲晉州刺史以鎮之十一月己卯齊主自幷州帥衆來援帝以其兵新集且避之乃詔諸軍班師齊主遂圍晉州齊王憲屯諸軍於涑水爲晉州聲援河東地震癸巳至自東伐獻俘于太廟景申放齊諸城鎮降人還丁酉帝發京師壬寅度河與諸軍合十二月戊申次晉州庚戌帝帥諸軍八萬置陣東西二十餘里乘常御馬從數人巡陣所至輒呼主帥姓名以慰勉之將士感見知之恩各思自厲將戰有司請換馬帝曰朕獨乘良馬何所之齊主亦於塹北列陣申後齊人塡塹南引帝大喜勒諸軍擊之齊人便退齊主與其麾下數十騎走還幷州齊衆大潰軍資甲仗數百里間委棄山積辛亥帝幸晉州仍率諸軍追齊主諸將固請還師帝曰縱敵患生卿等若疑朕將獨往諸將不敢言甲寅齊主遣其丞相高阿那肱守高壁帝麾軍直進那肱望風退散景辰師次介休齊將韓建業舉城降以爲上柱國封郇國公丁巳大軍次幷州齊

主留其從兄安德王延宗守并州自將輕騎走鄴是日詔齊王公以下示以逆順之道於是齊將帥降者相繼戊午高延宗僭卽僞位改年曰德昌己卯軍次并州帝帥諸軍合戰齊人退帝逐北及城東門諸軍遶城置陣至夜延宗帥其衆排陣而前城中軍却人相蹂踐大爲延宗所敗齊人欲閉門以閫下積尸扉不得闔帝從數騎崎嶇危險僅得出門至明帥諸軍更戰大破之禽延宗并州平壬戌詔曰昔天厭水運龍戰於野兩京否隔四紀于茲朕垂拱巖廊君臨宇縣相邠人於海內混楚弓於天下一物失所有若推溝方欲德綏未服義征不譓僞主高緯放命燕齊怠慢典刑俶擾天紀加以背惠怒鄰棄信忘義朕應天從物伐罪弔人一鼓而蕩平陽再舉而摧強敵僞署王公相繼道左高緯智窮數屈逃竄草間僞安德王高延宗擾攘之間遂竊名號與僞齊昌王莫多婁敬顯等收合餘燼背城借一王威既振魚潰鳥離破竹更難建瓴非易延宗衆散衿甲軍門根本既傾枝葉自實幽青海岱折簡而來冀北河南傳檄可定八紘共貫六合同風方當偃伯靈臺休牛桃塞無疆之慶非獨在予漢皇約法除其

苛政姬王輕典刑彼新邦思覃惠澤被之率土新集臣庶皆從蕩滌可大赦天下高緯及王公以下若釋然歸順咸許自新諸亡入僞朝亦從寬宥官榮次序依例無失齊制僞令卽宜削除鄒魯縉紳幽幷騎士一介可稱並宜銓錄景寅出齊宮中金銀寶器珠玉麗服及宮女二千人班賜將士以柱國趙王招陳王純越王盛杞公亮梁公侯莫陳芮庸公王謙北平公寇紹鄭公達奚震並爲上柱國封齊王憲子安城郡公質爲河間王諸有功者封授各有差癸酉帝帥六軍趣鄴

六年春正月乙亥齊主傳位於其太子恆改年曰承光自號太上皇壬辰帝至鄴癸巳帥諸軍圍之齊人拒守諸軍奮擊大破之遂平齊主先送其母及妻子於青州及城陷帥數十騎走青州遣大將軍尉勤追之是戰也於陣獲其齊昌王莫多婁敬顯帝數之曰汝有死罪三前從幷州走鄴棄母攜妻妾是不孝外爲僞主戮力內實通啓於朕是不忠送款之後猶持兩端是不信如此用懷不死何待遂斬之是日西方有聲如雷甲子帝入鄴城詔去年大赦班宣未及之

處皆從赦例己亥詔曰晉州大陣至鄴身殞戰場者其子即授父本官尉勤禽齊主及其太子恆於青州庚子詔曰僞齊之末姦佞擅權濫罰淫刑動挂羅網僞右丞相咸陽王故斛律明月僞侍中特進開府故崔季舒等七人或功高獲罪或直言見誅朕兵以義動翦除凶暴表閭封墓事切下車宜追贈謚并加窆措其見在子孫各隨蔭敘錄家口田宅沒官者並還之辛丑詔僞齊東山南園及三臺並毀撤瓦木諸物凡入用者盡賜百姓山園之田各還本主二月景午論定諸軍勳置酒於齊太極殿會軍士以上班賜有差丁未齊主至帝降自阼階見以賓主禮齊任城王湝在冀州擁兵未下遣上柱國齊王憲與柱國隋公楊堅討平之齊范陽王高紹義叛入突厥齊諸行臺州鎮悉降關東平合州五十五郡一百六十二縣三百八十五戶三十萬二千五百八十八口二千萬六千八百八十六乃於河陽及幽青南兗豫徐北朔定州置總管府相并二總管各置官及六府官癸丑詔自僞武平三年以來河南諸州人僞齊破掠爲奴婢者不問公私並放免之其住在淮南者亦即聽還願住淮北者可隨便安置癃

疾孤老不能自存者所在矜恤乙卯車駕發自鄴三月壬午詔山東諸州各舉士夏四月乙巳至自東伐列齊主於前其王公等並從車輿旌旗及器物以次陳於其後大駕布六軍備凱樂獻俘於太廟京邑觀者皆稱萬歲戊申封齊王爲溫國公庚戌大會羣臣及諸蕃客於路寢乙卯廢蒲陝涇寧四州總管己巳享太廟詔分遣使人巡方撫慰觀風省俗五月丁丑以柱國譙王儉爲大冢宰庚辰以上柱國杞公亮爲大司徒鄭公達奚震爲大宗伯梁公侯莫陳芮爲大司馬柱國應公獨孤永業爲大司寇鄖公韋孝寬爲大司空辛巳大醮於正武殿以報功己丑祀方丘詔曰往者冢臣專任制度有違正殿別寢事窮壯麗非直彫牆峻宇深戒前王而締構弘敞有踰清廟不軌不物何以示後兼東夏初平人未見德率先海內宜自朕始其路寢會義崇信含仁雲和思齊諸殿等農隙之時悉可毀撤彫斲之物並賜貧人繕造之宜務從卑朴戊戌詔曰京師宮殿已從撤毀并鄴二所華侈過度誠復作之非我豈容因而弗革諸堂殿壯麗並宜除蕩甍宇雜物分賜窮人三農之隙別漸營構止蔽風雨務在卑狹庚子

陳人來聘是月青城門無故自崩六月辛亥御正武殿錄囚徒甲子東巡丁卯詔曰自今不得娶母同姓以爲妻妾秋七月景戌行幸洛州己丑詔山東諸州舉有才望者赴行在所共論政事得失八月壬寅議權衡度量頒於天下其不依新式者悉追停之詔曰以刑止刑以輕代重罪不及嗣皆有定科雜役之徒獨異常憲一從罪配百代不免罰既無窮刑何以措凡諸雜戸悉放爲百姓配雜之科因之永削甲子鄭州獻九尾狐皮肉銷盡骨體猶具帝曰瑞應之來必昭有德若使五品時序四海和平家識孝慈乃能致此今無其時恐非實錄乃令焚之九月壬申以柱國鄧公竇熾申公李穆爲上柱國戊寅初令庶人以上非朝祭之服唯得衣綢綿綢絲布圜綾紗絹綃葛布等九種壬辰詔東土諸州儒生明一經以上並舉送州郡以禮發遣冬十月戊申行幸鄴宮戊午改葬德皇帝於冀州帝服緦哭於太極殿百官素服哭是月誅温公高緯十一月壬申封皇子充爲道王兊爲蔡王癸酉陳將吳明徹侵呂梁徐州總管梁士彥與戰不利退守徐州遣上大將軍郯公王軌討之是月稽胡反遣齊王憲討平之詔

自永熙三年七月以來十月以前東土人被鈔在化內爲奴婢者及平江陵日
良人沒爲奴婢者並免同人伍詔曰正位於中有聖通典質文相革損益不同
五帝則四星之象三王制六宮之數劉曹已降等列彌繁選擇徧於生靈命秩
方於庶職椒房丹地有衆如雲本由嗜欲之情非關風化之義朕運當澆季思
復古始弘贊後庭事從簡約可置妃二人世婦三人御妻三人自茲以外宜悉
減省己亥晦日有蝕之初行刑書要制持杖羣強盜一疋以上不持杖羣強盜
五疋以上監臨主掌自盜二十疋以上小盜及詐請官物三十疋以上正長隱
五戶及十丁以上隱地三頃以上皆至死刑書所不載者自依律科十二月北
營州刺史高寶寧據州反庚申行幸幷州宮移幷州軍人四萬戶於關中戊辰
廢幷州宮及六府是歲吐谷渾百濟並遣使朝貢
宣政元年春正月癸酉吐谷渾僞趙王他婁屯來降壬午行幸鄴宮辛卯幸懷
州癸巳幸洛州詔於懷州置宮二月甲辰柱國大冢宰譙王儉薨丁巳車駕至
自東巡乙丑以上柱國越王盛爲大冢宰陳王純爲雍州牧三月戊辰於蒲州

置宮廢同州及長春二宮壬申突厥遣使朝貢甲戌初服常冠以皁紗爲之加簪而不施纓導其制若今之折角巾也上大將軍王軌破陳師於呂梁禽其將吳明徹等俘斬三萬餘人丁亥詔柱國豆盧寧征江南武陵南平等郡所有士庶爲人奴婢者悉依江陵放免壬辰改元夏四月壬子初令遭父母喪者聽終制庚申突厥入寇幽州五月己丑帝總戎北伐遣柱國原公姬願東平公宇文神舉等五道俱入發關中公私馬驢悉從軍癸巳帝不豫止于雲陽宮景申詔停諸軍六月丁酉帝疾甚還京其夜崩於乘輿時年三十六遺詔曰人肖形天地稟質五常修短之期莫非命也朕君臨宇縣十有九年未能使百姓安樂刑措不用未旦求衣分宵忘寢昔魏室將季海內分崩太祖扶危翼傾肇開王業燕趙榛蕪又竊名號朕上述先志下順人心遂與王公將帥共平東夏雖復妖氛蕩定而人勞未康每一念如此若臨冰谷將欲包舉六合混同文軌今遘疾大漸力氣稍微有志不申以此歎息天下事重萬機不易王公以下爰及庶寮宜輔導太子副朕遺意令上不負太祖下無失爲臣朕雖瞑目九泉無所復恨

朕平生居處每存菲薄非直以訓子孫亦乃本心所好喪事資用須使儉而合禮墓而不墳自古通典隨吉卽葬葬訖公除四方士庶各三日哭妃嬪以下無子者悉放還家諡曰武皇帝廟稱高祖己未葬於孝陵帝沉毅有智謀初以晉公護專權常自晦迹人莫測其深淺及誅護之後始親萬機克己勵精聽覽不怠用法嚴整多所罪殺號令懇惻唯屬意於政羣下畏服莫不肅然性既明察少於恩惠凡布懷立行皆欲踰越古人身衣布袍寢布被無金寶之飾諸宮殿華綺者皆撤毁之改爲土階數尺不施櫨栱其彫文刻鏤錦繡纂組一皆禁斷後宮嬪御不過十餘人勞謙接下自強不息以海內未康銳情教習至於校兵閱武步行山谷履涉勤苦皆人所不堪平齊之役見軍士有跣行者帝親脫靴以賜之每宴會將士必自執盃勸酒或手付賜物至於征伐之處躬在行陣性又果決能斷大事故能得士卒死力以弱制強破齊之後遂欲窮兵極武平突厥定江南一二年間必使天下一統此其志也

宣皇帝諱贇字乾伯武帝長子也母曰李太后武成元年生於同州保定元年

五月景午封魯國公建德元年四月癸巳武帝親告廟冠於阼階立爲皇太子二年詔皇太子巡撫西土文宣后崩武帝諒闇詔太子總朝政五旬而罷武帝每巡幸四方太子常留監國五年二月又詔太子巡西土因討吐谷渾宣政元年六月丁酉武帝崩戊戌太子卽皇帝位尊皇后曰皇太后甲子誅上柱國齊王憲閏月乙亥詔山東流人新復業及突厥侵掠家口破亡不能存濟者給復一年立妃楊氏爲皇后辛巳以上柱國趙王招爲太師陳王純爲太傅柱國代王達滕王逌盧公尉遲運薛公長孫覽並爲上柱國是月幽州盧昌期據范陽反詔柱國東平公宇文神舉討平之秋七月乙巳享太廟景午祀圓丘戊申祀方澤庚戌以小宗伯岐公斛斯徵爲大宗伯壬戌以南兗州總管隋公楊堅爲上柱國大司馬癸亥尊所生李氏爲帝太后八月景寅夕月於西郊長安萬年二縣人居京城者給復三年壬申幸同州遣大使巡察諸州制九條宣下州郡其母族絕服外者聽婚以上柱國薛公長孫覽爲大司徒柱國楊公王誼爲大司空景戌以柱國永昌公椿爲大司寇九月丁酉以柱國宇文盛張掖公王傑

枹罕公辛威鄭國公韋孝寬並爲上柱國庚戌封皇弟元爲荆王詔諸應拜者皆以三拜成禮冬十月癸酉至自同州戊子百濟遣使朝貢十一月己亥講武於道會苑帝親擐甲是月突厥犯邊圍酒泉殺掠吏士十二月甲子以柱國畢王賢爲大司空己丑以上柱國河陽總管滕王逌爲行軍元帥伐陳免京師見徒並令從軍

大象元年春正月己丑受朝於路門帝服通天冠絳紗袍羣臣皆服漢魏衣冠大赦改元爲大成初置四輔官以大冢宰越王盛爲大前疑蜀公尉遲迥爲大右弼申公李穆爲大左輔大司馬隋公楊堅爲大後丞癸卯封皇子衍爲魯王甲辰東巡景午以柱國常山公于翼爲大司徒辛亥以柱國許公宇文善爲大宗伯戊午行幸洛陽立魯王衍爲皇太子二月癸亥詔曰河洛之地舊稱朝市自魏氏失馭城闕爲墟我太祖受命酆鎬有懷光宅高祖往巡東夏布政此宮朕以眇身祗承寶運雖庶幾聿修之志敢忘燕翼之心一昨駐蹕金墉備嘗遊覽百王制度基址尚存今若因循爲功易立宜命邦事修復舊都奢儉取文質

之間功役依子來之義北瞻河內咫尺非遙前詔經營今宜停罷於是發山東諸州兵增一月功爲四十五日役起洛陽宮常役四萬人以迄晏駕幷移相州六府於洛陽稱東京六府殺柱國徐州總管鄖公王軌停南討諸軍以趙王招女爲千金公主嫁於突厥乙亥行幸鄴景子初令總管刺史行兵者加持節餘悉罷之辛巳詔傳位於皇太子衍大赦改元大成爲大象帝於是自稱天元皇帝所居稱天臺冕二十有四旒車服旗鼓皆以二十四爲節內史御正皆置上大夫皇帝衍稱正陽宮置納言御正諸衞等官皆准天臺尊皇太后爲天元皇太后癸未日出將入時其中並有烏色大如鷄卵經四日乃滅戊子以大前疑越王盛爲太傅大右弼蜀公尉迥爲大前疑代王達爲大右弼辛卯詔徙鄴城石經於洛陽又詔洛陽凡是元遷戶並聽還洛州此外欲往者聽之河陽幽相豫亳青徐七總管受東京六府處分三月庚申車駕至自東巡大陳軍伍親擐甲冑入自青門皇帝衍備法駕從百官迎於青門外是時驟雨儀衞失容辛酉封趙王招第二子貫爲永康縣王夏四月壬戌朔有司奏言日蝕不視事過時

不蝕乃臨軒立妃朱氏爲天元帝后癸亥以柱國畢王賢爲上柱國己巳享太廟壬午大醮於正武殿五月辛亥以洛州襄國郡爲趙國齊州濟南郡爲陳國豐州武當安富二郡爲越國潞州上黨郡爲代國荆州新野郡爲滕國邑各一萬戸令趙王招陳王純越王盛代王達滕王逌並之國是月遣使簡視京城及諸州士庶女充選後宮突厥寇并州六月咸陽有池水變爲血徵山東諸州人修長城秋七月庚寅以大司空畢王賢爲雍州牧大後丞隋公楊堅爲大前疑柱國滎陽公司馬消難爲大後丞景申納大後丞司馬消難女爲正陽宮皇后己酉尊帝太后李氏爲天皇太后壬子改天元帝后朱氏爲天皇后立妃元氏爲天右皇后妃陳氏爲天左皇后八月庚申幸同州壬申還宮甲戌以天左皇后父大將軍陳山提天右皇后父開府元晟並爲上柱國初武帝作刑書要制用法嚴重及帝卽位恐物情未附除之至是爲刑經聖制其法深刻大醮於正武殿告天而行焉壬午以上柱國雍州牧畢王賢爲太師上柱國郇公韓建業爲大左輔是月所在螘羣鬭各四五尺死者十八九九月己卯以酆王貞爲大

冢宰上柱國鄖公韋孝寬爲行軍元帥率行軍總管杞公亮郕公梁士彥伐陳
遣御正杜果使於陳冬十月壬戌幸道會苑大醮以高祖武皇帝配醮初復佛
象及天尊象帝與二象俱南坐大陳雜戲令京城士庶縱觀是月相州人段德
舉謀反伏誅十一月乙未夜行幸同州壬寅還宮乙巳初鑄永通萬國錢以一
當千與五行大布並行是月韋孝寬拔壽陽杞國公亮拔黃城梁士彥拔廣陵
陳人退走於是江北盡平十二月戊午以災異屢見帝御路寢見百官詔曰朕
以寡德君臨區寓始於秋季及此玄冬幽憂殷勤屢貽深戒至有金入南斗木
犯軒轅熒惑干房又與土合流星照夜東南而下然則南斗主於爵祿軒轅爲
於後宮房曰明堂布政所也火土則憂孽之兆流星乃兵凶之驗豈其宮人失
序女謁尚行政事乖方憂患將至何其昭著若斯之甚將避正寢齋居克念惡
衣減膳去飾徹懸披不諱之誠開直言之路欲使刑不濫及賞弗踰等選舉以
才宮闈修德宜宣諸內外庶盡弼諧允叶人心用消天譴於是舍仗衛往天興
宮百官上表勸復寢膳許之甲子還宮御正武殿集百官及宮人內外命婦大

列妓樂又縱胡人乞寒用水澆沃以爲戲樂乙丑行幸洛陽帝親御驛馬日行
三百里四皇后及文武侍衞數百人並乘驛以從令四后方駕齊驅或有先後
便加譴責人馬頓仆相屬於道己卯還宮
二年春正月丁亥帝受朝于道會苑癸巳享太廟乙巳造二扆畫日月象以置
左右戊申雨雪雪止又雨細黃土移時乃息乙卯詔江右諸州新附人給復二
十年初稅入市者人一錢二月丁巳帝幸路門學行釋奠禮戊午突厥遣使獻
方物且逆千金公主乙丑改制詔爲天制勑爲天勑尊天元皇太后爲天元上
皇太后天皇太后李氏曰天元聖皇太后癸未立天元皇后楊氏爲天元大皇
后天皇后朱氏爲天大皇后天右皇后元氏爲天右大皇后天左皇后陳氏爲
天左大皇后正陽宮皇后直稱皇后是月洛陽有禿鶖鳥集新太極殿前滎州
有黑龍見與赤龍鬬於汴水側黑龍死三月丁亥賜百官及百姓大酺詔進封
孔子爲鄒國公邑數準舊并立後承襲別於京師置廟以時祭奠戊子行軍總
管杞公亮舉兵反行軍元帥韋孝寬獲而殺之辛卯行幸同州增候正前驅式

道爲三百六十重自應門至赤岸澤數十里間幡旗相蔽鼓樂俱作又令武賁持鈒馬上稱警蹕以至同州乙未改同州宮爲天成宮庚子車駕至自同州詔天臺侍衞皆着五色及紅紫綠衣以雜色緣名曰品色衣有大事與公服閒服之壬寅詔內外命婦皆執笏其拜宗廟及天臺皆俛伏甲辰初置天中大皇后立天左大皇后陳氏爲天中大皇后立妃尉遲氏爲天左大皇后夏四月己巳享太廟己卯以旱故降見囚死罪已下壬午幸中山祈雨至咸陽宮雨降甲申還宮令京城士女於衢巷作音樂以迎候五月甲午帝備法駕幸天興宮乙未帝不悆還宮詔揚州總管隋公楊堅入侍疾丁未追趙越陳代滕五王入朝己酉大漸御正下大夫劉昉與內史上大夫鄭譯矯制以隋公楊堅受遺輔政是日帝崩於天德殿時年二十二謚宣皇帝七月景申葬定陵帝之在東宮也武帝慮其不堪承嗣遇之甚嚴朝見進止與諸臣無異雖隆寒盛暑亦不得休息性嗜酒武帝遂禁醪醴不許至東宮帝每有過輒加捶扑嘗謂之曰古來太子被廢者幾人餘兒豈不堪立邪於是遣東宮官屬錄帝言語動作每月奏聞帝

懼威嚴矯情修飾以是惡不外聞嗣位之初方逞其欲大行在殯曾無戚容即
通亂先帝宮人纔踰年便恣聲樂采擇天下子女以充後宮好自矜夸飾非拒
諫禪位之後彌復憍奢躭酗於後宮或旬日不出公卿近臣請事者皆附閹官
奏之所居宮殿帷帳皆飾以金玉珠寶光華炫燿極麗窮奢及營洛陽宮雖未
成畢其規摹壯麗踰於漢魏遠矣唯自尊崇無所顧憚國典朝儀率情變改後
宮位號莫能詳錄每對臣下自稱爲天以五色土塗所御天德殿各隨方色又
於後宮與皇后等列坐用宗廟禮器罇彝珪瓚之屬以次食焉及令羣臣朝天
臺者致齋三日清身一日車旗章服倍於前王之數既自比上帝不欲令人同
己常自帶綬及冠通天冠加金附蟬顧見侍臣武弁上有金蟬及王公有綬者
並令去之又不聽人有高者大者之稱諸姓高者改爲姜九族稱高祖者爲長
祖曾爲次長祖官稱名位凡謂上及大者改爲長有天者亦改之又令天下車
皆渾成爲輪禁天下婦人皆不得施粉黛唯宮人得乘有輻車加粉黛焉西陽
公溫杞公亮之子即帝從祖兄其妻尉遲氏有容色因入朝帝遂飲以酒逼而

淫之亮聞之懼謀反纔誅溫郎追尉遲氏入宮初爲妃尋立爲皇后每左右侍臣論議唯欲與造革易未嘗言及政事其後遊戲無恆出入不節羽儀仗衞晨出夜還或幸天興宮或遊道會苑陪侍之官皆不堪命散樂雜戲魚龍爛漫之伎常在目前好令京城少年爲婦人服飾入殿歌舞與後宮觀之以爲喜樂擯斥近臣多所猜怨又吝於財略無賜與恐羣臣規諫不得行己之志常遣左右密伺察之動止所爲莫不抄錄小有乖違輒加其罪自公卿以下皆被楚撻其間誅戮黜免者不可勝言每捶人皆以百二十爲度名曰天杖宮人內職亦如之后妃嬪御雖被寵嬖亦多被杖背於是內外恐懼人不自安皆求苟免莫有固志重足累息以逮於終矣

靜皇帝諱衍後改名闡宣帝之長子也母曰朱皇后建德二年六月生于東宮大象元年正月癸卯封魯王戊午立爲皇太子二月辛巳宣帝於鄴宮傳位授帝居正陽宮二年五月乙未宣帝寢疾詔帝入宿路門學己酉宣帝崩帝入居天臺廢正陽宮大赦停洛陽宮作庚戌上天元上皇太后尊號爲太皇太后天

元聖皇太后李氏爲大帝太后天元太皇后爲皇太后天太皇后朱氏爲帝太后其天中大皇后陳氏天右大皇后元氏天左大皇后尉遲氏並出俗爲尼以柱國漢王贊爲上柱國右大丞相上柱國揚州總管隋公楊堅爲假黃鉞左大丞相柱國秦王贄爲上柱國帝居諒闇百官總己以聽於左大丞相壬子以上柱國鄖公韋孝寬爲相州總管罷入市稅錢六月戊午以柱國許公宇文善神武公竇毅修武公侯莫陳瓊大安公閻慶並爲上柱國趙王招陳王純越王盛代王達滕王逌來朝庚申復佛道二教辛酉以柱國杞公椿燕公于寔郜公賀拔伏恩並爲上柱國甲子相州總管尉遲迥舉兵不受代詔發關中兵即以韋孝寬爲行軍元帥討之柱國畢王賢以謀執政被誅以上柱國秦王贄爲大冢宰杞公椿爲大司徒己巳詔南定北光衡巴四州人爲宇文亮抑爲奴婢者並免之甲戌有赤氣起西方漸東行徧天庚辰罷諸魚池及山澤公禁者與百姓共之以柱國蔣公梁睿爲益州總管秋七月甲申突厥送齊范陽王高紹義庚寅申州刺史李惠起兵庚子詔趙陳越代滕五王入朝不趨劍履上殿滎州刺

史邵公宇文胄舉兵遣大將軍楊素討之青州總管尉遲綱舉兵丁未隋公楊堅都督內外諸軍事己酉鄖州總管司馬消難舉兵以柱國楊公王誼爲行軍元帥討之壬子趙王招越王盛以謀執政被誅癸丑封皇弟衍爲鄴王術爲郢王是月豫州襄州總管諸蠻各帥種落反八月庚申益州總管王謙舉兵不受代卽以梁睿爲行軍元帥討之庚午韋孝寬破尉迥於鄴迥自殺相州平移相州於安陽其鄴城及邑毀廢之景子以漢王贊爲太師以上柱國幷州總管申公李穆爲太傅以宋王實爲大前疑以秦王贄爲大右弼以燕公于實爲大左輔己卯以尉迥平大赦庚辰司馬消難擁衆以魯山甑山二鎮奔陳遣大將軍元景山追擊之鄖州平沙州氐帥開府楊永安聚衆反應王謙遣大將軍達奚儒討之楊素破宇文胄於滎陽斬之以上柱國神武公竇毅爲大司馬以齊公于智爲大司空廢相青荊金晉梁州六總管九月景戌廢河陽總管爲鎮隸洛州以小宗伯竟陵公楊慧爲大宗伯壬辰廢皇后司馬氏爲庶人戊戌以柱國楊公王誼爲上柱國庚戌以柱國常山公于翼化政公宇文忻並爲上柱國壬

子丞相去左右號隋公楊堅爲大丞相冬十月甲寅日有蝕之壬戌陳王純以
怨執政被誅大丞相隋公楊堅加大冢宰五府總於天官戊寅梁睿破王謙斬
之傳首京師益州平十一月甲辰達奚儒破楊永安沙州平丁未上柱國鄖公
韋孝寬薨十二月壬子以柱國蔣公梁睿爲上柱國丁巳以柱國邗公楊雄普
安公賀蘭謩郕公梁士彥上大將軍新寧公叱列長文武鄉公崔弘度大將軍
中山公宇文恩濮陽公宇文述渭原公和干子任城公王景漁陽公楊銳上開
府廣宗公李崇隴西公李詢並爲上柱國庚申以柱國楚公豆盧勣爲上柱國
癸亥詔曰太祖受命龍德猶潛三分天下志扶魏室多所改作冀允上玄文武
羣官賜姓者衆本殊國邑實乖胙土不歆非類異骨肉而共蒸嘗不愛其親嗟
行路而敘昭穆且神徵革姓本爲歷數有歸天命在人推讓終而弗獲故君臨
區宇累世於茲可不仍遵謙挹之旨久行權宜之制諸改姓者悉宜復舊甲子
大丞相隋公楊堅進爵爲王以郡爲隋國己巳以柱國沛公鄭譯爲上柱國辛
未代王達滕王逌並以謀執政被誅壬申以大將軍長寧公楊勇爲上柱國大

司馬以小冢宰始平公元孝矩爲大司寇
大定元年春正月壬午改元景戌詔戎秩上開府以上職事下大夫以上外官
刺史以上各舉賢良二月甲子帝遜位于隋居于別宮隋氏奉帝爲介國公邑
萬戶車服禮樂一如周制上書不稱表答表不稱詔有其文事竟不行隋開皇
元年五月壬申帝崩時年九歲隋志也謚曰靜皇帝葬恭陵
論曰自東西否隔二國爭強戎馬生郊干戈日用兵連禍結力敵勢均疆埸之
事一彼一此武皇纘業未親萬機慮遠謀深以蒙養正及英威電發朝政惟新
內難既除外略方始乃苦心焦思克己勵精勞役爲士卒之先居處同匹夫之
儉修富國之政務強兵之將乘讎人之有釁順天道而推亡數年之間大勳斯
集攄祖宗之宿憤拯東夏之阽危盛矣哉有成功者也若使翌日之瘳無爽經
營之志獲申黷武窮兵雖見譏於良史雄圖遠略足方駕於前王而識嗣子之
非才顧宗祊之至重滯愛同於晉武則哲異於宋宣但欲威之榎楚期於懲肅
義方之教豈若是乎卒使昏虐君臨姦回肆毒迹宣后之行事身歿已爲幸矣

靜帝越自幼沖紹茲衰統內挾有劉之詐戚藩無齊代之強隋氏因之遂遷龜鼎雖復岷峨投袂翻成凌奪之威漳滏勤王無救宗周之殞嗚呼以文皇之經啓鴻基武皇之克隆景業未踰二紀不祀忽諸斯蓋先帝之餘殃非孺子之罪戾也

北史卷十

北史卷十考證

高祖武皇帝紀甲寅祀感帝於南郊○感字下周書有生字

五月庚午以南山衆瑞並集○南山周書作山南

五月甲午朔以旱故避正寢不受朝○據上文云三月乙丑朔則此當係甲子非甲午也

以應楊忠○楊監本誤陽今從上文詔柱國楊忠率騎一萬與突厥伐齊句改正

六月庚申慧星出三台入文昌犯上將經紫宮入苑○苑周書作危

六月乙未以大將軍太原公王秉爲柱國○秉一本作柬

以大將軍赫連達爲柱國○大監本誤天今改從南本

廣寧公侯莫陳迥○侯莫陳迥周書作薛迥

集關河東諸軍校獵○關字下周書有中字

烏氏公尹升步騎五千守鼓鍾鎮○烏一本作焉

柱國宇文盛步兵一萬守汾水關〇周書兵作騎又下文虹見於晉州城上首
向南尾入紫宮紫字下有微字齊晉州刺史崔嵩嵩字上有景字
己卯軍次幷州〇卯當係未字之誤以上文十二月戊申計之則戊申距丁丑
已爲匝月安得復有己卯乎今各本俱同姑摘出之
延宗衆散衿甲軍門〇衿一本作解應改從之
甲子帝入鄴城〇以上文癸巳下文己亥計之則子當作午
爲齊破掠爲奴婢者不問公私並放免之〇破應從周書作被
梁公侯莫陳芮爲大司馬〇芮監本訛内今改從南本
彫斲之物並賜貧人〇斲監本訛斷今改從南本
以刑止刑以輕代重〇以輕代重周書作世輕世重
詔自永熙三年七月以來十月以前〇十月上周書有去年二字應從之
宣皇帝紀是月遣使簡視京城〇城周書作兆
大後丞隋公楊堅爲大前疑柱國滎陽公司馬消難爲大後丞〇丞監本誤承

今俱改從南本

遣御正杜杲使於陳○杲周書作杲

乙卯詔江右諸州新附人給復二十年○右周書作左

戊午突厥遣使獻方物○午監本誤平今改從南本

辛卯行幸同州增候正前驅式道爲三百六十重○式周書作戒

其閒誅戮黜免者不可勝言○閒監本作問今從南本

靜皇帝紀癸丑封皇弟衍爲鄴王○鄴監本訛萊周書同今從列傳改正

史臣論內挾有劉之詐戚藩無齊代之强○內挾有劉之詐周書作內相挾孫劉之詐應改從之

北史卷十考證

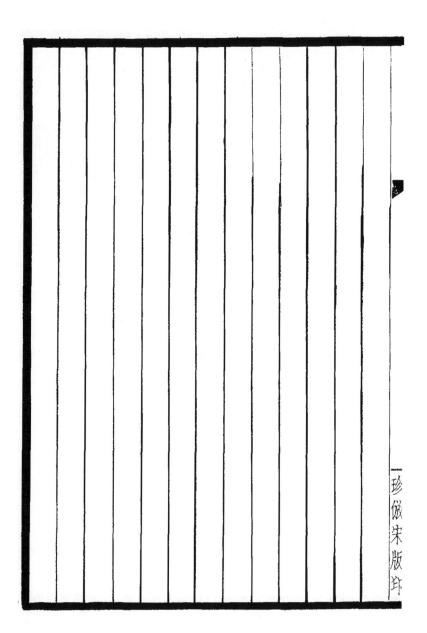

唐　李延壽　撰

隋本紀上第十一

隋高祖文皇帝姓楊氏諱堅小名那羅延本弘農華陰人漢太尉震之十四世孫也震八世孫燕北平太守鉉鉉子元壽魏初爲武川鎮司馬因家于神武樹頹焉元壽生太原太守惠嘏嘏生平原太守烈烈生寧遠將軍禎禎生皇考忠初禎屬魏末喪亂避地中山結義徒以討鮮于修禮遂死之周保定中皇考著勳追贈柱國大將軍少保興城郡公皇考美鬚髯身長七尺八寸狀貌瓌偉武藝絶倫識量深重有將率之略年十八客遊泰山會梁兵陷郡國没江南及北海王元顥入洛乃與俱歸顥敗尒朱度律召爲帳下統軍後從獨孤信屢有軍功又與信從魏孝武西還東魏荆州刺史辛纂據穰城皇考從信討之與都督康洛兒元長生乘城而入彎弓大呼斬纂以徇城中慴服居半歲以東魏之逼與信俱歸周文帝召居帳下嘗從周文狩於龍門皇考獨當一猛獸左挾其腰

右拔其舌周文壯之北臺謂猛獸爲搏于因以字之從禽竇泰破沙苑陣封襄
武縣公河橋之役皇考與壯士五人力戰守橋敵人不敢進又與李遠破黑水
稽胡并與怡峯解玉壁圍以功歷雲洛二州刺史芒山之戰先登陷陣除大都
督及侯景度江梁氏喪敗周文將經略乃授皇考都督荊等十五州諸軍事鎮
穰城梁雍州刺史岳陽王蕭詧雖曰稱藩而猶懷貳心皇考自樊城觀兵漢濱
易旗遞進實二千騎詧登樓望之以爲三萬懼而服焉又攻梁隨郡剋之獲其
守桓和所過城戍望風請服進圍安陸梁司州刺史柳仲禮恐安陸不守馳歸
赴援諸將恐仲禮至則安陸難下情急攻之皇考曰仲禮已在近路吾以奇兵
襲之一舉必剋則安陸不攻自拔諸城可傳檄而定於是選騎二千銜枚夜進
遇仲禮於漴頭禽之悉俘其衆安陸竟陵並降梁元帝大懼送子方略爲質并
送載書請魏以石城爲限梁以安陸爲界皇考乃旋師進爵陳留郡公位大將
軍十七年梁元帝逼其兄邵陵王綸送質於齊欲來寇梁元帝密報周文遣皇
考討之禽綸數其罪殺之初皇考禽柳仲禮遇之甚厚仲禮至京反譖皇考言

在軍大取金寶周文以皇考功重不問然皇考悔不殺仲禮故至此殺綸皇考

間歲再舉盡定漢東地甚得新附心魏恭帝賜姓普六茹氏行同州事及于謹

伐江陵皇考爲前軍屯江津遏其走路梁人束刃於象鼻以戰皇考射之二象

反走江陵平周文立蕭詧爲梁主令皇考鎮穰城周孝閔踐祚入爲小宗伯及

司馬消難請降皇考與柱國達奚武援之入齊境五百里前後遣三使報消難

皆不反命及去北豫州三十里武疑有變欲還皇考曰有進死無退生獨以千

騎夜趣城下候門開而入乃馳遣召武時齊鎮城伏敬遠勒甲士三千據東陴

舉烽嚴警武憚之不欲保城乃多取財寶以消難先歸皇考以三千騎殿到洛

南皆解鞍而臥齊衆來追至於洛北皇考謂將士曰但飽食今在死地賊必不

敢度水食畢齊兵陽若度水皇考馳將擊之齊兵不敢逼遂徐引而還武歎曰

達奚武自言是天下健兒今日服矣進位柱國大將軍武成元年進封隋國公

邑萬戶別食竟陵縣一千戶收其租賦保定二年爲大司空時朝議與突厥伐

齊公卿咸以齊兵強國富斛律明月不易可當兵非十萬衆不可皇考獨曰萬

騎足矣明月豎子亦何能爲三年乃以皇考爲元帥大將軍楊纂李穆王傑尒朱敏及開府元壽田弘慕容近等皆隸焉又令達奚武帥步騎三萬自南道進期會晉陽皇考乃留敏據什賁游兵河上皇考出武川過故宅祭先人饗將士席卷二十餘城齊人守陘嶺之隘皇考縱奇兵大破之留楊纂屯靈丘爲後拒突厥木杆可汗控地頭可汗步離可汗等以十萬騎來會

四年正月朔攻晉陽時大雪風寒齊人乃悉其精銳鼓譟而出突厥引上西山不肯戰衆失色皇考乃率七百人步戰死者十四五以武後期乃班師齊人亦不敢逼突厥乃縱兵大掠自晉陽至平城七百餘里人畜無遺周武帝拜皇考爲太傅晉公護以其不附己以爲涇州總管是歲大軍又東伐晉公護出洛陽令皇考出沃野以應接突厥時軍糧少諸將憂之皇考曰當獲以濟事耳乃招誘稽胡首領咸令在坐使王傑盛軍容鳴鼓而出皇考陽怪問之傑曰大冢宰已至洛陽天子聞銀夏間胡擾動故使傑就攻除之又令突厥使者馳告曰可汗更入并州留兵馬十萬在長城下故令問公若有稽胡不服欲來共破之坐

者皆懼皇考慰喻遣之於是歸命饋輸塡積屬晉公護先退皇考亦罷兵而還鎭又以政績稱詔賜錢三十萬布五百匹穀二千斛以疾還京周武及晉公護屢臨視焉薨贈太保都督同朔等十三州軍事同州刺史本官如故諡曰桓公開皇元年追尊爲武元皇帝廟號太祖帝武元皇帝之長子也皇妣曰呂氏以周大統七年六月癸丑夜生帝於馮翊波若寺有紫氣充庭時有尼來自河東謂皇妣曰此兒所從來甚異不可於俗間處之乃將帝舍於別館躬自撫養皇妣抱帝忽見頭上出角徧體起鱗墜帝于地尼自外見曰已驚我兒致令晚得天下帝龍頷額上有五柱入頂目光外射有文在手曰王字長上短下沉深嚴重初入太學雖至親昵不敢狎也年十四京兆尹薛善辟爲功曹十五以皇考勳授散騎常侍車騎大將軍儀同三司封成紀縣公十六遷驃騎大將軍加開府周文帝見而歎曰此兒風骨非世間人明帝卽位授右小宗伯進封大興郡公明帝嘗遣善相者來和視帝和詭對曰不過柱國旣而私謂帝曰公當爲天下君必大誅殺而後定周武帝卽位遷小宗伯出爲隨州刺史進位大將軍後

徵還遇皇妣寢疾三年晝夜不離左右以純孝稱宇文護執政尤忌帝屢將害焉賴大將軍侯伏侯壽等救護以免後襲爵隋國公周武既爲皇太子聘帝長女爲妃益加禮重齊王憲言於周武曰普六茹堅相貌臣每見之不覺自失恐非人下請早除之周武曰此止可爲將耳內史王軌驟諫曰皇太子非社稷主普六茹堅有反相周武不悅曰必天命將若之何帝甚懼深自晦匿後從周武平齊進柱國又與齊王憲破齊任城王湝於冀州除定州總管先是州城門久閉不行齊人白文宣時或請開之文宣不許曰當有聖人啓之及帝至而開之莫不驚異遷亳州總管周宣帝卽位以后父徵拜上柱國大司馬大象初遷大後丞右司武俄轉大前疑周宣每巡幸恆委以居守時周宣爲刑經聖制其法深刻帝以法令滋章非與化之道切諫不納帝位望益隆周宣頗以爲忌時周宣四幸女並爲皇后爭寵相毀周宣每謂后曰必族滅爾家因召帝命左右曰若色動卽殺之帝容色自若遂免大象二年五月以帝爲揚州總管將發暴足疾而止乙未周宣不悆時靜帝幼沖前內史上大夫鄭譯御正大夫劉昉以帝

皇后之父衆望所集遂矯詔引帝入侍疾因受遺輔政都督內外諸軍事帝恐周武諸王在藩生變稱趙王招將嫁女於突厥爲詞以徵之己酉周宣崩庚戌靜帝詔假黃鉞左大丞相百官總己而聽焉以正陽宮爲丞相府以鄭譯爲長史劉昉爲司馬具置寮佐周宣時刑政峻酷者悉更以寬大之制天下歸心矣六月趙王招陳王純越王達代王盛滕王逌並至長安相州總管尉遲迥自以宿將至是不能平遂舉兵趙魏之士響應旬日間衆至十餘萬宇文胄以滎州石遜以建州席毗以沛郡毗弟义羅以兗州皆應迥遣子質於陳以求援帝命上柱國鄖公韋孝寬討之雍州牧畢王賢及趙陳等五王謀作亂帝執賢斬之而掩趙王等罪因詔五王劍履上殿入朝不趨以安之時五王陰謀滋甚帝以酒肴造趙王觀其指趙王伏甲於卧內帝賴元冑以免於是誅趙越二王八月庚午韋孝寬破尉遲迥斬之傳首闕下餘黨悉平初迥之亂鄖州總管司馬消難據州應迥淮南州縣多從之襄州總管王誼討之消難奔陳荊郢羣蠻乘釁而起命亳州總管賀若誼討平之先是上柱國王謙爲益州總管亦擁衆巴蜀

以匡復爲辭帝以東夏山南爲事未遑致討謙遂屯劍口陷始州至是乃命上柱國梁睿討平之傳首闕下懸劍閣之險以絶好亂之萌焉九月壬子周帝進帝大丞相十月周帝詔追贈皇曾祖烈爲柱國大保都督十州諸軍事徐州刺史隋國公謚曰康皇祖禎爲柱國都督十三州諸軍事同州刺史隋國公謚曰獻皇考忠爲上柱國太師大冢宰都督十三州諸軍事雍州牧壬戌誅陳王純周帝進帝大冢宰五府總於天官十一月辛未誅代王達滕王逌十二月甲子周帝授帝相國總百揆去都督內外諸軍事大冢宰之號進爵爲王以隋州之崇業鄖州之安陸城陽温州之宜人應州之平靖上明順州之淮南士州之永川昌州之廣昌安昌申州之義陽淮安息州之新蔡建安豫州之汝南臨潁廣寧初安蔡州之蔡陽郢州之漢東二十郡爲隋國劍履上殿入朝不趨贊拜不名備九錫之禮加璽紱遠游冠相國印綠綟綬位在諸侯王上隋國置丞相以下一依舊式帝再讓乃授王爵十郡而已周帝詔進皇祖皇考爵並爲王夫人爲王妃

大定元年二月壬子下令曰以前賜姓皆復其舊甲寅帝受九錫之禮景辰周帝又詔帝冕十有二旒建天子旌旗出警入蹕乘金根車駕六馬備五時副車置旄頭雲罕樂舞八佾設鍾簴宮縣王妃爲王后世子爲太子前後三讓乃受俄而下詔依唐虞漢魏故事帝三讓不許乃遣太傅上柱國杞國公椿奉冊曰咨爾相國隋王粤若上古之初爰啓清濁降符授聖爲天下君事上帝而理兆庶和百靈而利萬物非以區宇之富未以宸極爲尊大庭軒轅以前驪連赫胥之日咸以無爲無欲不將不迎遐哉其詳不可聞已厥有載籍遺文可觀聖莫逾於堯美未過於舜堯得太尉已作運衡之篇舜遇司空便敘菁華之竭褰裳脫屣二宮設饗百官歸禹若帝之初斯蓋上則天時不敢不授下祇天命不敢不受湯代於夏武革於殷干戈揖讓雖復異揆應天順人其道靡異自漢迄晉有魏至周天曆逐獄訟之歸神鼎隨謳歌之去道高者稱帝籙盡者不王與夫文祖神宗無以別也周德將盡禍難頻興宗戚姦回咸將竊發顧瞻宮闕將圖宗社藩維連率逆亂相尋搖蕩三方不合如礪蛇行鳥攫投足無所王受天明

命叡德在躬救頹運之艱匡墜地之業援大川之溺救燎原之火除羣凶於城
社廓祅氛於遠服至德合於造化神用洽於天壤八極九野萬方四裔圓首方
足莫不樂推往歲長星夜掃經天晝見八風比夏后之作五緯同漢帝之聚除
舊之徵昭然在上近者赤雀降祉玄龜効靈鍾石變音蛟魚出穴有新之貺煥
焉在下九區歸往百靈協贊人神屬望我不獨知仰祇皇靈俯順人願敬以帝
位禪於爾躬天祚告窮天祿永終於戲王其允執厥和儀刑典訓升圓丘而敬
蒼昊御皇極而撫黔黎副率土之心恢無疆之祚可不盛歟遣大宗伯大將軍
金城公趙煚奉皇帝璽紱百官勸進帝乃受焉
開皇元年春二月甲子自相府常服入宮備禮卽皇帝位於臨光殿設壇於南
郊遣兼太傅上柱國鄧公竇熾柴燎告天是日告廟大赦改元京師慶雲見改
周官依漢魏之舊制以相國司馬高熲爲尚書左僕射兼納言相國司錄虞慶
則爲內史監兼吏部尚書相國內郎李德林爲內史令上開府韋世康爲禮部
尚書上開府元暉爲都官尚書開府戶部尚書元巖爲兵部尚書上儀同司宗

長孫毗爲工部尚書上儀同司會楊尚希爲度支尚書雍州牧楊惠爲左衛大將軍乙丑追尊皇考爲武元皇帝廟號太祖皇妣呂氏爲元明皇后改周氏左社右廟制爲右社左廟遣八使巡省風俗景寅修廟社立王后獨孤氏爲皇后王太子勇爲皇太子丁卯以大將軍趙煚爲尚書右僕射以上開府伊婁彥恭爲右武候大將軍己巳以五千戶封周帝介國公爲隋室賓旌旗車服禮樂一如其舊上書不爲表答表不稱詔周氏諸王盡降爲公辛未以皇弟同安郡公爽爲雍州牧乙亥封皇弟邵國公慧爲滕王同安公爽爲衛王皇子鴈門公爲晉王俊爲秦王秀爲越王諒爲漢王并州總管李穆爲太師上柱國竇熾爲太傅幽州總管于翼爲太尉觀國公田仁恭爲太子太師武德郡公柳敏爲太子太保丁丑以晉王廣爲并州總管封陳留郡公智積爲蔡王興城郡公靜爲道王戊寅改東京府爲尚書省發官牛五千頭分賜貧人三月宣仁門槐樹連理衆枝內附壬午白狼國獻方物丁亥詔犬馬器翫口味不得獻上戊子弛山澤禁己丑移盩厔連理樹植于宮庭戊戌以太子少保蘇威兼納言吏部尚書庚

子詔前代品爵悉依舊定丁未梁蕭巋使其太宰蕭巖來賀夏四月辛巳大赦戊戌太常散樂並免爲編戶禁雜樂百戲辛丑陳人來聘于周至而上已受禪致之介國是月發稽胡修築長城二旬而罷五月戊午封邘國公楊雄爲廣平王永康郡公楊弘爲河閒王辛未介公薨上舉哀於朝堂諡曰周靜帝六月癸未詔以初受命赤雀降祥推五德相生爲火色其郊及社廟依服冕之儀而朝會之服旗幟犧牲盡尚赤戎服尚黃秋七月乙卯上始服黃百寮畢賀八月壬午廢東京官甲午遣樂安公元諧擊吐谷渾於青海破而降之九月戊申遣使振給戰亡者家庚午陳將周羅睺攻陷胡墅蕭摩訶寇江北辛未以越王秀爲益州總管改封蜀王壬申以薛公長孫覽宋安公元景山並爲行軍元帥伐陳仍令尚書左僕射高熲節度諸軍是月行五銖錢冬十月乙酉百濟王扶餘昌遣使來賀授昌上開府儀同三司帶方郡公戊子行新律壬辰行幸岐州十一月乙卯以永富郡公竇榮定爲右武候大將軍遣兼散騎侍郎鄭撝使於陳己巳有流星如墜牆光照于地十二月甲申以禮部尚書韋世康爲吏部尚書庚

子至自岐州壬寅高麗王高陽遣使朝貢授陽大將軍遼東郡公太子太保柳
敏卒是歲靺鞨突厥阿波可汗沙鉢略可汗並遣使朝貢
二年春正月庚申陳宣帝殂辛酉置河北道行臺尚書省於并州以晉王廣爲
尚書令置河南道行臺尚書省於洛州以秦王俊爲尚書令置西南道行臺尚
書省於益州以蜀王秀爲尚書令戊辰陳人遣使請和求歸胡墅甲戌詔舉賢
良二月己丑詔以陳有喪命高熲等班師庚寅加晉王廣左武衛大將軍秦王
俊右武衛大將軍庚子京師雨土三月初命入宮殿門通籍戊申開渠引杜陽
水於三時原夏四月丁丑以寧州刺史竇榮定爲左武候大將軍庚寅大將軍
韓僧壽破突厥於雞頭山上柱國李充破突厥於河北山五月戊申以上開府
長孫平爲度支尚書己酉以旱故上親省囚徒其日大雨己未高寶寧寇平州
突厥入長城庚申以豫州刺史皇甫績爲都官尚書甲子改傳國璽曰受命璽
丁卯制人年六十以上免課六月壬午以太府卿蘇孝慈爲兵部尚書甲申使
使弔於陳乙酉上柱國李充破突厥于馬邑景申詔曰朕祗奉上玄君臨萬國

屬生靈之弊處前代之宮以爲作之者勞居之者逸改創之事心未遑也而王公大臣陳謀獻策咸云羲農以降至于姬劉有當世而屢遷無革命而不徙曹馬之後時見因循乃末世之宴安非往聖之宏義此城從漢彫殘日久屢爲戰場舊經喪亂今之宮室近代權宜又非謀筮從龜瞻星揆日不足建皇王之邑合大衆所聚論變通之數具幽顯之情同心固請詞情深切然則京師百官之府四海歸向非朕一人之所獨有苟利於物其可違乎且殷之五遷恐人盡怨是則以吉凶之土制長短之命謀新去故如農望秋雖則劬勞其究安宅今區寓寧一陰陽順序安安以遷勿懷胥怨龍首山川原秀麗卉物滋阜卜食相土宜建都邑定鼎之基永固無窮之業在斯公私府宅規模遠近營構資須隨事修葺仍詔左僕射高熲將作大匠劉龍鉅鹿郡公賀婁子幹太府少卿高龍乂等創造新都秋七月癸巳詔新置都處墳墓令悉遷葬設祭仍給人功無主者命官爲殯葬甲午行新令冬十月以撤毀故徙居東宮給內外官人祿癸酉皇太子勇屯兵咸陽以備胡虜庚寅上疾愈享百寮於觀德殿賜錢帛皆任自取

盡力以出辛卯以營新都副監賀婁子幹爲工部尚書十一月景午初命爲方陣戰法及制軍營圖樣下諸軍府以擬征突厥十二月辛未上講武于後園甲戌上柱國竇毅卒景子名新都曰大興城乙酉遣彭城公虞慶則屯弘化以備胡突厥寇周槃行軍總管達奚長儒爲虜所敗景戌賜國子生經明者束帛丁亥親錄囚徒是歲高麗百濟並遣使朝貢

三年春正月庚子將遷新都大赦禁大刀長矟始令人以二十一成丁歲役功不過二十日不役者收庸廢遠近酒坊罷鹽井禁二月己巳朔日有蝕之癸酉陳人來聘突厥犯邊癸未以左武衛大將軍李禮成爲右武衛大將軍三月丁未上柱國鮮虞縣公謝慶恩卒景辰以雨故常服入新都京師承明里醴泉出丁巳詔購遺書於天下癸亥城榆關夏四月己巳衛王爽大破突厥於白道山停築原陽雲內紫河等鎮而還上柱國建平郡公于義卒庚午吐谷渾寇臨洮洮州刺史皮子信死之壬申以尙書右僕射趙煚兼內史令丁丑以滕王瓚爲雍州牧庚辰行軍總管陰壽大破高寶寧于黃龍甲申以旱故上親祀雨師景

戌詔天下勸學行禮己丑陳郢州城主張子譏遣使請降上以和好不納辛卯
遣兼散騎常侍薛舒聘於陳癸巳上親雩五月癸卯太尉任城公于翼薨行軍
總管李晃破突厥於摩那渡口乙巳梁太子蕭琮來賀遷都辛酉親祀方澤壬
戌行軍元帥竇榮定破突厥及吐谷渾於涼州赦黃龍死罪以下六月庚午封
衛王爽子集爲遂安郡王戊寅突厥遣使求和庚辰行軍總管梁遠破吐谷渾
於爾汗山斬其名王秋七月壬戌詔曰往者山東河表經此妖亂孤城遠守多
不自全濟陰太守杜猷身陷賊徒命懸寇手郡省事范臺玫傾產營護免其戮
辱眷言誠節實有可嘉宜超恆賞用明沮勸臺玫可大都督假湘州刺史丁卯
日有蝕之八月壬午遣尚書右僕射高熲出寧州道吏部尚書虞慶則出原州
道並爲行軍元帥以擊胡戊子親祀太社九月壬子幸城東觀穀稼癸丑大赦
冬十月甲戌廢河南道行臺省十一月發使巡省風俗庚辰陳人來聘陳主知
帝貌異世人使副使袁彥圖像而去甲午罷天下諸郡十二月乙卯遣兼散騎
常侍唐令則使於陳戊午以刑部尚書蘇威爲戶部尚書是歲高麗突厥靺鞨

並遣使朝貢

四年春正月甲子朔日有蝕之祀太廟辛未祀南郊壬申梁主蕭巋來朝甲戌大射於北苑十日而罷壬午齊州水辛卯渝州獲獸似麋一角同蹄壬辰班新歷二月乙巳上餞梁主于霸上庚戌行幸隴州突厥可汗阿史那玷厥率其屬來降夏四月己亥勑總管刺史父母及子年十五以上不得將之官庚子以吏部尚書虞慶則爲尚書右僕射瀛州刺史楊尚希爲兵部尚書毛州刺史劉仁恩爲刑部尚書五月癸酉契丹主莫賀弗遣使請降拜大將軍六月庚子降囚徒壬子開通濟渠自渭達河以通運漕甲寅制官人非戰功不授上柱國以下戎官以雍同華岐宜五州旱命無出今年租調戊午秦王俊來朝秋七月景寅陳人來聘八月甲午遣十使巡省天下戊戌衛王爽來朝壬寅上柱國太傅鄧公竇熾薨乙卯陳將夏侯苗請降上以通和不納九月己巳上親錄囚徒庚午契丹內附甲戌以關中饑行幸洛陽冬十一月壬戌遣兼散騎常侍薛道衡使於陳甲戌改周十二月爲臘蜡是歲靺鞨及女國並遣使朝貢

五年春正月戊辰詔行新禮壬申詔罷江陵總管其後梁主請依舊許之三月戊午以尚書左僕射高熲爲左領軍大將軍以上柱國宇文忻爲右領軍大將軍夏四月甲午契丹遣使朝貢壬寅上柱國王誼謀反誅乙卯詔徵山東大儒馬榮伯等戊申車駕至自洛陽五月甲申初置義倉梁主蕭巋殂遣上大將軍元契使于突厥阿波可汗秋七月庚申陳人來聘壬午突厥沙鉢略可汗上表稱臣八月甲辰河南諸州水遣戶部尚書蘇威振給之戊申有流星數百四散而下九月乙丑改鮑陂曰杜陂霸水曰滋水景子遣兼散騎常侍李若使於陳冬十一月丁卯晉王廣來朝十二月丁未降囚徒

六年春正月甲子党項羌內附庚午班歷於突厥壬申使戶部尚書蘇威巡省山東二月乙酉山南荊浙七州水遣前工部尚書長孫毗振恤之景戌制刺史上佐每歲暮更入朝上考課丁亥發丁男十一萬修築長城二旬而罷庚子大赦三月己未洛陽男子高德上書請帝爲太上皇傳位皇太子帝曰朕承天命撫育蒼生日旰孜孜猶恐不逮豈學近代帝王事不師古傳位於子自求逸樂

哉癸亥突厥沙鉢略可汗遣使朝貢夏四月己亥陳人來聘秋七月辛亥河南諸州水乙丑京師雨毛如馬尾長者二尺餘短者有六七寸八月辛卯關內七州旱蠲其賦稅遣散騎常侍裴世豪使于陳戊申上柱國太師申公李穆薨閏月丁卯皇太子鎮洛陽辛未晉王廣秦王俊並來朝景子上柱國郕公梁士彥上柱國杞公宇文忻柱國舒公劉昉謀反伏誅上柱國許公宇文善有罪除名九月辛巳帝素服御射殿詔百寮射梁士彥三家資物景戌上柱國宋安公元景山卒辛丑詔振恤大象以來死事之家冬十月己酉以河北道行臺尚書令幷州總管晉王廣為雍州牧餘官如故以兵部尚書楊尚希為禮部尚書癸丑置山南道行臺尚書省於襄州以秦王俊為尚書令

七年春正月癸巳祀太廟乙未制諸州歲貢三人二月丁巳祀朝日於東郊己巳陳人來聘壬申幸醴泉宮是月發丁男十萬修築長城二旬而罷夏四月庚戌於揚州開山陽瀆以通運漕突厥沙鉢略可汗卒癸亥頒青龍符於東方總管刺史西方以白武南方以朱雀北方以玄武甲戌遣兼散騎常侍楊周使于

陳以戸部尚書蘇威爲吏部尚書五月乙亥朔日有蝕之己卯隕石於武安滏陽間十餘里秋七月己丑衞王爽薨八月庚申梁主蕭琮來朝九月乙酉梁安平王蕭巖掠於其國以奔陳辛卯廢梁國曲赦江陵以梁主蕭琮爲柱國封莒國公冬十月庚申行幸同州以先帝所居故曲降囚徒癸亥幸蒲州景寅宴父老上極歡曰此間人物衣服鮮麗容止閑雅良由仕宦之鄉陶染成俗也十一月甲午幸馮翊祭故社父老對詔失旨上大怒免其縣官而去戊戌車駕至自馮翊

八年春正月乙亥陳人來聘二月辛酉陳人寇硤州三月辛未上柱國隴西公李詢卒甲戌遣兼散騎常侍程尚賢使于陳戊寅詔大舉伐陳秋八月丁未河北諸州饑遣吏部尚書蘇威振恤之九月癸巳嘉州言龍見冬十月己未置淮南行臺省於壽春以晉王廣爲尚書令辛酉陳人來聘拘留不遣甲子有星孛於牽牛享太廟授律令晉王廣秦王俊清河公楊素並爲行軍元帥以伐陳於是晉王出六合秦王出襄陽清河公楊素出信州荊州刺史劉仁恩出江陵宜

陽公王世積出蘄春新義公韓擒出廬江襄邑公賀若弼出吳州落叢公燕榮出東海合總管九十兵五十一萬八千皆受晉王節度東接滄海西拒巴蜀旌旗舟檝橫亘數千里仍曲赦陳國十一月丁卯車駕餞師詔購陳叔寶位上柱國萬戶公乙亥行幸定城陳師誓衆景子幸河東十二月車駕至自河東

九年春正月癸酉以尚書左僕射虞慶則爲右衛大將軍景子賀若弼敗陳師於蔣山獲其將蕭摩訶韓擒進師入建鄴獲陳主叔寶陳國平合州四十郡一百縣四百戶五十萬口二百萬癸巳遣使持節巡撫之二月乙未廢淮南尚書省景申制五百家爲鄉正一人百家爲里長一人夏四月己亥幸驪山親勞旋師乙巳三軍凱入獻俘於太廟以晉王廣爲太尉庚戌帝御廣陽門宴將士頒賜各有差辛亥大赦以陳都官尚書孔範散騎常侍王瑳王儀御史中丞沈觀等邪佞於其主以致亡滅皆投之邊裔陳人普給復十年軍人畢世免徭役擢陳之文武衆才而用之宮奴數千可歸者歸之其餘盡以分賜將士及王公貴臣其資物皆於五埰賜王公以下大射毀所得秦漢三大鍾越二大鼓又設亡

陳女樂謂公卿等曰此聲似啼朕聞之甚不喜故與公等一聽亡國之音俱爲永鑒焉辛酉以吏部侍郎宇文弼爲刑部尚書宗正卿楊异爲工部尚書壬戌詔曰今率土大同含生遂性兵可立威不可不戢刑可助化不可專行禁衞九重之餘鎭守四方之外戎旅軍器皆宜停罷武力之子俱可學文人間甲杖悉皆除毀閏月丁丑頒木魚符於總管刺史雌一雄三己卯以吏部尚書蘇威爲尚書右僕射六月乙丑以荆州總管楊素爲納言丁卯以吏部侍郎盧愷爲禮部尚書時羣臣咸請封禪詔不許曰豈可命一將軍除一小國以薄德而封名山用虛言而干上帝邪八月壬戌以廣平王雄爲司空冬十一月壬辰考使定州刺史豆盧通等上表請封禪上不許庚子以右衞大將軍虞慶則爲右武候大將軍右領軍將軍李安爲右領軍大將軍甲寅降囚徒十二月甲子詔太常卿牛弘通直散騎常侍許善心祕書丞姚察通直郎虞世基等議定樂

十年春正月乙未以皇孫昭爲河南王楷爲華陽王二月庚申行幸幷州夏五月乙未詔曰魏末喪亂寓縣瓜分役軍歲動未遑休息兵士軍人權置坊府南

征北伐居處無定家無完堵地罕苞桑恆爲流寓之人竟無鄉里之號朕甚愍之凡是軍人可悉屬州縣墾田藉帳一同編戶軍府統領宜依舊式罷山東河南及北方緣邊之地新置軍府六月辛酉制人年五十免役折庸秋七月癸卯以納言楊素爲內史令庚戌上親錄囚徒辛亥高麗遼東郡公高陽卒八月壬申遣柱國韋洸上開府王景並持節巡撫嶺南百越皆服九月丁酉至自幷州冬十月甲子頒木魚符於京官五品以上十一月辛卯幸國學頒賜各有差辛丑祀南郊是月婺州人汪文進會稽人高智慧蘇州人沈玄懀皆舉兵反自稱天子樂安蔡道人饒州吳世華永嘉沈孝徹泉州王國慶餘杭楊寶英交阯李春等皆自稱大都督詔內史令楊素討平之是歲吐谷渾契丹並遣使朝貢

十一年春正月丁酉以平陳所得古器多爲禍變悉命毀之景午皇太子妃元氏薨上舉哀於東宮文思殿二月戊午以大將軍蘇孝慈爲工部尚書景子以臨潁令劉曠政績尤異擢爲莒州刺史辛巳晦日有蝕之夏五月乙巳以右衛將軍元旻爲左衛大將軍秋八月壬申滕王瓚薨乙亥上柱國沛國公鄭譯卒

是歲高麗靺鞨並遣使朝貢突厥獻七寶盌

十二年春二月己巳以蜀王秀爲內史令兼右領軍大將軍以漢王諒爲雍州牧右衛大將軍秋七月乙巳尚書右僕射邳公蘇威禮部尚書容城侯盧愷並坐事除名壬申晦日有蝕之八月甲戌制天下死罪諸州不得便決皆令大理覆之癸巳制宿衛者不得輒離所守丁酉上柱國楚公豆盧勣卒戊戌上親錄囚徒冬十月丁丑以遂安王集爲衛王壬午祀太廟至太祖神主前帝流涕嗚咽不自勝十一月辛亥祀南郊己未上柱國新義公韓擒卒甲子百寮大射於武德殿十二月乙酉以內史令楊素爲尚書右僕射是歲突厥吐谷渾靺鞨並遣使朝貢

十三年春正月乙巳上柱國鄅公韓建業卒壬子祀感帝己未以信州總管韋世康爲吏部尚書壬戌行幸岐州二月景子詔營仁壽宮丁亥至自岐州己卯立皇孫暕爲豫章王戊子晉州刺史南陽郡公賈悉達隰州總管撫寧郡公韓延等以賄伏誅己丑制坐事去官者配防一年丁酉制私家不得隱藏緯候圖

讖夏五月癸亥詔禁人間撰集國史臧否人物秋七月戊辰晦日有蝕之九月景辰降囚徒庚申封邵公楊綸爲滕王冬十一月乙卯上柱國華陰公梁彥光卒是歲契丹霫室韋靺鞨並遣使朝貢

十四年夏四月乙丑詔曰比命有司總令研究正樂雅聲詳定已訖宜即施用見行者停人間音樂流僻日久棄其舊體競造繁聲流宕不歸遂以成俗宜加禁約務存其本五月辛酉京師地震關內諸州旱六月丁卯詔省府州縣皆給廨田不得興生與人爭利秋七月乙未以邳公蘇威爲納言八月辛未關中大旱人饑行幸洛陽幷命百姓山東就食冬閏十月甲寅詔曰梁齊陳往皆創業一方綿歷年代既宗祀廢絕祭奠無主興言矜念良以愴然莒國公蕭琮及高仁英陳叔寶等宜令以時世脩祭祀所須器物有司給之乙卯制外官九品以上父母及子年十五不得從之官十一月壬戌制州縣佐史三年一代不得重任癸未有星孛于角亢十二月乙未東巡狩

十五年春正月壬戌車駕次齊州親問疾苦景寅旅王符山庚午以歲旱祀太

山以謝衍愆咎大赦二月景辰禁私家畜兵器關中緣邊不在其例禁河以東無
得乘馬丁巳上柱國蔣公梁睿卒三月己未車駕至自東巡望祭五嶽海瀆丁
亥幸仁壽宮夏四月己丑朔大赦甲辰以趙州刺史楊達爲工部尚書五月丁
亥制京官五品以上佩銅魚符六月戊子詔鑿砥柱庚寅相州刺史豆盧通貢
綾文布命焚之于朝堂辛丑詔名山未在祀典者悉命祀之秋七月甲戌遣邳
公蘇威巡省江南戊寅至自仁壽宮辛巳制九品以上官以理去官者並執聽
笏冬十二月戊子勑盜邊糧一升以上皆斬籍沒其家己丑詔文武官以四考
更代是歲吐谷渾林邑等國並遣使朝貢
十六年春二月丁亥封皇孫裕爲平原王筠爲安成王嶷爲安平王恪爲襄城
王該爲高陽王韶爲建安王煚爲潁川王夏六月甲午制工商不得進仕幷州
大蝗辛丑詔九品以上妻五品以上妾夫亡不得改嫁秋八月庚戌詔決死罪
者三奏而後行刑冬十月己丑幸長春宮十一月壬子至自長春宮
十七年春二月癸未太平公史萬歲伐西寧剋之庚寅行幸仁壽宮庚子上柱

國王世積討桂州賊李光仕平之三月景辰詔諸司屬官有犯聽於律令外斟酌決杖辛酉上親錄囚徒癸亥上柱國彭城公劉昶以罪伏誅庚午遣御史柳彧皇甫誕巡省河南北夏四月戊寅頒新歷五月庚申宴百寮於玉女泉班賜各有差己巳蜀王秀來朝閏月己卯羣鹿入殿門馴擾侍衛之內秋七月丁丑桂州人李世賢反遣右武候大將軍虞慶則討平之丁亥幷州總管秦王俊坐事免以王就第九月甲申車駕至自仁壽宮庚寅上謂侍臣曰朝廷設樂本以迎神齋祭之日觸目多感當此之際何可爲心在路奏樂禮爲未允公卿宜更詳之冬十月丁未頒銅武符於驃騎車騎府戊申道王靜薨庚午詔曰五帝異樂三王殊禮皆隨事而有損益因情而立節文仰惟祭享宗廟瞻敬如在罔極之感情深茲日而禮畢升路鼓吹發音還入宮門金石振響斯則哀樂同日心事相違情所不安理實未允宜改茲往式用弘禮教自今享廟日不須備鼓吹殿庭勿設樂縣辛未京下大索十二月壬子上柱國右武候大將軍魯公虞慶則以罪伏誅是歲高麗突厥並遣使朝貢

十八年春正月辛丑詔曰吳越之人往承弊俗所在之處私造大船因相聚結致有侵害江南諸州人間有船長三丈以上悉括入官二月甲辰幸仁壽宮乙巳以漢王諒爲行軍元帥水陸三十萬伐高麗夏五月辛亥詔畜猫鬼蠱毒厭魅野道之家投于四裔六月景寅詔黜高麗王高元官爵秋八月景子詔京官五品以上總管刺史舉志行修謹清平幹濟之士九月己丑漢王諒師遇疾疫而旋死者十二三庚寅勑舍客無公驗者坐及刺史縣令辛卯車駕至自仁壽宮冬十一月甲戌帝親錄囚徒癸未祀南郊十二月庚子上柱國夏州總管東萊公王景以罪伏誅是歲自京師至仁壽宮置行宮十所杞宋陳亳曹戴頳等州水詔並免庸調

十九年春正月癸酉大赦戊寅大射于武德殿二月己亥晉王廣來朝甲寅幸仁壽宮夏四月丁酉突厥利可汗內附達頭可汗犯塞行軍總管史萬歲擊破之六月丁酉以豫章王暕爲內史令秋八月癸卯上柱國尚書左僕射齊公高熲坐事免辛亥上柱國皖城公張威卒甲寅上柱國城陽公李徹卒九月乙丑

以太常卿牛弘爲吏部尚書冬十月甲午以突厥利可汗爲啓人可汗築大利城處其部落十一月有司言元年已來日漸長十二月乙未突厥都藍可汗爲部下所殺國大亂星隕於勃海

二十年春正月辛酉朔突厥高麗契丹並遣使朝貢二月丁丑無雲而雷三月辛卯熙州人李英林反遣行軍總管張衡討之夏四月壬戌突厥犯塞以晉王廣爲行軍元帥擊破之乙亥天有聲如寫水自南而北六月丁丑秦王俊薨秋九月丁未車駕至自仁壽宮冬十月乙丑廢皇太子勇及其諸子並爲庶人殺柱國太平公史萬歲己巳殺左衞大將軍五原公元旻十一月戊子以晉王廣爲皇太子天下地震京城大風雪十二月戊午詔東宮官屬於皇太子不得稱臣辛巳詔毀壞偷盜佛及天尊像嶽鎭海瀆神形者以不道論沙門壞佛像道士壞天尊像以惡逆論

仁壽元年春正月乙酉朔大赦改元以尚書右僕射楊素爲左僕射以納言蘇威爲右僕射丁酉徙河南王昭爲晉王突厥寇恆安遣柱國韓洪擊之敗焉以

晉王昭爲內史令辛丑詔曰投生殉節自古稱難殞身王事禮加二等而世俗之徒不達大義致命戎旅不入兆域與言念此每深愍歎且入廟祭祀並不廢闕何止墳塋獨在其外自今戰亡之徒宜入墓域二月乙卯朔日有蝕之夏五月己丑突厥男女九萬餘口來降壬辰驟雨震雷大風拔木宜君湫水移於始平六月乙卯遣十六使巡省風俗乙丑廢大學及州縣學唯留國子一學取正三品以上子七十二人充生頒舍利於諸州秋七月戊戌改國子爲太學十一月己丑祀南郊十二月楊素擊突厥大破之

二年春三月己亥幸仁壽宮夏四月庚戌岐雍二州地震秋七月景戌詔內外官各舉所知八月己巳皇后獨孤氏崩九月景戌車駕至自仁壽宮壬辰河南北諸州大水遣工部尚書楊達振恤之乙未上柱國袁州總管金水公周搖卒隴西地震冬十月壬子曲赦益州管內癸丑以工部尚書楊達爲納言閏月甲申詔尚書左僕射楊素與諸術者刊定陰陽舛謬己丑詔楊素右僕射蘇威吏部尚書牛弘內史侍郎薛道衡祕書丞許善心內史舍人虞世基著作郎王劭

等修定五禮壬寅葬獻皇后於太陵十二月癸巳益州總管蜀王秀有罪廢爲
庶人交州人李佛子舉兵反遣行軍總管劉方討平之
三年春二月戊子以大將軍蔡陽郡公姚辯爲左武候大將軍夏五月癸卯詔
曰六月十三日是朕生日其日令海內爲武元皇帝元明皇后斷屠六月甲午
詔曰禮云親以朞斷蓋以四時之變易萬物之更始故聖人象之其有三年加
隆爾也但家無二尊母爲厭降是以父在喪母還服于朞者服之正也豈容朞
內而更小祥然三年之喪而有小祥者禮云朞祭禮也朞而除喪道也以是之
故雖未再朞而天地一變不可不祭不可不除故有練焉以存喪祭之本然朞
喪有練於理未安雖云十一月而練乃無所法象非期非時豈可除祭而儒者
徒擬三年之喪立練禫之節可謂苟存其變而失其本欲漸於奪乃薄於喪致
使子則冠練去絰黃裏縓緣絰則布葛在躬麤服未改豈非絰衰尚存子情已
奪親疎失倫輕重顛倒乃不順人情豈聖人之意也故非先聖之禮廢於人邪
三年之喪尚有不行之者至於祥練之節安能不墜者乎禮云父母之喪無貴

賤一也而大夫士之喪父母乃貴賤異服然則禮壞樂崩由來漸矣所以晏平仲之斬麤縗其老謂之非禮滕文公之服三年其臣咸所不欲蓋由王道既衰諸侯異政將踰越於法度惡禮制之害己乃滅去篇籍自制其宜遂至骨肉之恩輕重從俗無易之道降殺任情夫禮不從天降不從地出乃人心而已者謂情緣於恩也故恩厚者其禮隆情輕者其禮殺聖人以是稱情立文別親疎貴賤之節自臣子道消上下失序莫大之恩逐情而薄莫重之化與時而殺此乃服不稱喪容不稱服非所謂聖人緣恩表情制禮之義也然喪與其易也寧在於戚則禮之本也禮有其餘未若於哀則情之實也今十一月而練者非禮之本非情之實由是言之父在喪母不宜有練但依禮十三月而祥中月而禫庶以合聖人之意達人子之心秋七月丁卯詔州縣搜揚賢哲皆取明知古今通識安危究政教之本達禮樂之源不限多少不得不舉徵召將送必須以禮八月壬申上柱國檢校幽州總管落藂公燕榮以罪伏誅九月壬戌置常平官甲子以營州總管韋沖爲戶部尚書十二月癸酉河南諸州遣納言楊達振恤之

四年春正月景辰大赦甲子幸仁壽宮夏四月乙卯上不豫六月庚午大赦有星入月中數日而退長人見於鴈門秋七月乙未日青無光八日乃復甲辰帝疾甚臥於仁壽宮與百寮辭訣上握手歔欷丁未崩于大寶殿時年六十四詔曰嗟乎自昔晉室播遷天下喪亂四海不一以至周齊戰爭相尋年將三百故割疆土者非一所稱帝王者非一人書軌不同生靈塗炭上天降監受命于朕用登大位豈關人力故得撥亂反正偃武修文天下大同聲教遠被此又是天意欲寧區夏所以昧旦臨朝不敢逸豫一日萬幾留心親覽晦明寒暑不憚劬勞匪曰朕躬蓋爲百姓故也王公卿士每日闕庭刺史以下歲時朝集何嘗不罄竭心府誠敕殷勤義乃君臣情兼父子庶藉百寮之智萬國歡心欲令率土之人永得安樂不謂遘疾彌留至於大漸此乃人生常分何足言及但四海百姓衣食不豐教化政刑猶未盡洽興言念此唯以留恨朕今踰六十不復稱天但筋力精神一時勞竭如此之事本非爲身止欲安養百姓所以致此人生子孫誰不念愛既爲天下事須割情勇及秀等並懷悖惡既無臣子之心所以黜

廢古人有云知臣莫若君知子莫若父令勇秀得志共理家國亦當戮辱遍於公卿酷毒流於人庶今惡子孫已爲百姓黜屏好子孫足堪負荷大業此雖朕家事理不容隱前對文武侍衛具已論述皇太子廣地居上嗣仁孝著聞以其行業堪成朕志但念內外羣官同心戮力以此共安天下朕雖瞑目何所復恨國家大事不可限以常禮既葬公除行之自昔今宜遵用不勞改定凶禮所須纔令周事務從節儉不得勞人諸州總管刺史以下宜率其職不須奔赴自古哲王因人作法前帝後帝沿革隨時律令格式有不便於事者宜依前修改務當政要嗚呼敬之哉無墜朕命乙卯發喪河間楊柳四株無故黃落既而花葉復生八月丁卯梓宮至自仁壽宮景子殯於大興前殿十月乙卯葬於太陵同墳而異穴士庶赴葬者皆聽入視陵內帝性嚴重有威容外質木而內明敏有大略初得政之始羣情不附諸子幼弱內有六王之謀外致三方之亂握強兵居重鎮者皆周之舊臣上推以赤心各盡其用不踰期月剋定三邊未及十年平一四海薄賦斂輕刑罰內修制度外撫戎夷每旦聽朝日仄忘倦居處服翫

務存節儉令行禁止上下化之開皇仁壽之間丈夫不衣綾綺而無金玉之飾常服率多布帛裝帶不過以銅鐵骨角而已雖嗇於財至於賞賜有功亦無所愛惜每乘輿四出路逢上表者駐馬親自臨問或潛遣行人采聽風俗吏政得失人間疾苦無不留意嘗遇關中饑遣左右視百姓所食有得豆屑雜糠而奏之者上流涕以示羣臣深自咎責爲之損膳而不御酒肉者殆將一期及東拜太山關中戶口就食洛陽者道路相屬帝勑斥候不得輒有驅逼男女參廁於仗衛之間遇逢扶老攜幼者輒引馬避之慰勉而去至艱嶮之處見負擔者遽令左右扶助之其有將士戰歿必加優賞仍令使者就家勞問自強不息朝夕孜孜人庶殷繁帑藏充實雖未能致臻於至道亦足稱近代之良主然雅性沉猜素無學術好爲小數言神燭聖杖堪能療病又信王劭解石文以爲己瑞焉不達大體如是故忠臣義士莫得盡心竭辭其草創元勳及有功諸將誅夷獲罪罕有存者又不悅詩書楊素由之希旨遂奏除學校唯婦言是用廢黜諸子逮于暮年持法尤峻喜怒失常果於殺戮嘗令左右送西域朝貢使出關其人

所經之處受牧宰小物饋鸚鵡麖皮馬鞭之屬聞而大怒又詣武庫見署中蕪穢不理於是執武庫令及諸受遺者出開遠門外親自臨決死者數十人又往往潛令賂遺令史府史受者必死無所寬貸議者以此少之

論曰隋文帝樹基立本積德累仁徒以外戚之尊受託孤之任與能之議未有所許是以周室舊臣咸懷憤惋既而王謙固三蜀之阻不踰期月尉遲迥舉全齊之衆一戰而亡斯乃非止人謀抑亦天之所贊乘茲機運遂遷周鼎于時蠻夷猾夏荊揚未一劬勞日仄經營四方樓船南邁則金陵失險驃騎北指則單于款塞職方所載並入疆理禹貢所圖咸受正朔雖晉武之克平吳會漢宣之推亡固存比義論功不能尚也七德既敷九歌已洽尉候無警遐邇肅清於是躬節儉平徭賦倉廩實法令行君子咸樂其生小人各安其業強不陵弱衆不暴寡人物殷阜朝野歡娛自開皇二十年間天下無事區宇之內晏如也考之前王足以參蹤盛烈而素無術業不能盡下無寬仁之度有刻薄之資暨乎暮年此風愈扇又雅好瑞符暗於大道建彼維城權侔京室皆同帝制靡所適從

聽姤婦之言惑邪臣之說溺寵廢嫡託付失所滅父子之道開昆弟之隙縱其
尋斧翦伐本根墳土未乾子孫繼踵爲戮松檟纔列天下已非隋有惜哉迹其
衰怠之源稽其亂亡之兆起自文皇成於煬帝所由來遠矣非一朝一夕其不
祀忽諸未爲不幸也

北史卷十一

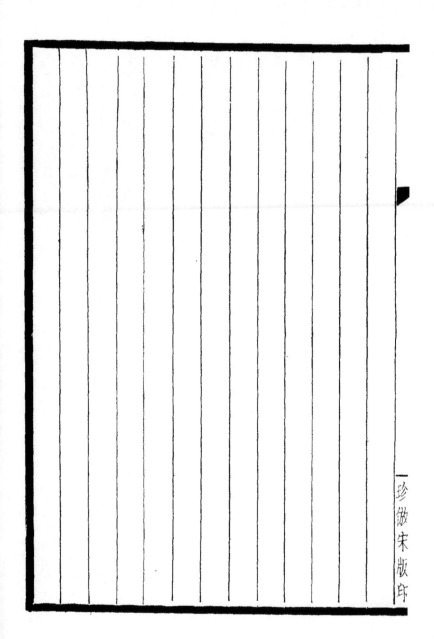

北史卷十一考證

隋高祖文皇帝紀四年正月朔攻晉陽○此周保定四年也從上文保定二年
例不必另行今各本俱同姑仍之

明帝卽位授右小宗伯○宗隋書作宮 臣宗萬按帝父于孝閔時曾入爲小宗
伯明帝之授俾襲先職耳隋書作宮伯疑誤

明帝嘗遣善相者來和視帝○來和隋書作趙昭本書煬皇帝紀高祖密令善
相者來和徧視諸子則此殆因彼而譌也

先是州城門久閉不行○門字上隋書有西字

置旐頭雲罕○罕監本譌空今改從南本

廓祆氛於遠服○祆監本譌祓今改正

以上開府伊婁彥恭爲右武候大將軍○候監本作侯今從隋書改正

以永富郡公竇榮定爲右武候大將軍○富隋書作昌

己巳有流星如墜牆光照于地○流監本譌泣今改從南本

乙酉遣彭城公虞慶則屯弘化以備胡〇彭城周書作沁源

乙卯詔徵山東大儒馬榮伯等〇隋書作乙巳詔徵山東馬榮伯等六儒 臣宗萬按榮伯本傳云與張仲讓孔籠竇仕榮張買奴劉祖仁等號爲六儒又能安生傳云有馬榮伯張黑奴竇士榮孔籠劉焯劉炫等皆其門人仕榮作士榮買奴作黑奴未知孰是

庚午班歷於突厥〇午監本訛子今據上甲子下壬申改正

詔百寮射梁士彥三家資物〇射字下隋書有賜字

閏月丁丑頒木魚符於總管刺史雌一雄三〇三隋書作一

六月辛酉制人年五十免役折庸〇折隋書作收

丁酉上柱國楚公豆盧勣卒〇勣隋書作勣

上柱國郇公韓建業卒〇建隋書作達

己丑制坐事去官者配防〇防隋書作流 臣宗萬按古者置兵邊塞以備寇名曰防秋配防疑是遣戍而配作防秋効力者

六月丁卯詔省府州縣皆給廨田不得與生與人爭利○與隋書作治

十二月庚子上柱國夏州總管東萊公王景以罪伏誅○東萊隋書作任城

癸丑以工部尚書楊達爲納言○達監本誤逵今從上文河南北諸州大水遣

工部尚書楊達振恤之改正

上天降監爰命于朕○爰一本作爰

北史卷十一考證

唐　李延壽撰

隋本紀下第十二

煬皇帝諱廣一名英小字阿𡥧高祖第二子也母曰文獻獨孤皇后上美姿儀少敏慧高祖及后於諸子中特所鍾愛在周以高祖勳封鴈門郡公開皇元年立爲晉王拜柱國幷州總管時年十三尋授武衞大將軍進上柱國河北道行臺尚書令大將軍如故高祖令項城公歆安道公李徹輔導之上好學善屬文沉深嚴重朝野屬望高祖密令善相者來和徧視諸子和曰晉王眉上雙骨隆起貴不可言既而高祖幸上所居第見樂器絃多斷絕又有塵埃若不用者以爲不好聲妓之翫上尤自矯飾當時稱爲仁孝嘗觀獵遇雨左右進油衣上曰士卒皆霑濕我獨衣此乎乃令持去六年轉淮南道行臺尚書令其年徵拜雍州牧內史令八年冬大舉伐陳以上爲行軍元帥及陳平執陳湘州刺史施文慶散騎常侍沈客卿市令湯慧朗刑法監徐析尚書都令史暨慧以其邪佞

有害於民斬之石闕下以謝三吳於是封府庫資財無所取天下稱賢進位太尉賜路車乘馬袞冕之服玄珪白璧各一雙復拜幷州總管俄而江南高智慧等相聚作亂徙上爲揚州總管鎮江都每歲一朝高祖之祠太山也領武候大將軍明年歸藩後數載突厥寇邊復爲行軍元帥出靈武無虜而旋及太子勇廢立上爲皇太子是月當受冊高祖曰吾以大興公成帝業令上出舍大興其夜烈風大雪地震山崩民舍多壞壓死者百餘口仁壽初奉詔巡撫東南是後高祖每避暑仁壽宮恆令上監國四年七月高祖崩上卽皇帝位於仁壽宮八月奉梓宮還京師幷州總管漢王諒舉兵反詔尚書左僕射楊素討平之九月乙巳以備身將軍崔彭爲左領軍大將軍十一月乙未幸洛陽景申發丁男十數萬掘塹自龍門東接長平汲郡抵臨清關度河至浚儀襄城達于上洛以置關防癸丑詔曰乾道變化陰陽所以消息沿創不同生靈所以順序若使天意不變施化何以成四時人事不易爲政何以利萬姓易不云乎通其變使民不倦變則通通則久有德則可久有功則可大朕又聞之安安而能遷民用丕變

是故姬邑兩周如武王之意殷人五徙成湯后之業若不因民順天功業見乎
變愛民治國者可不謂歟然雒邑自古之都王畿之內天地之所合陰陽之所
和控以三河固以四塞水陸通貢賦等故漢祖曰吾行天下多矣唯見雒陽自
古皇王何嘗不留意所不都者蓋有由焉或以九州未一或以困其府庫作雒
之制所以未暇也我有隋之始便欲創茲懷雒日復一日越暨于今念茲在茲
與言感哽朕肅膺寶歷纂臨萬邦遵而不失心奉先志今者漢王諒悖逆毒被
山東遂令州縣或淪非所由關河懸遠兵不赴急加以并州移戶復在河南周
遷殷民意在於此況復南服遐遠東夏殷大因機順動今也其時羣司百辟僉
諧厥議但成周墟塉弗堪胥宇今可於伊雒營建東京便即設官分職以為民
極也夫宮室之制本以便生人上棟下宇足以避風露高臺廣廈豈曰適形故
傳云儉德之恭侈惡之大宣尼有云與其不遜也寧儉豈謂瑤臺瓊室方為宮
殿者乎土堦采椽而非帝王者乎是知非天下以奉一人乃一人以主天下也
民惟國本本固邦寧百姓足孰與不足今所營構務從節儉無令雕牆峻宇復

起於當今欲使卑宮菲食將貽於後世有司明爲條格稱朕意焉十二月乙丑以右武衛將軍來護兒爲右驍衛大將軍戊辰以柱國李景爲右武衛大將軍以右衛率周羅睺爲右武候大將軍

大業元年春正月壬辰朔大赦改元立妃蕭氏爲皇后改豫州爲溱州洛州爲豫州廢諸州總管府景申立晉王昭爲皇太子丁酉以上柱國宇文述爲左衛大將軍上柱國郭衍爲左武衛大將軍延壽公于仲文爲右衛大將軍己亥以豫章王暕爲豫州牧戊申發八使巡省風俗下詔曰昔者哲王之理天下也其在愛民乎既富而教家給人足故能風教淳厚遠至邇安理定功成率由斯道朕恭嗣寶位撫育黎獻夙夜戰兢若臨川谷雖則聿遵先緒弗敢失墜永言政術多有缺然況以四海之遠兆民之衆未獲親臨問其疾苦每慮幽仄莫舉冤屈不申一物失所用傷和氣萬方有罪責在朕躬所以興寤增歎而夕惕載懷者也今既布政惟始宜存寬大可分遣使人巡省方俗宣揚風化薦拔淹滯申達幽枉孝悌力田給以優復鰥寡孤獨不能自存者量加振濟義夫節婦旌表

門閭高年之老加其板授並依別條賜以粟帛篤疾之徒給侍丁者雖有侍養之名曾無賙贍之實明加檢校使得存養若有名行顯著操履修潔及學業才能一藝可取咸宜訪採將身入朝所在州縣以禮發遣其蠹政害人不便於時者使還之日具錄奏聞己酉以吳州總管宇文弼為刑部尚書二月己卯以尚書左僕射楊素為尚書令三月丁未詔尚書令楊素納言楊達將作大匠宇文愷營建東京徙豫州郭下居民以實之戊申詔曰聽採輿頌謀及黎庶故能審政刑之得失是知昧旦思治欲使幽枉必達彝倫有章而牧宰任稱朝委苟為僥倖以求考課虛立殿最不存理實綱紀於是不理冤屈所以莫申關河重阻無由自達朕故建立東京躬親存問今將巡歷淮海觀省風俗眷求讜言徒繁詞翰而鄉校之內闕爾無聞恇然夕惕用勞興寢其民下有知州縣官人政理苛刻侵害百姓背公狥私不便於民者聽詣朝堂封奏庶乎四聰以達天下無冤又於皁澗營顯仁宮採海內奇禽異獸草木之類以實園苑徙天下富商大賈數萬家於東京辛亥發河南諸郡男女七百萬開通濟渠自西苑引穀洛水

達于河自板渚引河通于淮庚申遣黃門侍郎王弘上儀同於士澄往江南採木造龍舟鳳䑯黃龍赤艦樓船等數萬艘夏四月癸亥大將軍劉仲方擊林邑破之五月庚戌戶部尚書義豐侯韋沖卒甲子熒惑入太微秋七月丁酉制戰亡之家給復十年景午滕王綸衞王集並奪爵徙邊閏七月甲子以尚書令楊素爲太子太師安德王雄爲太子太傅河間王弘爲太子太保景子詔曰君民建國教學爲先移風易俗必自茲始而言絕義乖多歷年代進德修業其道浸微漢採坑焚之餘不絕如線晉承板蕩之運掃地將盡自時厥後軍國多虞雖復黌宇時建示同愛禮函丈或陳殆爲虛器遂使紆青拖紫非以學優製錦操刀類多牆面上陵下替綱維不立雅缺道消實由於此朕纂承洪緒思演大訓將欲尊師重道用闡厥繇講信修睦敦獎名教方今區宇平壹文軌攸同十步之內必有芳草四海之中豈乏孝秀諸在家及見入學者若有篤志好古耽典悅禮學行優敏堪膺時務所在採訪具以名聞卽當隨其器能擢以不次若研精經術未願進仕可依其藝業深淺門蔭高卑雖未升朝並量準給祿庶夫恂

恂誘善不日成器濟濟盈朝何遠之有其國子等學亦宜申明舊制教習生徒具爲課試之法以盡砥礪之道八月壬寅上御龍舟幸江都以左武衞大將軍郭衍爲前軍右武衞大將軍李景爲後軍文武官五品已上給樓船九品以上給黃篾舳艫相接二百餘里冬十月己丑赦江淮已南揚州給復五年舊總管內給復三年十一月己未以大將軍崔仲方爲禮部尚書

二年春正月辛酉東京成賜監督者有差以大理卿梁毗爲刑部尚書丁卯遣十使併省州縣二月景戌詔尚書令楊素吏部尚書牛弘大將軍宇文愷內史侍郎虞世基禮部侍郎許善心制定輿服始備輦輅及五時副車上常服皮弁十有二琪文官弁服珮玉五品已上給犢車通幰三公親王加油絡武官平巾幘袴褶三品已上給瓝槊下至胥吏服色各有差非庶人不得戎服戊戌置都尉官三月庚午車駕發江都先是太府少卿何稠太府丞雲定興盛修儀仗於是課州縣送羽毛百姓求捕之網羅被水陸禽獸有堪氅毦之用者殆無遺類至是而成夏四月庚戌上自伊闕陳法駕備千乘萬騎入於東京辛亥上御端

門大赦天下免今年租賦癸丑以冀州刺史楊文思爲民部尚書五月甲寅金紫光祿大夫兵部尚書李通坐事免乙卯詔曰旌表先哲式在饗祀所以優禮賢能顯彰遺愛朕永鑒前修尚想名德何嘗不興歎九原屬懷千載其自古以來賢人君子有能樹聲立德佐世匡時博利殊功有益於人者並宜營立祠宇以時致祭墳壟之處不得侵踐有司量爲條式稱朕意焉六月壬子以尚書令太子太師楊素爲司徒進封豫章王暕爲齊王秋七月癸丑以衛尉卿衛玄爲工部尚書庚申制百官不得計考增級必有德行功能灼然顯著者擢之壬戌擢藩邸舊臣鮮于羅等二十七人官爵有差甲戌皇太子昭薨乙亥上柱國司徒楚國公楊素薨八月辛卯封皇孫倓爲燕王侗爲越王侑爲代王九月乙丑立秦王俊子浩爲秦王冬十月戊子以靈州刺史段文振爲兵部尚書十二月庚寅詔曰前代帝王因時創業君民建國禮尊南面而歷運推移年代永久丘壟殘毀樵牧相趨塋兆堙蕪封樹莫辨興言淪滅有愴于懷自古以來帝王陵墓可給隨近十戸蠲其雜役以供守視

三年春正月癸亥勅并州逆人已流配而逃亡者所獲之處即宜斬決景子長星竟天出於東壁二旬而止是月武陽郡上言河水清二月己丑彗星見於東井文昌歷大陵五車北河入太微掃帝座前後百餘日而止三月辛亥車駕還京師壬子以大將軍姚辯爲左衞將軍癸丑遣羽騎朱寬使於流求國乙卯河間王弘薨夏四月庚辰詔曰古者帝王觀風俗皆所以憂勤兆庶安集遐荒自蕃夷內附未遑親撫山東經亂復加存恤今欲安輯河北巡省趙魏所司依式甲申頒律令大赦天下關內給復三年壬辰改州爲郡改度量衡並依古式改上柱國以下官爲大夫甲午詔曰天下之重非獨理所安帝王之功豈一士之略自古明君哲后立政經邦何嘗不選賢與能振拔淹滯周稱多士漢號得人尚想前風載懷欽佇朕負扆夙興冕旒待旦引領巖谷寘以周行冀與羣才共康庶績而彙茅寂漠投竿罕至豈美璞韜采未值良工將介石在懷確乎難拔永鑒前哲憮然興歎凡厥在位譬諸股肱若濟巨川義同舟檝豈得保茲寵祿晦爾所知優游卒歲甚非謂也祁大夫之舉善良史以爲至公臧文仲之蔽賢

尼父譏其竊位求諸往古非無褒貶宜思進善用匡寡薄夫孝悌有聞人倫之本德行敦厚立身之基或節義可稱或操履清潔所以激貪厲俗有益風化強毅正直執憲不撓學業優敏文才美秀並爲廊廟之用實乃瑚璉之資才堪將略則拔之以禦侮力有驍壯則任之以爪牙爰及一藝可取亦宜採錄若衆善畢舉與時無棄以此求理庶幾非遠文武有職事者五品已上宜依令十科舉人有一於此不必求備朕當待以不次隨才升用其見任九品已上官者不在舉送之限景申車駕北巡狩丁酉以刑部尚書宇文弼爲禮部尚書戊戌勅百司不得殘暴禾稼其有須開爲路者有司計地所收卽以近倉酬賜務從優厚己亥至赤岸澤以太牢祭故太師李穆五月丁巳突厥啓民可汗遣子拓特勤來朝戊午發河北十餘郡丁男自太行山達于并州以通馳道景寅啓民可汗遣其兄子毗黎伽特勤來朝辛酉啓民可汗使請自入塞奉迎輿駕上不許癸酉有星孛于文昌上將星常皆動搖六月辛巳獵於連谷丁亥詔曰聿追孝饗德莫至焉崇建寢廟禮之大者然則質文異代損益殊時學滅坑焚經典散逸

憲章湮墜廟堂制度師說不同所以世數多少莫能是正連室異宮亦無定准
朕獲奉祖宗欽承景業永惟嚴配冀隆大典於是詢謀在位博訪儒術咸以爲
高祖文皇帝受天明命奄有區夏拯羣飛於四海革彫弊於百五恤獄緩刑生
靈皆遂其性輕徭薄賦比屋各安其業芟夷宇宙混一車書東漸西被無思不
服南征北怨俱荷來蘇駕毳乘風歷代所弗至辮髮左衽聲教所罕及莫不厥
角關塞頓顙闕庭譯靡絶時書無虛月韜戈偃伯天下晏如嘉瑞休徵表裏禔
福猗歟偉歟無得而名者也朕又聞之德厚者流光理辨者禮縟是以周之文
武漢之高光其典章特立諡號斯重豈非緣情稱述卽崇顯之義乎高祖文皇
帝宜別建廟宇以彰巍巍之德仍遵月祭用表蒸蒸之懷有司以時創造務合
典制又名位既殊禮亦異等天子七廟事著前經諸侯二昭義有差降故知以
多爲貴王者之禮今可依用貽厥後昆戊子次楡林郡丁酉啓民可汗來朝己
亥吐谷渾高昌並遣使貢方物甲辰上御北樓觀漁于河以宴百寮秋七月辛
亥啓民可汗上表請變服襲冠帶詔啓民贊拜不名在諸侯王上甲寅上於郡

城東御大帳其下備儀衛建旌旗宴啓民及其部落三千五百人奏百戲之樂
賜啓民及其部落各有差景子殺光祿大夫賀若弼禮部尚書宇文弢太常卿
高頻尚書左僕射蘇威坐事免發丁男百餘萬築長城西距榆林東至紫河二
旬而罷死者十五六八月壬午車駕發榆林乙酉啓民飾廬清道以候乘輿帝
幸其帳啓民奉觴上壽宴賜極厚上謂高麗使者曰歸語爾王當早來朝見不
然者吾與啓民巡彼土矣皇后亦幸義城公主帳己丑啓民可汗歸蕃癸巳入
樓煩關壬寅次太原詔營晉陽宮九月己未次濟源幸御史大夫張衡宅宴飲
極歡己巳至于東都壬申以齊王暕爲河南尹開府儀同三司癸酉以戶部尚
書楊文思爲納言
四年春正月乙巳詔發河北諸郡男女百餘萬開永濟渠引沁水南達于河北
通涿郡庚戌百寮大射於允武殿丁卯賜城內居民米各十石壬申以太府卿
元壽爲內史令鴻臚卿楊玄感爲禮部尚書癸酉以工部尚書衛玄爲右武候
大將軍大理卿長孫熾爲戶部尚書二月己卯遣司朝謁者崔毅使突厥處羅

致汗血馬三月辛酉以將作大匠宇文愷爲工部尚書壬戌百濟倭赤土迦羅舍國並遣使貢方物乙丑車駕幸五原因出塞巡長城景寅遣屯田主事常駿使赤土致羅罽夏四月景午以離石之汾源臨泉鴈門之秀容爲樓煩郡起汾陽宮癸丑以河內太守張定和爲左屯衛大將軍乙卯詔曰突厥意利珍豆啓民可汗率領部落保附關塞遵奉朝禮思改戎俗頻入謁覲屢有陳請以氈牆毳幕事窮荒陋上棟下宇願同比屋誠心懇切朕之所重宜於萬壽戍置城造屋其帷帳牀褥以上隨事量給務從優厚稱朕意焉五月壬申蜀郡獲三足烏張掖獲玄狐各一秋七月辛巳發丁男二十餘萬築長城自榆林谷而東乙未左翊衛大將軍宇文述破吐谷渾於曼頭赤水八月辛酉親祠恆岳河北道郡守畢集大赦天下車駕所經郡縣免一年租調九月辛未徵天下鷹師悉集東京至者萬餘人戊寅彗星出五車掃文昌至房而滅辛巳詔免長城役者一年租賦冬十月景午詔曰先師尼父聖德在躬誕發天縱之姿憲章文武之道命世膺期蘊茲素王而頽山之歎忽踰於千祀盛德之美不在於百代永惟懿範

宜有優崇可立孔子後爲紹聖侯有司求其苗裔錄以申上辛亥詔曰昔周王下車首封唐虞之胤漢帝承歷亦命殷周之後皆所以褒立先代憲章在昔朕嗣膺景業傍求雅訓有一弘益欽若令典以爲周兼夏殷文質大備漢有天下車書混一魏晉沿襲風流未遠並宜立後以存繼絕之義有司可求其胄緒列聞乙卯頒新式於天下

五年春正月景子改東京爲東都癸未詔天下均田戊子上自東都還京師己丑制民間鐵叉搭鈎穳刃之類皆禁絕之太守每歲密上屬官景迹二月戊戌次于閿鄉詔祭古帝王陵及開皇功臣墓庚子制漢魏周官不得爲蔭辛丑赤土國遣使貢方物戊申車駕至京師景辰宴耆舊四百人於武德殿頒賜各有差己未上御崇德殿之西院愀然不悅顧謂左右曰此先帝所居實用增感情所未安於此院之西別營一殿壬戌制父母聽隨子之官三月己巳車駕西巡河右庚午有司言武功男子史永遵與從父昆弟同居上嘉之賜物一百段米二百石表其門閭乙亥幸扶風舊宅夏四月己亥大獵於隴西壬寅高麗吐谷

渾伊吾並遣使來朝乙巳次狄道党項羌來貢方物癸亥出臨津關度黃河至
西平陳兵講武五月乙亥上大獵於延山長圍周亘二千里庚辰入長寧谷壬
午度星嶺甲申宴羣臣於金山之上景戌梁浩亹御馬度而橋壞斬朝散大夫
黃亘及督役者九人吐谷渾主率衆保覆袁川帝分命內史元壽南屯金山兵
部尚書段文振北屯雪山太僕卿楊義臣東屯琵琶峽將軍張壽西屯泥嶺四
面圍之吐谷渾主伏允以數十騎遁出遣其名王詐稱伏允保車我真山壬辰
詔右屯衞大將軍張定和往捕之定和挺身挑戰爲賊所殺亞將柳武建擊破
之斬首數百級甲午其仙頭王窮蹙率男女十餘萬口來降六月丁酉遣左光
祿大夫梁默右翊衞將軍李瓊等追吐谷渾主皆遇賊死之癸卯經大斗拔谷
山路隘險魚貫而出風霰晦暝與後宮相失士卒凍死者大半景午次張掖辛
亥詔諸郡學業該通才藝優洽膂力驍壯超絕等倫在官勤奮堪理政事立性
正直不避強禦四科舉人壬子高昌王麴伯雅來朝伊吾吐屯設等獻西域數
千里之地上大悅癸丑置西海河源鄯善且末等四郡景辰上御觀風行殿盛

陳文物奏九部樂設魚龍曼延宴高昌王吐屯設於殿上以寵異之其蠻夷陪列者三十餘國戊午大赦天下開皇已來流配悉放還鄉晉陽逆黨不在此例隴右諸郡給復三年秋七月丁卯置馬牧於青海渚中以求龍種無効而止九月癸未車駕入長安冬十月癸亥詔曰優德尚齒載之典訓尊事乞言義彰膠序鬻熊爲師無取筋力方叔元老克壯其猷朕永言稽古用求至理是以龐眉黄髮更令收敘務簡秩優無虧藥餌庶等臥理佇其弘益今歲耆老赴集者可於近郡處置年七十已上疾患沉滯不堪居職卽給賜帛送還本郡其官至七品以上者量給廩以終厥身十一月景子車駕幸東都

六年春正月癸亥朔旦有盜數十人皆素冠練衣焚香持華自稱彌勒佛入自建國門監門者皆稽首既而奪衛士仗將爲亂齊王暕遇而斬之於是都下大索與相連坐者千餘家丁丑角觝大戲於端門街天下奇伎異藝畢集終月而罷帝數微服往觀之己丑倭國遣使貢方物二月乙巳武賁郎將陳稜朝請大夫張鎭州擊流求破之獻俘萬七千口頒賜百官乙卯詔曰夫帝圖草創王業

艱難咸依股肱叶同心德用能救厥頹運克膺大寶然後疇庸茂賞開國承家誓以山河傳之不朽近代凋喪四海未壹茅土妄假名實相乖歷茲永久莫能懲革皇運之初百度伊始猶循舊貫未暇改作今天下交泰文軌攸同宜率遵先典永垂大訓自今已後唯有功勳乃得賜封仍令子孫承襲景辰改封安德王雄爲觀王河間王子慶爲郇王庚申徵魏齊周陳樂人悉配太常三月癸亥幸江都宮甲子以鴻臚卿史祥爲左驍衛大將軍夏四月丁未宴江淮已南父老頒賜各有差六月辛卯室韋赤土並遣使貢方物壬辰鴈門賊帥尉文通聚衆三千保於莫壁谷遣鷹揚楊伯泉擊破之甲寅制江都太守秩同京尹冬十月壬申刑部尚書梁毗卒壬子戶部尚書銀青光祿大夫長孫熾卒十二月己未左光祿大夫吏部尚書牛弘卒辛酉朱崖人王萬昌舉兵作亂遣隴西太守韓洪討平之

七年春正月壬寅左武衛大將軍光祿大夫真定侯郭衍卒二月己未上升釣臺臨楊子津大宴百寮頒賜各有差庚申百濟遣使朝貢乙亥上自江都御龍

舟入通濟渠遂幸于涿郡壬午詔曰武有七德先之以安民政有六本興之以教義高麗虧失藩禮將欲問罪遼左恢宣勝略雖懷伐國仍事省方今往涿郡巡撫民俗其河北諸郡及山西山東年九十已上版授太守八十者授縣令三月丁亥右光祿大夫左屯衛大將軍姚辯卒夏四月庚午幸涿郡之臨朔宮五月戊子以武威太守樊子蓋爲民部尚書秋大水山東河南漂沒三十餘郡民相賣爲奴婢冬十月乙卯底柱山崩偃木逆流數十里戊午以東平太守吐萬緒爲左屯衛大將軍十二月己酉突厥處羅多利可汗來朝帝大悅接以殊禮于時遼東戰士及餽運者填咽於道晝夜不絕苦役者始爲羣盜甲子勅都尉鷹揚與郡縣相知追捕隨獲斬決之

八年春正月辛巳大軍集于涿郡以兵部尚書段文振爲左候衛大將軍壬午下詔曰天地大德降繁霜於秋令聖哲至仁著兵甲於刑典故知造化之有肅殺義在無私帝王之用干戈蓋非獲已版泉丹浦莫匪龔行取亂覆昏咸由順動況乎甘野誓師夏啓承大禹之業商郊問罪周發成文王之志永監載籍屬

當朕躬粤我有隋誕膺靈命兼三才而建極一六合而爲家提封所漸細柳蟠桃之外聲教爰暨紫杏黄枝之域遠至邇安罔弗和會功成理定於是乎在而高麗小醜迷昏不恭崇聚勃碣之閒薦食遼獩之境雖復漢魏誅夷巢窟暫擾亂離多阻種落還集萃川藪於前代播實繁以迄今睠茲華壤翦爲夷類歷年永久惡稔既盈天道禍淫亡徵已兆亂常敗德非可勝圖掩慝懷姦唯日不足移告之嚴未嘗面受朝覲之禮莫肯躬親誘納亡叛不知紀極充斥邊垂亟勞烽候關柝以之不靜生人爲之廢業在昔薄伐已漏天網既緩前禽之戮未卽後服之誅曾不懷恩翻其長惡乃兼契丹之黨虔劉海戍習靺鞨之服侵軼遼西又青丘之表咸修職貢碧海之濱同稟正朔遂復寇攘琛賮遏絶往來虐及弗辜誠而遇禍輶軒奉使爰暨海東旌節所次途經藩境而擁塞道路拒絶王人無事君之心豈爲臣之禮此而可忍孰不可容且法令苛酷賦斂煩重彊臣豪族咸執國均朋黨比周以之成俗賄貨如市寃枉莫申重以仍歲災凶比屋饑饉兵戈不息徭役無期力竭轉輸身填溝壑百姓愁苦爰誰適從境內哀惶

不勝其弊回面內向各懷性命之圖黃髮稚齒咸興酷毒之歎省俗觀風爰居幽朔弔人問罪無俟再駕親總六師用申九伐拯厥阽危協從天意殄茲逋穢克嗣先謨今宜授律啓行分麾居路掩勃澥而雷震及扶餘以電掃比戈按甲俟誓而後行三令五申必勝而後戰左第一軍可鏤方道第二軍可長岑道第三軍可海冥道第四軍可蓋馬道第五軍可建安道第六軍可南蘇道第七軍可遼東道第八軍可玄菟道第九軍可扶餘道第十軍可朝鮮道第十一軍可沃沮道第十二軍可樂浪道右第一軍可黏蟬道第二軍可含資道第三軍可渾彌道第四軍可臨屯道第五軍可候城道第六軍可提奚道第七軍可踏頓道第八軍可肅愼道第九軍可碣石道第十軍可東暆道第十一軍可帶方道第十二軍可襄平道凡此衆軍先奉廟略駱驛引途總集平壤莫非如豺如貔之勇百戰百勝之雄顧眄則山岳傾頽叱咤則風雲騰鬱腹心攸同爪牙斯在朕躬馭元戎爲其節度涉遼而東循海之右解倒懸於遐裔問疾苦於遺黎其外輕齎游闕隨機赴響卷甲銜枚出其不意又滄海道軍舟艫千里高颿電逝

巨艦雲飛橫斷沮江逕造平壤島嶼之望斯絕坎井之路已窮其餘被髮左衽之人控弦待發微盧彭濮之旅不謀同辭仗順臨逆人百其勇以此衆戰勢等摧枯然則王者之師義存止殺聖人之教必也勝殘天罰有罪本在元惡人之多辟脅從罔理若高元泥首轅門自歸司寇即解縛焚櫬弘之以恩其餘臣人願歸朝奉化咸加慰撫各安生業隨才任用無隔夷夏營壘所次務在整肅芻蕘有禁秋毫勿犯布以恩宥以喻禍福若其同惡相濟抗拒官軍國有常刑俾無遺類明加曉示稱朕意焉總一百一十三萬三千六百號二百萬其餽運者倍之癸未第一軍發終四十日引師乃盡旌旗亘千里近古出師之盛未之有也乙未以右候衞大將軍衞玄爲刑部尚書甲辰內史令元壽卒二月甲寅詔曰朕觀風燕裔問罪遼濱文武叶力爪牙思奮莫不執銳勤王捨家從役罕蓄倉廩之資兼捐播殖之務朕所以夕惕愀然慮其匱乏雖復素飽之衆情在忘私悅使之徒宜從其厚諸行從一品以下佽飛募人以上家口郡縣宜數存問若有糧食乏少皆賑給之或雖有田疇貧弱不能自耕種可於多丁富室勸課

相助使夫居者有斂積之豐行役無顧後之慮壬戌司空京兆尹光祿大夫觀王雄薨三月辛卯兵部尚書左候衛大將軍段文振卒癸巳上御師甲午臨戎于遼水橋戊戌大軍爲賊所拒不果濟右屯衛大將軍左光祿大夫麥鐵杖武賁郎將錢士雄孟金叉等皆死之甲午車駕度遼大戰于東岸擊賊破之進圍遼東乙未大頓見二大鳥高丈餘皜身朱足游泳自若上異之命工圖寫幷立銘頌五月戊午納言楊達卒于時諸將各奉旨不敢越機既而高麗各固城守攻之不下六月己未幸遼東責怒諸將止城西數里御六合城七月壬午宇文述等敗績于薩水右屯衛將軍辥世雄死之九軍並陷師奔還亡者千餘騎癸卯班師九月庚辰上至東都己丑詔軍國異容文武殊用匡危拯難則霸德攸興化人成俗則王道斯貴時當撥亂屠販可以登朝世屬隆平經術然後升仕豐都爰肇儒服無預於周行建武之朝功臣不參於吏職自三方未一四海交爭不遑文教唯尚武功設官分職罕以才授班朝理人乃由勳敘莫非拔足行陣出自勇夫學斆之道既所不習政事之方故亦無取是非暗於在己威福專

於下吏貪冒貨賄不知紀極蠹政害民實由於此自今已後諸授勳官者並不得回授文武職事庶遵彼更張取類於調瑟求諸名製不傷於美錦若吏部輒擬用者御史即宜糾彈冬十月戊寅工部尚書宇文愷卒十一月己卯以宗女華容公主嫁于高昌王辛巳光祿大夫韓壽卒甲申敗將宇文述于仲文等除名爲民斬尚書右丞劉士龍以謝天下是歲大旱疫人多死山東尤甚密詔江淮南諸郡閱視民間童女姿質端麗者每歲貢之

九年春正月丁丑徵天下兵募民爲驍果集于涿郡壬午賊帥杜彥氷王潤等陷平原郡大掠而去辛卯置折衝果毅武勇雄武等郎將官以領驍果乙未平原李德逸聚衆數萬稱阿舅賊劫掠山東靈武白榆妄稱奴賊劫掠牧馬北連突厥隴右多被其患遣將軍范貴討之連年不能克戊戌大赦己亥遣代王侑刑部尚書衞玄鎮京師辛丑以右驍衞將軍李渾爲右驍衞大將軍二月己未濟北人韓進洛聚衆數萬爲羣盜壬午復宇文述等官爵又徵兵討高麗三月景子濟北人孟海公起兵爲盜衆至數萬丁丑發丁男十萬城大興戊寅幸遼

東以越王侗工部尙書樊子蓋鎮東都庚子北海人郭方預聚徒爲賊自號盧公衆至三萬攻陷郡城大掠而去夏四月庚午車駕度遼壬申遣宇文述楊義臣趣平壤城五月丁丑熒惑入南斗己卯濟北人甄寶車聚衆萬餘寇掠城邑六月乙巳禮部尙書楊玄感反於黎陽景辰玄感逼東都河南贊理裴弘策拒之反爲賊所敗戊辰兵部侍郎斛斯政奔于高麗庚午上班師高麗犯後軍勅右武衛大將軍李景爲後拒遣左翊衛大將軍宇文述左候衛將軍屈突通等馳傳發兵以討玄感秋七月己卯令所在發人城縣府驛癸未餘杭人劉元進舉兵反衆至數萬八月壬寅左翊衛大將軍宇文述等破楊玄感於閿鄉斬之餘黨悉平癸卯吳人朱燮晉陵人管崇擁衆十萬餘自稱將軍寇江左甲辰制驍果之家蠲免賦役丁未詔郡縣城去道過五里已上者徙就之戊申制盜賊籍沒其家乙卯賊帥陳瑱等三萬攻陷信安郡辛酉司農卿光祿大夫葛國公趙元淑以罪伏誅九月己卯濟陰人吳海流東海人彭孝才並舉兵爲盜衆數萬庚辰賊帥梁慧尙聚衆四萬陷蒼梧郡甲午車駕次上谷以供費不給上大

怒免太守虞荷等官丁酉東陽人李三兒向但子舉兵作亂衆至萬餘閏月己巳幸博陵庚午上謂侍臣曰朕昔從先朝周旋於此年甫八歲日月不居倏經三紀追惟曩昔不可復希言未卒流涕嗚咽侍衛者皆泣下沾襟冬十月丁丑賊帥呂明星率衆數千圍東郡武賁郎將費青奴擊斬之乙酉詔曰博陵昔爲定州地居衝要先王歷試所基王化斯遠故以道冠豳風義高姚邑朕巡撫氓庶爰居茲邦瞻望郊墟緬懷敬止思所以宣播慶澤覃被下人崇紀顯號式光令緒可改博陵爲高陽郡赦境內死罪以下給復一年於是召高祖時故吏皆量才授職壬辰以納言蘇威爲開府儀同三司朱燮管崇推劉元進爲天子遣將軍吐萬緒魚俱羅討之連年不能尅齊人孟讓王薄等衆十餘萬據長白山攻剽諸郡清河賊張金稱衆各數萬勃海賊帥格謙自號燕王孫宣雅自號齊王衆各十萬山東苦之丁亥以右候衛將軍郭榮爲右候衛大將軍十一月己酉右候衛將軍馮孝慈討張金稱於清河反爲所敗孝慈死之十二月甲辰車裂楊玄感弟朝散大夫積善及黨與十餘人仍焚而揚之丁亥扶風人向海明

舉兵作亂稱皇帝建元白烏遣太僕卿楊義臣擊破之
十年春正月甲寅以宗女爲信義公主嫁於突厥曷娑那可汗二月辛未詔百寮議伐高麗數日無敢言者戊子詔曰竭力王役致身戎事咸由徇義莫非勤誠委命草莽暴骸原野興言念之每懷愍惻往年問罪將居遼濱廟算勝略具有進止而諒惛凶罔識成敗高熲愎佷本無智謀臨三軍猶兒戲視人命如草芥不遵成規坐貽撓退遂令死亡者衆不及埋藏今宜遣使人分道收葬設祭於遼西郡立道場一所恩加泉壤庶弭窮魂之寃澤及枯骨用弘仁者之惠辛卯詔曰黃帝五十二戰成湯二十七征方乃德施諸侯令行天下盧芳小盜漢祖尚且親戎隗囂餘燼光武猶自登隴豈不欲除暴止戈勞而後逸者哉朕纂承寶業君臨天下日月所照風雨所霑孰非我臣獨隔聲教蕞爾高麗僻居荒裔鴟張狼噬侮慢不恭抄竊我邊垂侵逼我城鎮是以去歲出軍問罪遼碣殪長蛇於玄菟戮封豕於襄平扶餘衆軍風馳電逝追奔逐北徑踰浿水滄海舟檝衝賊腹心焚其城郭汙其宮室高元伏鑕泥首送款軍門尋請入朝歸罪司

寇朕以許其改過乃詔班師而長惡靡悛宴安鴆毒此而可忍孰不可容便可分命六師百道俱進朕當親執武節臨御諸軍秣馬九都觀兵遼水順天誅於海外拯窮民於倒懸征伐以正之明德以誅之止除元惡餘無所問若有識存亡之分悟安危之機翻然北首自求多福必其同惡相濟抗拒王師若火燎原刑茲無赦有司便宜宣布咸使知聞丁酉扶風人唐弼舉兵反衆十萬推李弘爲天子自稱唐王三月壬子行幸涿郡癸亥次臨渝宮親御戎服禡祭黃帝斬叛軍者以釁鼓夏四月辛未彭城賊張大虎聚衆數萬保縣薄山爲盜遣榆林太守董純擊破斬之甲午車駕次北平五月庚子詔舉郡孝悌廉潔各十人壬寅賊帥宋世謨陷琅邪庚申延安人劉迦論舉兵反自稱皇王建元大世六月辛未賊帥鄭文雅林寶護等衆三萬陷建安郡太守楊景祥死之秋七月癸丑車駕次懷遠鎮乙卯曹國遣使貢方物甲子高麗遣使請降因送斛斯政上大悅八月己巳班師右衛大將軍左光祿大夫鄭榮卒冬十月丁卯上至東都己丑還京師十一月景申支解斛斯政於金光門外乙巳有事於南郊己酉賊帥

司馬長安破長平郡乙卯離石胡劉苗王舉兵反自稱天子以其第六兒爲永安王衆至數萬將軍潘長文討之不能尅是月賊帥王德仁擁衆數萬保林慮山爲盜十二月壬申上如東都其日大赦天下戊子入東都庚寅賊帥孟讓衆十餘萬據都梁宮遣江都丞王世充擊破之盡虜其衆

十一年春正月甲午朔宴百寮突厥新羅靺鞨畢大辭訶咄傳越烏那曷波臘吐火羅俱慮建忽論靺鞨訶多沛汗龜茲疏勒于闐安國曹國何國穆國畢衣密失範延伽折契丹等國並遣使朝貢戊戌武賁郎將高建毗破賊帥顏宣政於齊郡虜男女數千口乙卯大會蠻夷設魚龍曼延之樂頒賜各有差二月戊辰賊帥楊仲緒等率衆萬餘攻北平滑公李景破斬之庚午詔曰設險守國著自前經重門禦暴事彰往策所以宅土寧邦禁邪固本而近代戰爭居人散逸田疇無伍郛郭不修遂使游惰實繁寇攘未息今天下平一海內晏如宜令人悉城居田隨近給使強弱相容力役兼濟穿窬無所厝其姦宄萑蒲不得聚其逋逃有司具爲事條務令得所景子王須拔反自稱漫天王國號燕賊帥魏刁

皃自稱歷山飛衆各十餘萬北連突厥南寇趙三月丁酉殺右驍衛大將軍光祿大夫郕公李渾將作監光祿大夫李敏並族滅其家癸卯賊帥司馬長安破西河己酉幸太原避暑汾陽宮秋七月己亥淮南人張起緒舉兵爲盜衆至三萬辛丑光祿大夫右禦衛大將軍張壽卒八月乙卯巡北塞戊辰突厥始畢可汗率騎數十萬謀襲乘輿義成公主遣使告變壬申車駕馳幸鴈門癸酉突厥圍城官軍頻戰不利上大懼欲率精騎潰圍而出民部尚書樊子蓋固諫乃止齊王暕以後軍保于崞縣甲申詔天下諸郡募兵於是守令各來赴難九月甲辰突厥解圍而去丁未曲赦太原鴈門死罪已下冬十月壬戌上至於東都丁卯彭城人魏騏驎聚衆萬餘爲盜寇魯郡壬申賊帥盧明月聚衆十餘萬寇陳汝間東海賊李子通擁衆度淮自號楚王建元明政寇江都十一月乙卯賊帥王須拔破高陽郡十二月戊寅有大流星如斛墜明月營破其衡車庚辰詔民部尚書樊子蓋發關中兵討絳郡賊敬盤陁柴保昌等經年不能尅譙郡人朱粲擁衆數十萬寇荊襄僭稱楚帝建元昌達漢南諸郡多爲所陷焉

十二年春正月甲午鴈門人翟松柏起兵於靈丘衆至數萬轉攻傍縣二月己未真臘遣使貢方物甲子夜有二大鳥似鵰飛入大業殿止于御幄至明而去癸亥東海賊盧公暹率衆萬餘保于蒼山夏四月丁巳顯陽門災癸亥魏刁兒所部將甄翟兒號歷山飛衆十萬轉寇太原將軍潘長文討之反爲所敗長文死之五月景戌朔日有蝕之既癸巳大流星隕於吳郡爲石壬午上於景華宮徵求螢火得數斛夜出遊山而放之光遍巖谷秋七月壬戌民部尚書光祿大夫濟北公樊子蓋卒甲子幸江都宮以越王侗光祿大夫段達太府卿元文都檢校民部尚書韋津右武衛將軍皇甫無逸右司郎盧楚等總留守事奉信郎崔民象以盜賊充斥於建國門表諫不宜巡幸上大怒先解其頤乃斬之戊辰馮翊人孫華自號總管舉兵爲盜高涼通守洗珤徹舉兵作亂嶺南溪洞多應之己巳熒惑守羽林月餘乃退車駕次汜水奉信郎王愛仁以盜賊日盛諫上請還西京上怒斬之而行八月乙巳賊帥趙萬海衆數十萬自恆山寇高陽壬子有大流星如斗出王良閣道聲如壞牆癸丑大流星如甕出羽林九月丁酉

東海人杜伏威揚州沈覓敵等作亂衆至數萬右禦衞將軍陳稜擊破之戊午有二枉矢出北斗魁委曲蛇形注於南斗壬戌安定人荔非世雄殺臨涇令舉兵作亂自號將軍冬十月己丑開府儀同三司左翊衞大將軍光祿大夫許公宇文述薨十二月癸未鄱陽賊操天成舉兵反自號元興王建元始興攻陷豫章郡乙酉以右翊衞大將軍來護爲開府儀同三司行左翊衞大將軍壬辰鄱陽人林士弘自稱皇帝國號楚建元太平攻陷九江廬陵郡唐公破甄翟兒於西河虜男女千口

十三年春正月壬子齊郡賊杜伏威率衆度淮攻陷歷陽郡景辰勃海賊竇建德設壇於河間之樂壽自稱長樂王建元丁丑辛巳賊帥徐圓朗率衆數千破東平郡弘化人劉企成聚衆萬餘人爲盜傍郡苦之二月壬午朔方人梁師都殺郡丞唐世宗據郡反自稱大丞相遣銀青光祿大夫張世隆擊之反爲所敗戊子賊率王子英破上谷郡己丑馬邑校尉劉武周殺太守王仁恭舉兵作亂北連突厥自稱定楊可汗庚寅賊帥李密翟讓等陷興洛倉越王侗遣武賁郎

將劉長恭光祿少卿房崱擊之反爲所敗死者十五六庚子李密自號魏公稱
元年開倉以賑郡盜衆至數十萬河南諸郡相繼皆陷焉壬寅劉武周破武賁
郎將王智辯於桑乾鎮智辯死之三月戊午廬江人張子路舉兵反遣右禦衛
將軍陳稜討平之丁丑賊帥李通德衆十萬寇廬江左屯衛將軍張鎮州擊破
之夏四月癸未金城校尉薛舉率衆反自稱西秦霸王建元秦興攻陷隴右諸
郡己丑賊帥孟讓夜入東都外郭燒豐都市而去癸巳李密陷迴洛東倉丁酉
賊帥房憲伯陷汝陰郡是月光祿大夫武賁郎將裴仁基淮陽太守趙佗等並
以衆叛歸李密五月辛酉夜有流星如甕墜於江都甲子唐公起義師於太原
景寅突厥數千寇太原唐公擊破之秋七月壬子熒惑守積屍景辰武威人李
軌舉兵反攻陷河曲諸郡自稱涼王建元安樂八月辛巳唐公破武牙郎將宋
老生於霍邑斬之九月己丑帝括江都人女寡婦以配從兵是月武陽郡丞元
寶藏以郡叛歸李密與賊帥李文相攻陷黎陽倉彗星見於營室冬十月丁亥
太原楊世洛聚衆萬餘人寇掠城邑景申羅令蕭銑以縣反鄱陽人董景珍以

郡反迎銑於羅縣號爲梁王攻陷傍郡戊戌武賁郎將高毗敗濟北郡賊甄寶車於嶬山十一月景辰唐公入京師辛酉遙尊帝爲太上皇立代王侑爲帝改元義寧上起宮丹楊將遜于江左有烏鵲來巢幄帳驅不能止熒惑犯太微有石自江浮入于楊子日光四散如流血上甚惡之二年三月右屯衞將軍宇文化及武賁郎將司馬德戡元禮監門直閤裴虔通將作少監宇文智及武勇郎將趙行樞鷹揚郎將孟景內史舍人元敏符璽郎李覆牛方裕千牛左右李孝本弟孝質直長許弘仁薛世良城門郎唐奉義醫正張愷等以驍果作亂入犯宮闈上崩于溫室時年五十蕭后令宮人撤牀簀爲棺以埋之化及發後右禦衞將軍陳稜奉梓宮於成象殿葬吳公臺下發斂之始容貌若生衆咸異之大唐平江南之後改葬雷塘初上自以蕃王次不當立每矯情飾行以釣虛名陰有奪宗之計時高祖雅重文獻皇后而性忌妾媵皇太子勇內多嬖幸以此失愛帝後庭有子皆不育之示無私寵取媚於后大臣用事者傾心與交中使至第無貴賤皆曲承顏色申以厚禮婢僕往來者無不稱其仁孝又常私入宮掖

密謀於文獻后楊素等因機構扇遂成廢立自高祖大漸暨諒闇之中蒸淫無
度山陵始就卽事巡游以天下承平日久士馬全盛慨然慕秦皇漢武之事乃
盛理宮室窮極侈靡召募行人分使絕域諸蕃至者厚加禮賜有不恭命以兵
擊之盛興屯田於玉門柳城之外課天下富室分道市武馬疋直十餘萬富強
坐是而凍餒者十家而九性多詭譎所幸之處不欲人知每幸之所輒數道置
頓四海珍羞殊味水陸必備焉求市者無遠不至郡縣官人競爲獻食豐厚者
進擢疎儉者獲罪姦吏侵漁內外虛竭頭會箕斂人不聊生于時軍國多務日
不暇給帝方驕怠惡聞政事寃屈不理奏請罕決又猜忌臣下無所專任朝臣
有不合意者必構其罪而族滅之高熲賀若弼先皇心膂參謀帷幄張衡李金
才藩邸惟舊績著經綸惡其直道忌其正議求其無形之罪加以丹頸之戮其
餘事君盡禮謇謇匪躬無辜無罪橫受夷戮者不可勝紀政刑弛紊賄貨公行
莫敢有言道路以目六軍不息百役繁興行者不歸居者失業人飢相食邑落
爲墟上弗之恤也東西行幸靡有定居每以供費不給逆收數年之賦所至唯

與後宮流連耽湎惟日不足招迎姥媪朝夕共肆醜言又引少年令與宮人穢亂不軌不遜以爲娛樂區宇之內盜賊蜂起劫掠從官屠陷城邑近臣互相掩蔽皆隱賊數不以實對或有言賊多者輒大被詰責各求苟免上下相蒙每出師徒敗亡相繼戰士盡力不加賞賜百姓無辜咸受屠戮蒸庶積怨天下土崩至於就禽而猶未之寤也

恭皇帝諱侑元德太子之子也母曰韋妃性聰敏有氣度大業三年立爲陳王後數載徙爲代王及煬帝親征遼東令於京師總留事十一年從幸晉陽拜太原太守尋鎮京師義兵入長安尊煬帝爲太上皇奉帝纂業義寧元年十一月壬戌上即皇帝位於大興殿詔曰王道喪亂天步不康屬之於朕逢此百罹襁褓之歲夙遭憫凶孺子之辰太上播越興言感動實疚于懷太尉唐公膺期作宰糾合義兵翼戴皇室爰奉明詔弼予幼沖顯命光臨天威咫尺對揚尊號悼心失圖一人在遠三讓不遂僶俛南面厝身無所苟利社稷莫敢或違俯從羣議奉遵聖旨可大赦天下改大業十三年爲義寧元年十一月十六日昧爽以

前大辟罪已下皆赦除之常赦所不免者不在赦限甲子以光祿大夫大將軍太尉唐公爲假黃鉞使持節大都督內外諸軍事尚書令大丞相進封唐王景寅詔曰朕惟孺子未出深宮太上遠巡追蹤穆滿時逢多難委當尊極辭不獲免恭己臨朝若涉大川罔知所濟民之情僞曾未之聞賴股肱勠力上宰賢良匡佐沖人輔其不逮軍國機務事無大小文武設官位無貴賤憲章賞罰咸歸相府庶績其凝責成斯屬己巳以唐王子隴西公建成爲唐國世子敦煌公爲京兆尹改封秦公元吉爲齊公太原置鎮北府乙亥張掖康老和舉兵反十二月癸未薛舉自稱天子寇扶風秦公爲元帥擊破之丁亥桂陽人曹武徹舉兵反建元通聖丁酉義師禽驍衞大將軍屈突通於閿鄉乙巳賊帥張善安陷廬江郡

二年春正月丁未詔唐王劍履上殿入朝不趨贊拜不名加前後羽葆鼓吹壬戌將軍王世充爲李密所敗河內通守孟善誼武賁郎將王辯楊威劉長恭梁德董智通皆死之庚戌河陽郡尉獨孤武都降於李密三月景辰右屯衞將軍

宇文化及弑太上皇於江都宮右禦衛將軍獨孤盛死之齊王暕趙王杲燕王倓右翊衛大將軍宇文協內史侍郎虞世基御史大夫裴蘊給事郎許善心皆遇害化及立秦王浩爲帝自稱大丞相朝士文武皆受其官爵光祿大夫宿公麥木折衝郎將朝請大夫沈同謀討賊夜襲化及營反爲所害戊辰詔唐王備九錫之禮加璽紱遠游冠綠綟綬位在諸侯王上唐國置丞相已下一依舊式五月乙巳朔詔唐王冕十有二旒建天子旌旗出警入蹕金根車駕備五時副車置旄頭雲罕車儛八佾設鍾虡宮縣王后王子王女爵命之號一遵舊典戊午詔曰天禍隋國大行太上皇遇盜江都憫予小子哀號承感仰惟荼毒仇復靡申相國唐王膺期命世扶危拯溺自北徂南東征西怨總九合於一匡決百勝於千里糾率夷夏大庇氓黎保乂朕躬繫王是賴德侔造化功格蒼旻兆庶歸心歷數斯在屈爲人臣載違天命當今九服崩離三靈改卜大運去矣請避賢路私僮命駕須歸藩國予本代王及予而代天之所廢豈期如是庶憑稽古之聖以誅四凶幸值惟新之恩預充三恪雪冤恥於皇祖守禋祀爲孝孫朝聞

夕殞及泉無恨今遵故事遜於舊邸庶官羣辟改事唐朝宜依前典趣上尊號若釋重負感泰兼懷假手真人俾除醜逆仍勅有司凡有表奏皆不得以聞是日上遜位於大唐以爲酅國公武德二年夏五月崩時年十五

史臣曰煬帝爰在弱齡早有志尚南平吳會北却匈奴昆弟之中獨著聲績於是矯情飾貌肆厥姦回故得獻后鍾心文皇革慮天方肇亂遂升儲兩踐峻極之榮基承丕顯之休命地廣三代威振八紘單于頓顙越常重譯赤仄之泉流溢于都內紅腐之粟充積於塞下負其富強之資思逞無厭之欲狹殷周之制度尚秦漢之規摹恃才矜己傲佷明德內懷險躁外示凝簡盛冠服以塞其姦除諫官以掩其過淫荒無度法令滋彰教絕四維刑參五虐誅鋤骨肉屠剿忠良受賞者莫見其功爲戮者莫聞其罪驕怒之兵屢動土木之功不息頻出朔方三駕遼左旌旗萬里徵稅百端猾吏侵漁人弗堪命乃急令暴賦以擾之嚴刑峻法以臨之甲兵威武以董之自是海內騷然無聊生矣俄而玄感肇黎陽之亂匈奴有鴈門之圍天子方棄中土遠之楊越姦宄乘釁強弱相陵關梁閉

而不通皇輿往而莫返加之以師旅因之以饑饉流離道路轉死溝壑十七八焉於是相聚萑蒲蝟毛而起大則跨州連郡稱帝稱王小則千百爲羣攻城剽邑流血成川澤死人如亂麻炊者不及析骸食者不遑易子茫茫九土並爲麋鹿之場慄慄黔黎俱充蛇豕之餌四方萬里簡書相續猶謂鼠竊狗盜不足爲虞上下相蒙莫肯念亂振蜉蝣之羽窮長夜之樂土崩魚爛貫盈惡稔普天之下莫匪仇讎左右之人皆爲敵國終然不悟同彼望夷遂以萬乘之尊死於匹夫之手億兆靡感恩之士九牧無勤王之師子弟同就誅夷體骨棄而莫掩社稷顛隕本枝殄絶自肇有書契以迄于茲宇宙崩離生靈塗炭喪身滅國未有若斯之甚也書曰天作孽猶可違自作孽不可逭傳曰吉凶由人祆不妄作又曰兵猶火也不戢將自焚觀隋室之存亡斯言有徵矣恭帝年在幼沖遭家多難一人失德四海土崩羣盜蠭起豺狼塞路南巢遂往流彘不歸旣鍾百六之期躬踐數終之運謳歌有屬笙鍾變響雖欲不遵堯舜之迹庸可得乎

北史卷十二

北史卷十二考證

煬皇帝紀上好學善屬文○臣人龍按凡本紀皆稱帝此獨稱上與前後不畫一殆仍隋書史臣之舊未及改也

斬之石闕下以謝三吳○石隋書作右

造龍舟鳳䑽黃龍赤艦樓船等數萬艘○䑽隋書作艒

甲子熒惑入太微○甲子上隋書有六月二字

是月武陽郡上言河水清○上監本訛士今改正

二月乙丑彗星見於東井文昌○東井隋書作奎掃

改度量衡並依古式○衡字上一本有權字

己亥至赤岸澤以太牢祭故太師李穆○一本穆下有墓字隋書同

壬戌百濟倭赤土迦羅含國並遣使貢方物○含隋書作舍

五月乙亥上大獵於延山○一本延上有拔字

冬十月乙卯底柱山崩偃木逆流數十里○木隋書作河此當係水字之訛

十二月己酉○酉一本作未
關梛以之不靜生人爲之廢業○生監本訛三今改從南本
三令五申○三監本訛先今改正
甲午臨戎於遼水橋○午監本誤子今從上癸巳下戊戌改正
工部尙書樊子蓋○工隋書作民本卷七年五月戊子亦云以武威太守樊子蓋爲民部尙書　臣宗萬按杜氏通典云後周置大司徒其屬有民部中大夫二人掌計人民之衆寡隋改度支爲民部唐以廟諱改民部爲戶部子蓋本傳云還除戶部尙書則工部誤也又魏有農部郎曹隋之民部即魏之農部
庚子北海人郭方預聚徒爲賊○預隋書作頂
徑踰涓水○一本涓作沮又下文秣馬九都句九作九
景子王須拔反○隋書景子下有上谷人三字
高涼通守洗珤徹舉兵作亂○洗隋書作冼
五月辛酉夜有流星如甕墜于江都○酉監本訛卯今從上文丁酉下文甲子

改正

二年三月○二當係次字之譌今各本俱同仍之

恭皇帝紀光祿大夫宿公麥木○木一本作才

北史卷十二考證

北史卷十三

唐　李　延　壽　撰

列傳第一

后妃上

魏神元皇后竇氏　文帝皇后封氏

桓皇后惟氏　平文皇后王氏

昭成皇后慕容氏　獻明皇后賀氏

道武皇后慕容氏　道武宣穆皇后劉氏

明元昭哀皇后姚氏　明元密皇后杜氏

太武皇后赫連氏　太武敬哀皇后賀氏

景穆恭皇后郁久閭氏　文成文明皇后馮氏

文成元皇后李氏　獻文思皇后李氏

孝文貞皇后林氏　孝文廢皇后馮氏

孝文幽皇后馮氏　孝文昭皇后高氏

宣武順皇后于氏　宣武皇后高氏

宣武靈皇后胡氏　孝明皇后胡氏

孝武皇后高氏　文帝文皇后乙弗氏

文帝悼皇后郁久閭氏　廢帝皇后宇文氏

恭帝皇后若干氏　孝靜皇后高氏

漢因秦制帝之祖母曰太皇太后母曰皇太后妃曰皇后餘則多稱夫人隨世增損非如周禮有夫人嬪婦御妻之數焉魏晉相因時有升降前史言之具矣魏氏王業之兆雖始於神元然自昭成之前未具言六宮之典而章平思昭穆惠煬烈八帝妃后無聞道武追尊祖妣皆從帝謚爲皇后始立中宮餘妾或稱夫人多少無限然皆有品次太武稍增左右昭儀及貴人椒房等後庭漸已多矣又魏故事將立皇后必令手鑄金人以成者爲吉不則不得立也又太武文成保母劬勞之恩並極尊崇之義雖事乖典禮而觀過知仁孝文改定內官左

右昭儀位視大司馬三夫人視三公三嬪視三卿六嬪視六卿世婦視中大夫御女視元士後置女職以典內司視尚書令僕作司大監女侍中三官視二品監女尚書美人女史女賢人女書史書女小書女五官視三品中才人供人中使女生才人恭使宮人視四品青衣女酒女饗女食奚官女奴視五品及齊神武文襄俱未踐尊極神武嫡妻稱妃其所娉茹茹女稱爲茹茹公主文襄既尚魏朝公主故無別號兩宮自餘姬侍並稱娘而已文宣後庭雖有夫人嬪御之稱然未具員數孝昭內職甚少唯楊嬪才貌兼美復是貴家襄城王母桑氏有德行並蒙恩禮其餘無聞焉河清新令內命婦依古制有三夫人九嬪二十七世婦八十一御女又準漢制置昭儀有左右二人比丞相其弘德正德崇德爲三夫人比三公光猷昭訓隆徽爲上嬪比三卿宣徽凝暉宣明順華凝華光訓爲下嬪比六卿正華令則修訓曜儀明淑芳華敬婉昭華光正昭寧貞範弘徽和德弘猷茂光明信靜訓曜德廣訓暉範敬訓芳猷婉華明範豔儀暉則敬信爲二十七世婦比從三品穆光茂德貞懿曜光貞凝光範令儀內範穆閨婉德

明婉豔婉妙範暉章敬茂靜肅瓊章穆華愼儀妙儀明懿崇明麗則婉儀彭媛修閑修靜弘愼豔光漪容徽淑秀儀芳婉貞愼明豔眞穆修範肅容茂儀英淑弘豔正信凝婉英範懷順修媛艮則瑤章訓成潤儀寧訓淑懿柔則穆儀修禮昭愼貞媛肅閨敬順柔華昭順敬寧明訓弘儀崇敬修敬承閑昭容麗儀閑華思柔媛光懷德艮媛淑猗茂範艮信豔華徽娥肅儀妙則爲八十一御女比正四品武成好內並具其員自外又置才人采女以爲散號後主既立二后昭儀以下皆倍其數又置左右娥英比左右丞相降昭儀比二大夫尋又置淑妃一人比相國周氏率由姬制內職有序文帝創基修袵席以儉約武皇嗣歷節情欲於矯枉宮闈有貫魚之美戚里無私溺之尤可謂得君人之體也宣皇外行其志內逞其欲溪壑難滿采擇無厭恩之所加莫限廝皁榮之所及無隔險詖於是升蘭殿以正位踐椒庭而齊體者非一人焉階房帷而拖青紫緣恩倖而擁玉帛非一族焉雖辛癸之荒淫趙李之傾惑曾未足比其髣髴也人厭苛政弊事實多文帝之祀忽諸特由於此隋文思革前弊大矯其違唯皇后當室傍

無私寵婦官位號未詳備焉開皇二年著內官之式略依周禮省減其數嬪三員掌教四德視正三品世婦九員掌賓客祭祀視正五品女御三十八員掌女功絲枲視正七品又采漢晉舊儀置六尚六司六典遞相統攝以掌宮掖之政一曰尚宮掌導引皇后及閨閤稟賜管司令三人掌圖籍法式糾察宣奏典琮三人掌琮璽器玩二曰尚儀掌禮儀教學管司樂三人掌音律之事典贊三人掌導引內外命婦朝見三曰尚服掌服章寶藏管司飾三人掌簪珥花嚴典櫛三人掌巾櫛膏沐四曰尚食掌進饍先嘗管司醫三人掌方藥卜筮典器三人掌罇彝器皿五曰尚寢掌帷帳牀褥管司筵三人掌鋪設灑掃典執三人掌扇傘燈燭六曰尚工掌營造百役管司製三人掌衣服裁縫典會三人掌財帛出入六尚各三員視從九品六司視勳品六典視流外二品初文獻皇后功參歷試外預朝政內擅宮闈懷嫉妬之心虛嬪妾之位不設三妃防其上逼自嬪以下置六十員加又抑損服章降其品秩至文獻崩後始置貴人三員增嬪至九員世婦二十七員御女八十一員貴人等關掌宮闈之務六尚以下皆分隸焉

煬帝時后妃嬪御無釐婦職唯端容麗飾陪從宴遊而已帝又參詳典故自製嘉名著之於令貴妃淑妃德妃是爲三夫人品正第一順儀順容順華修儀修容修華充儀充容充華是爲九嬪品正第二婕妤一十二員品正第三美人才人一十五員品正第四是爲世婦寶林二十員品正第五御女二十四員品正第六采女三十七員品正第七是爲女御總一百二十以敘於宴寢又有承衣刀人皆趨侍左右並無員數視六品以下時又增置女官準尚書省以六局管二十四司一曰尚宮局管司言掌宣傳奏啓司簿掌名錄計度司正掌格式推罰司闈掌門閤管籥二曰尚儀局管司籍掌經史教學紙筆几案司樂掌音律司賓掌賓客司贊掌禮儀贊相導引三曰尚服局管司璽掌琮璽符節司衣掌衣服司飾掌湯沐巾櫛玩弄司仗掌仗衛戎器四曰尚食局管司膳掌膳羞司醞掌酒醴醯醢司藥掌醫巫藥劑司饎掌廩餼柴炭五曰尚寢局管司設掌牀席帷帳鋪設灑掃司輿掌輿輦傘扇執持羽儀司苑掌園籞種植蔬菜瓜果司燈掌火燭六曰尚工局管司製掌營造裁縫司寶掌金玉珠璣錢貨司綵掌繒

帛司織掌織染六尚二十二司員各二人唯司樂司膳員各四人每司又置典及掌以貳其職六尚十人品從第五司二十八人品從第六典二十八人品從第七掌二十八人品從第九女史流外量局閑劇多者十人以下無定員數聯事分職各有司存焉

魏神元皇后竇氏沒鹿回部大人賓之女也賓臨終誡其二子速侯回題令善事帝及賓卒速侯等欲因帝會喪爲變語泄帝聞之晨起以佩刀殺后馳使告速侯等言后暴崩速侯等來赴因執殺之

文帝皇后封氏生桓穆二帝早崩桓帝立乃葬焉文成初穿天泉池獲一石銘稱桓帝葬母氏遠近赴會二十餘萬有司以聞命藏之太廟次妃蘭氏是生思帝

桓皇后惟氏生三子長曰普根次惠帝次煬帝平文崩后攝國事時人謂之曰女國后性猛忌平文之崩后所爲也

平文皇后王氏廣寧人也年十三因事入宮得幸於平文生昭成帝平文崩昭

成在襁褓時國有內難將害帝子后匿帝於袴中呪曰若天祚未終者汝無聲遂良久不啼得免於難昭成初欲定都於灅源川築城郭起宮室議不決后聞之曰國自上世遷徙爲業今事難之後基業未固若郭而居一旦寇來難卒遷動乃止烈帝之崩國祚殆危興復大業后之力也崩葬雲中金陵道武卽位配饗太廟

昭成皇后慕容氏慕容皝之女也初帝納皝妹爲妃未幾而崩皝後請繼好遣大人長孫秩逆后皝送于境上后至有寵生獻明帝及秦明王后性聰敏多智專夕理內每事多從初昭成遣衞辰兄悉勿祈還部落也后誡之曰汝還必深防衞辰辰姦猾終當滅汝悉勿祈死其子果爲衞辰所殺卒如后言建國二十三年崩道武卽位配饗太廟

獻明皇后賀氏東部大人野干女也少以容儀選入東宮生道武苻洛之內侮也后與道武及故臣吏避難北徙俄而高車來抄掠后乘車避賊而南中路失道乃仰天曰國家胤冑豈正爾絕滅也惟神靈扶助遂馳輪正不傾行百餘里

至七箇山南而免難後劉顯使人將害帝帝姑爲顯弟亢渥妻知之密以告后梁眷亦來告難后乃令帝去之后夜飮顯醉向晨故驚廐中羣馬使起視馬后泣謂曰吾諸子始皆在此今盡亡失汝等誰殺之故顯使不急追道武得至賀蘭部羣情未甚歸附后從弟外朝大人悅舉部隨從供奉盡禮顯怒將害后后奔亢渥家匿神車中三日亢埿舉室請救乃得免會劉顯部亂始得亡歸後后弟染干忌道武之得人心舉兵圍逼行宮后出謂染干曰汝等今安所置我而欲殺吾子也染干慚而去後后少子秦王觚使于燕慕容垂止之后以觚不反憂念寢疾皇始元年崩祔葬于盛樂金陵後追加尊謚配饗焉

道武皇后慕容氏寶之季女也中山平入充掖庭得幸左丞相衛王儀等奏請立皇后帝從儀令后鑄金人成乃立之封后母孟爲漂陽君後崩

道武宣穆皇后劉氏劉眷女也登國初納爲夫人生華陰公主後生明元后專理內事寵待有加以鑄金人不成故不登后位魏故事後宮產子將爲儲貳其母皆賜死道武末年后以舊法薨明元卽位追尊謚位配饗太廟自此後宮人

爲帝母皆正配饗焉
明元昭哀皇后姚氏姚興女西平長公主也明元以后納之後爲夫人后以鑄金人不成未升尊位然帝寵禮如后是後猶欲正位后謙不當泰常五年薨帝追恨之贈皇后璽綬而加諡焉葬雲中金陵
明元密皇后杜氏魏郡鄴人陽平王超之妹也初以良家子選入太子宮有寵生太武及明元卽位拜貴嬪泰常五年薨諡曰貴嬪葬雲中金陵太武卽位追尊號諡配饗太廟又立廟于鄴刺史四時薦祀以魏郡太后所生之邑復其調役後甘露降于廟庭文成時相州刺史高閭表修后廟詔曰婦人外成理無獨祀陰必配陽以成天地未聞有莘之國立大姒之饗此乃先皇所立一時之至感非經世之遠制便可罷祀先是太武保母竇氏初以夫家坐事誅與二女俱入宮操行純備進退以禮明元命爲太武保母性仁慈帝感其恩訓奉養不異所生及卽位尊爲皇太后封其弟漏頭爲遼東王太后訓釐內外甚有聲稱性恬素寡欲喜怒不形於色好揚人之善隱人之過帝征涼州蠕蠕吳提入寇太

后命諸將擊走之真君元年崩詔天下大臨三日太保盧魯元監護喪事謚曰惠葬崞山從后意也初后嘗登崞山顧謂左右曰吾母養帝躬敬神而愛人若死而不滅必不爲賤鬼然於先朝本無位次不可違禮以從園陵此山之上可以終託故葬焉別立后寢廟於崞山建碑頌德

太武皇后赫連氏屈丐女也太武平統萬納后及二妹俱爲貴人後立爲皇后文成初崩祔葬金陵

太武敬哀皇后賀氏代人也初爲夫人生景穆神䴥元年薨追贈貴嬪葬雲中金陵後追號尊謚配饗太廟

景穆恭皇后郁久閭氏河東王毗妹也少以才選入東宮有寵生文成皇帝而薨文成即位追尊號謚葬雲中金陵配饗太廟又文成乳母常氏本遼西人因事入宮乳帝有劬勞保護之功文成即位尊爲保太后尋尊爲皇太后告於郊廟和平元年崩詔天下大臨三日謚曰昭葬於廣寧磨笄山俗謂之鳴鷄山太后遺志也依惠太后故事別立寢廟置守陵二百家樹碑頌德

文成文明皇后馮氏長樂信都人也父朗秦雍二州刺史西城郡公母樂浪王氏后生於長安有神光之異朗坐事誅后遂入宮太武左昭儀后之姑也雅有母德撫養教訓年十四文成踐極以選爲貴人後立爲皇后文成崩故事國有大喪三日後御服器物一以燒焚百官及中宮皆號泣而臨之后悲叫自投火左右救之良久乃蘇獻文卽位尊爲皇太后丞相乙渾謀逆獻文年十二居于諒闇太后密定大策誅渾遂臨朝聽政及孝文生太后躬親撫養是後罷令不聽政事太后行不正內寵李弈獻文因事誅之太后不得意遂害帝承明元年尊曰太皇太后復臨朝聽政后性聰達自入宮掖粗學書計及登尊極省決萬機孝文詔罷鷹師曹以其地爲太后立報德佛寺太后與孝文遊于方山顧川阜有終焉之志因謂羣臣曰舜葬蒼梧二妃不從豈必遠祔山陵然後爲貴哉吾百歲後神其安此孝文乃詔有司營建壽陵於方山又起永固石室將終爲清廟焉太和五年起作八年而成刊石立碑頌太后功德太后以帝富於春秋乃作勸戒歌三百餘章又作皇誥十八篇文多不載太后立文宣王廟於長安

又立思燕佛圖於龍城皆刊石立碑太后又制內屬五廟之孫外戚六親緦麻皆受復除性儉素不好華飾躬御縵繒而已宰人上膳案裁徑尺羞膳滋味減於故事十分之八太后嘗以體不安服菴閭子宰人昏而進粥有蝘蜓在焉后舉七得之帝時侍側大怒將加極罰太后笑而釋之自太后臨朝專政孝文雅性孝謹不欲參決事無巨細一稟於太后太后多智猜忍能行大事殺戮賞罰決之俄頃多有不關帝者是以威福兼作震動內外故杞道德王遇張祐符承祖等拔自微閹歲中而至王公王叡出入臥內數年便爲宰輔賞賚千萬億計金書鐵券許以不死之詔李沖以器能受任亦由見寵幃幄密加錫賚不可勝數后性嚴明假有寵待亦無所縱左右纖介之愆動加棰楚多至百餘少亦數十然性不宿憾尋亦待之如初或因此更加富貴是以人人懷於利欲至死而不思退太后曾與孝文幸靈泉池宴羣臣及蕃國使人諸方渠帥各令爲其方舞孝文上壽太后忻然作歌帝亦和歌遂命羣臣各言其志於是和歌者九十人太后外禮人望元丕游明根等頒賜金帛輿馬每至褒美叡等皆引丕參之

以示無私又自以過失懼人議己小有疑忌便見誅戮迄后之崩孝文不知所生至如李訢李惠之徒猜嫌覆滅者十餘家死者數百人率多枉濫天下寃之十四年崩於太和殿年四十九其日有雄雉集于太華殿帝酌飲不入口五日毀慕過禮謚曰文明太皇太后葬于永固陵日中而反虞於鑒玄殿詔曰尊旨從儉不申罔極之痛稱情允禮仰損儉訓之德進退思惟倍用崩感又山陵之節亦有成命內則方丈外裁奄坎脫於孝子之心有所不盡者室中可二丈墳不得過三十步今以陵萬世所仰復廣爲六十步孤負遺旨益以痛絶其幽房大小棺椁質約不設明器至於素帳縵茵瓷瓦之物亦皆不置此則遵先志從冊令俱奉遺事而有從有違未達者或以致怪梓宮之裏玄堂之內聖靈所憑已一一奉遵仰昭儉德其餘外事有所不從以盡痛慕之情其宜示遠近著告羣司上明儉誨之美下彰違命之失及卒哭孝文服衰近臣從服三司以下外臣衰服者變服就練七品以下盡除即吉設祔祭於太和殿公卿以下始親公事帝毀瘠絶酒肉不御者三年初帝孝於太后乃於永固陵東北里餘營壽宮

遂有終焉瞻望之志及遷洛陽乃自表瀍西以爲山園之所而方山虛宮號曰
萬年堂云
文成元皇后李氏梁國蒙縣人母頓丘王峻之妹也后之生也有異於常父方
叔恆言此女當大貴及長姿質美麗太武南征永昌王仁出壽春軍至后宅因
得后及仁鎮長安遇事誅后與其家人送平城宮高祖登白樓望見美之乃下
臺后得幸於齊庫中遂有娠常太后後問后知之持守庫者亦私書於壁記之
別加驗問皆符同及生獻文拜貴人太安二年太后令依故事令后具條記在
南兄弟及引所結宗兄洪之悉以付託臨訣每一稱兄弟拊胸慟泣遂薨後謚
曰元皇后葬金陵配饗太廟
獻文思皇后李氏中山安喜人南郡王惠之女也姿德婉淑年十八以選入東
宮獻文即位爲夫人生孝文帝皇興三年薨葬金陵承明元年追崇號謚配饗
太廟
孝文貞皇后林氏平原人也父勝位平涼太守叔父金閭起自閹官獻文初爲

定州刺史爲乙渾所誅及勝兄弟皆死勝無子有二女入掖庭后容色美麗得幸於孝文生皇子恂以恂將爲儲貳太和七年后依舊制薨帝仁恕不欲襲前事而稟文明太后意故不果行諡曰貞皇后葬金陵及恂以罪賜死有司奏追廢后爲庶人

孝文廢皇后馮氏太師熙之女也太和十七年孝文既終喪太尉元丕等表以長秋未建六宮無主請正內位孝文從之立后爲皇后恩遇甚厚孝文後重引后姊昭儀至洛稍有寵后禮愛漸衰昭儀自以年長且前入宮掖素見侍念輕后而不率妾禮后雖性不妬忌時有愧恨之色昭儀規爲內主譖構百端尋廢后爲庶人后貞謹有德操遂爲練行尼後終於瑤光佛寺

孝文幽皇后亦馮熙女母曰常氏本賤微得幸於熙熙元妃公主薨後遂主家事生后與北平公夙文明太皇太后欲家世貴寵乃簡熙二女俱入掖庭時年十四其一早卒后有姿媚偏見愛幸未幾疾病太后乃遣還家爲尼帝猶留念焉歲餘而太后崩帝服終頗存訪之又聞后素疹痊除遣閹官雙三念璽書勞

問遂迎赴洛陽及至寵愛過本初當夕宮人稀復進見拜爲左昭儀後立爲皇
后帝頻歲南征后遂與中官高菩薩私亂及帝在汝南不豫后便公然醜恣中
常侍雙蒙等爲其心腹是時彭城公主宋王劉昶子婦也年少嫠居北平公馮
夙后之同母弟也后求婚於孝文孝文許之公主志不願后欲強之婚有日矣
公主密與侍婢及僮從十餘人乘輕車冒霖雨赴懸瓠奉謁孝文自陳本意因
言后與菩薩亂狀帝聞因駭愕未之信而祕匿之此後后漸憂懼與母常氏求
託女巫禱厭孝文疾不起一旦得如文明太后輔少主稱命者賞報不貲又取
三牲宮中祆祠假言祈福專爲左道母常或自詣宮中或遣侍婢與相報答帝
至洛執問菩薩雙蒙等具得情狀帝以疾臥含温室夜引后幷列菩薩等於戶
外后臨入令搜衣中稱有寸刃便斬后頓首泣謝乃賜坐東楹去御筵二丈餘
孝文令菩薩等陳狀又讓后曰汝有祆術可具言之后乞屏左右有所密狀孝
文勅中常侍悉出唯令長秋卿白整在側取衛直刀拄之后猶不言孝文乃以
綿堅塞整耳自小語再三呼整無所應乃令后言事隱人莫知之高祖乃喚彭

城北海二王令入坐言昔是汝嫂今便他人但入勿避又曰此老嫗欲白刃插我肋上可窮問本末勿有所難又云馮家女不能復相廢逐且使在宮中空坐有心乃能自死汝等勿謂吾猶有情也帝素至孝猶以文明太后故未行廢二王出乃賜后辭死訣再拜稽首涕泣及入宮後帝命中官有問於后后罵曰我天子婦當面對豈令汝傳也帝怒敕后母常入示與后狀常撻之百餘乃止帝尋南伐后留京師雖以罪失寵而夫人嬪妾奉之如法唯令世宗在東宮無朝謁之事帝疾甚謂彭城王勰曰後宮久乖陰德自絕於天吾死後可賜自盡別宮葬以后禮庶掩馮門之大過帝崩梓宮達魯陽乃行遺詔北海王詳奉宣遺旨長秋卿白整等入授后藥后走呼不肯引決曰官豈有此也是此諸王輩殺我耳整等執持強之乃含椒而盡梓宮次洛南咸陽王禧等知審死相視曰若無遺詔我兄弟亦當作計去之豈可令失行婦人宰制天下殺我輩也諡曰幽皇后葬長陵塋內

孝文文昭皇后高氏司徒公肇之妹也父颺母蓋氏凡四男三女皆生於東裔

孝文初乃舉室西歸近龍城鎮鎮表后德色婉豔及至文明太后親幸北部曹見后奇之入掖庭時年十三初后幼曾夢在堂內立而日光自窗中照之灼灼而熱后東西避之光猶斜照不已如是數夕怪之以白其父颺颺以問遼東人閔宗宗曰此奇徵也昔有夢月入懷猶生天子況日照之徵此女將被帝命誕育人君之象也後生宣武及廣平王懷樂安公主馮昭儀寵盛密有母養帝心后自代如洛陽暴薨於汲郡之共縣或云昭儀所賊也宣武之爲皇太子二日一朝幽后后拊念慈愛有加孝文出征宣武入朝必久留后宮親視櫛沐母道隆備其後有司奏請加號諡曰文昭貴人孝文從之宣武踐阼追尊配饗后先葬在長陵東南陵制卑局因就起山陵號終寧陵置邑戶五百家明帝時更上尊號太后以同漢晉之典正姑婦之禮廟號如舊文昭遷靈櫬於長陵兆內西北六十步初開終寧陵數丈於梓宮上獲大虵長丈餘黑色頭有王字蟄而不動靈櫬既遷還置虵舊處

宣武順皇后于氏太尉烈弟勁之女也宣武始親政事烈時爲領軍總心膂之

任以嬪御未備左右諷諭稱后有容德帝乃迎入爲貴人時年十四甚見寵愛立爲皇后后靜默寬容性不妬忌生皇子三歲夭沒其後暴崩宮禁事祕莫能知悉而世議歸咎于高夫人葬永泰陵謚曰順皇后

宣武皇后高氏文昭皇后弟偃之女也宣武納爲貴嬪生皇子早夭又生建德公主後拜爲皇后甚見禮重性妬忌宮人希得進御及明帝卽位上尊號曰皇太后尋爲尼居瑤光寺非大節慶不入宮中建德公主始五六歲靈太后出覲母武邑君時天文有變靈太后欲以當禍是夜暴崩天下冤之喪還瑤光佛寺殯皆以尼禮初孝文幽后之寵也欲專其愛後宮接御多見阻遏孝文時言于近臣稱婦人妬防雖王者亦不能免況士庶乎宣武高后悍忌嬪御有至帝崩不蒙侍接者由是在洛二十餘年皇子全育者唯明帝而已

宣武靈皇后胡氏安定臨涇人司徒國珍女也母皇甫氏產后之日赤光四照京兆山北縣有趙胡者善於卜相國珍問之胡云賢女有大貴之表方爲天地母生勿過三人知也后姑爲尼頗能講宣武初入講禁中積歲諷左右后有姿

行帝聞之乃召入掖庭爲充華世婦而掖庭之中以國舊制相與祈祝皆願生諸王公主不願生太子唯后每稱夫人等言何緣畏一身之死而令皇家不育家嫡也明帝在孕同列猶以故事相恐勸爲諸計后固意確然幽夜獨誓但使所懷是男次第當長子子生身死不辭既誕明帝進爲充華嬪先是宣武頻喪皇子自以年長深加慎護爲擇乳保皆取良家宜子者養於別宮皇后及充華皆莫得而撫視焉及明帝踐阼尊后爲皇太妃後尊爲皇太后臨朝聽政猶曰殿下後改令稱詔羣臣上書曰陛下自稱曰朕太后以明帝沖幼未堪親祭欲傍周禮夫人與君交獻之義代行祭禮禮官博議以爲不可而太后欲以幃幔自鄣觀三公行事重問侍中崔光光便據漢和熹鄧后薦祭故事太后大悅遂攝行初祀太后性聰悟多才藝姑既爲尼幼相依託略得佛經大義親覽萬機手筆斷決幸西林園法流堂命侍臣射不能者罰之又自射針孔中之大悅賜左右布帛有差先是太后敕造申訟車時御焉出自雲龍大司馬門從宮西北入自千秋門以納寃訟又親策孝秀州郡計吏於朝堂太后與明帝幸華林園

宴羣臣于都亭曲水令王公以下賦七言詩太后詩曰化光造物含氣貞明帝詩曰恭己無爲賴慈英王公以下賜帛有差太后父薨百寮表請公除太后不許尋幸永寧寺觀建刹於九級之基僧尼士女赴者數萬人及改葬文昭高后太后不欲令明帝主事乃自爲喪主出至終寧陵親奠遣事還哭於太極殿至於訖事皆自主焉後幸嵩高山夫人九嬪公主以下從者數百人升于頂中廢諸淫祀而胡天神不在其例尋幸闕口温水登雞頭山自射象牙簪一發中之勅示文武時太后逼幸清河王懌婬亂肆情爲天下所惡領軍元乂長秋卿劉騰等奉明帝於顯陽殿幽太后於北宮於禁中殺懌其後太后從子都統僧敬與備身左右張車渠等數十人謀殺乂復奉太后臨朝事不克僧敬坐徙邊車渠等死胡氏多免黜後明帝朝太后於西林園宴文武侍臣飲至日夕乂乃起至太后前自陳外云太后欲害己及騰太后答云無此語遂至于極昏太后乃起執明帝手下堂言母子不聚久今暮共一宿諸大臣送我入太后與帝向東北小閤左衞將軍奚康生謀殺乂不果自劉騰死乂又寬怠太后與明帝及高

陽王雍爲計解乂領軍太后復臨朝大赦改元自是朝政踈緩威恩不立天下牧守所在貪惏鄭儼汙亂宮掖勢傾海內李神軌徐紇並見親侍一二年中位總禁要手握王爵輕重在心宣淫於朝爲四方之所穢文武解體所在亂逆土崩魚爛由於此矣僧敬又因聚集親族遂涕泣諫曰陛下母儀海內豈宜輕脫如此大怒自是不召僧敬內爲朋黨防蔽耳目明帝所親幸者太后多以事害焉有密多道人能胡語帝置於左右太后慮其傳致消息三月三日於城南大巷中殺之方懸賞募賊又於禁中殺領左右鴻臚少卿谷會紹達並帝所親也母子之間嫌隙屢起鄭儼慮禍乃與太后計因潘嬪生女妄言皇子便大赦爲武泰元年復陰行鴆毒其年二月明帝暴崩乃奉潘嬪女言太子卽位經數日見人心已安始言潘嬪本實生女今宜更擇嗣君遂立臨洮王子釗爲主年始二三歲天下愕然及尒朱榮稱兵度河太后盡召明帝六宮皆令入道太后亦自落髮榮遣騎拘送太后及幼主於河陰太后對榮多所陳說榮拂衣而起太后及幼主並沉於河太后妹馮翊君收瘞於雙靈寺武帝時始葬以后禮而追

加諡曰靈
孝明皇后胡氏靈太后從兄冀州刺史盛之女靈太后欲榮重門族故立為皇后明帝頗有酒德專嬖充華潘氏后及嬪御並無過寵太后為帝選納抑屈人流時博陵崔孝芬范陽盧道約隴西李瓚等女俱為世婦諸人訴訟咸見忿責
武泰初后既入道遂居於瑤光寺
孝武皇后高氏齊神武長女也帝見立乃納為后及帝西幸關中降為彭城王
韶妃
文帝文皇后乙弗氏河南洛陽人也其先世為吐谷渾渠帥居青海號青海王
涼州平后之高祖莫瓌擁部落入附拜定州刺史封西平公自莫瓌後三世尚
公主女乃多為王妃甚見貴重父瑗儀同三司兗州刺史母淮陽長公主孝文
之第四女也后美容儀少言笑年數歲父母異之指示諸親曰生女何妨也若
此者實勝男年十六文帝納為妃及帝即位以大統元年册為皇后后性好節
儉蔬食故衣珠玉羅綺絕於服玩又仁恕不為嫉妬之心帝益重之生男女十

二人多早夭唯太子及武都王戊存焉時新都關中務欲東討蠕蠕寇邊未遑北伐故帝結婚以撫之於是更納悼后命后遜居別宮出家爲尼悼后猶懷猜忌復徙后居秦州依子秦州刺史武都王帝雖限大計恩好不忘後密令養髮有追還之意然事祕禁外無知者六年春蠕蠕舉國度河前驅已過夏頗有言虜爲悼后之故興此役帝曰豈有百萬之衆爲一女子舉也雖然致此物論朕亦何顏以見將帥邪乃遣中常侍曹寵齎手勅令后自盡后奉勅揮淚謂寵曰願至尊享千萬歲天下康寧死無恨也因命武都王前與之決遺語皇太子辭皆悽愴因慟哭久之侍御咸垂涕失聲莫能仰視召僧設供令侍婢數十人出家手爲落髮事畢乃入室引被自覆而崩年三十一鑿麥積崖爲龕而葬神柩將入有二叢雲先入龕中頃之一滅一出後號寂陵及文帝山陵畢手書云萬歲後欲令后配饗公卿乃議追謚曰文皇后祔於太廟廢帝時合葬於永陵

文帝悼皇后郁久閭氏蠕蠕主阿那瓌之長女也容貌端嚴夙有成智大統初蠕蠕屢犯北邊文帝乃與約通好結婚扶風王孚受使奉迎蠕蠕俗以東爲貴

后之來營幕戶席一皆東向車七百乘馬萬匹駞千頭到黑鹽池魏朝鹵簿文物始至孚奏請正南面后曰我見魏主故蠕蠕女也魏仗向南我自東面孚無以辭四年正月至京師立爲皇后時年十四六年后懷孕將產居於瑤華殿聞上有狗吠聲心甚惡之又見婦人盛飾來至后所后謂左右此爲何人醫巫傍侍悉無見者時以爲文后之靈產訖而崩年十六葬於少陵原十七年合葬永陵當會橫橋北后梓宮先至鹿苑帝轀輬後來將就次所軌折不進

廢帝皇后宇文氏周文帝女也后初產之日有雲氣滿室芬氳久之幼有風神好陳列女圖置之左右周文曰每見此女良慰人意廢帝之爲太子納爲妃及即位立爲皇后志操明秀帝深重之專寵後宮不置嬪御帝既廢崩后亦以忠於魏室罹禍

恭帝皇后若干氏司空長樂正公惠之女也有容色恭帝納之爲妃及即位立爲皇后後出家爲尼在佛寺薨竟無謚

孝靜皇后高氏齊神武之第二女也天平四年詔娉以爲皇后神武前後固辭

帝不許興和初詔司徒孫騰司空襄城王昶等奉詔致禮以后駕迎於晉陽之丞相第五月立爲皇后大赦齊受禪降爲中山王妃後降于尚書左僕射楊遵彥

北史卷十三

北史卷十三考證

后妃傳敘以典內司視尚書令僕○以典內司魏書作以典內事內司

作司大監女侍中三官視二品○官監本訛宮今改從南本

桓皇后惟氏傳○惟魏書作祁

平文皇后王氏傳將害帝子○帝魏書作皇

昭成皇后慕容氏傳后性聰敏多智專夕理內○專夕理內魏書作專理內事

獻明皇后賀氏傳中路失道○道魏書作轄

道武皇后慕容氏傳帝從儀令后鑄金人成乃立之○儀魏書作羣臣議

明元昭哀皇后姚氏傳明元以后納之○后字下魏書有禮字

文成元皇后李氏傳持守庫者亦私書於壁記之○持魏書作時應改從之

孝文幽皇后傳及至寵愛過本初○魏書無本字

帝怒敕后母常入○敕監本訛刺今改從魏書

宣武皇后高氏傳文昭皇后弟偃之女也○偃監本訛優今改從魏書

宣武靈皇后胡氏傳賢女有大貴之表方爲天地母生勿過三人知也○生字
下魏書有天地主三字今脫去
后姑爲尼頗能講宣武初入講禁中○頗能講下魏書有道字今脫去
孝靜皇后高氏傳與和初詔司徒孫騰司空襄城王昶等奉詔致禮○昶一本
作旭
北史卷十三考證

北史卷十四

唐　李延壽　撰

列傳第二

后妃下

明敬皇后獨孤氏　武成皇后阿史那氏

武皇后李氏　宣皇后楊氏

宣皇后朱氏　宣皇后陳氏

宣皇后元氏　宣皇后尉遲氏

靜皇后司馬氏　隋文獻皇后獨孤氏

宣華夫人陳氏　容華夫人蔡氏

煬愍皇后蕭氏

齊武明皇后婁氏諱昭君贈司徒內千之女也少明悟強族多聘之並不肯行及見神武城上執役驚曰此真吾夫也乃使婢通意又數致私財使以娉己父母不得已而許焉神武既有澄清之志傾產以結英豪密謀祕策后恆參預及拜勃海王妃閫闈之事悉決焉后高明嚴斷雅遵儉約往來外舍侍從不過十人性寬厚不妬忌神武姬侍咸加恩待神武嘗將西討出師后夜孿生一男一女左右以危急請追告神武后弗聽曰王出統大兵何得以我故輕離軍幕死

生命也來復何爲神武聞之嗟嘆良久沙苑敗後侯景屢言請精騎二萬必能取之神武悅以告于后后曰若如其言豈有還理得獺失景亦有何利乃止神武逼於蠕蠕欲娶其女而未決后曰國家大計願不疑也及茹茹公主至后避正室處之神武愧而拜謝焉曰彼將有覺願絕勿顧慈愛諸子不異己出躬自紡績人賜一袍一袴手縫戎服以帥左右弟昭以功名自達其餘親屬未嘗爲請爵位每言有材當用義不以私亂公文襄嗣位進爲太妃文宣將受魏禪后固執不許帝所以中止天保初尊爲皇太后宮曰宣訓濟南卽位尊爲太皇太后尚書令楊愔等受遺詔輔政疎忌諸王太皇太后密與孝昭及諸大將定策誅之下令廢立孝昭卽位復爲皇太后孝昭崩太后又下詔立武成帝大寧二年春太后寢疾衣忽自舉用巫媼言改姓石氏四月辛丑崩於北宮時年六十二五月甲申合葬義平陵太后凡孕六男二女皆感夢孕文襄則夢一斷龍孕文宣則夢大龍首尾屬天地張口動目勢狀驚人孕孝昭則夢蠕龍於地孕武成則夢龍浴於海孕魏二后並夢月入懷孕襄城博陵二王夢鼠入衣下后未

崩有童謠曰九龍母死不作孝及后崩武成不改服緋袍如故未幾登三臺置酒作樂宮女進白袍帝怒投諸臺下和士開請止樂帝大怒撾之帝於昆季次實九蓋其徵驗也

蠕蠕公主者蠕蠕主郁久閭阿那瓌女也蠕蠕強盛與西魏通和欲連兵東伐神武病之令杜弼使蠕蠕爲世子求婚阿那瓌曰高王自娶則可神武猶豫尉景與武明皇后及文襄並勸請乃從之武定三年使慕容儼往娉之號曰蠕蠕公主八月神武迎於下館阿那瓌使其弟禿突佳來送女且報聘仍戒曰待見外孫然後返國公主性嚴毅一生不肯華言神武嘗有病不得往公主所禿突佳怨恚神武自射堂輿疾就公主其見將護如此神武崩文襄從蠕蠕國法蒸公主產一女焉

彭城太妃尒朱氏榮之女魏孝莊后也神武納爲別室敬重踰於婁妃見必束帶自稱下官神武迎蠕蠕公主還尒朱氏迎於木井北與蠕蠕公主前後別行不相見公主引角弓仰射翔鴟應弦而落妃引長弓斜射飛烏亦一發而中神

武喜曰我此二婦並堪擊賊後爲尼神武爲起佛寺天保初爲太妃及文宣狂酒將無禮於太妃太妃不從遂遇禍小尒朱者兆之女也初爲建明皇后神武納之生任城王未幾與趙郡公琛私通徙於靈州後適范陽盧景璋

上黨太妃韓氏軌之妹也神武微時欲娉之軌母不許及神武貴韓氏夫已死乃納之

馮翊太妃鄭氏名大車嚴祖妹也初爲魏廣平王妃遷鄴後神武納之寵冠後庭生馮翊王潤神武之征劉蠡升文襄蒸於大車神武還一婢告之二婢爲證神武杖文襄一百而幽之武明后亦見隔絕時彭城尒朱太妃有寵生王子浟神武將有廢立意文襄求救於司馬子如子如來朝僞爲不知者請武明后神武告其故子如曰消難亦姦子如妾如此事正可覆蓋妃是王結髮婦常以父母家財奉王王在懷朔被杖背無完皮妃晝夜供給看瘡後避葛賊同走并州貧困然馬屎自作靴恩義何可忘夫婦相宜女配至尊男承大業又婁領軍勳何宜搖動一女子如草芥況婢言不必信神武因使子如鞫之子如見文襄尤

之曰男兒何意畏威自誣因告二婢反辭脅告者自縊乃啓神武曰果虛言神武大悅召后及文襄武明后遙見神武一步一叩頭文襄且拜且進父子夫妻相泣乃如初神武乃置酒曰全我父子者司馬子如賜之黃金百三十斤文襄贈良馬五十疋高陽太妃游氏父京之爲相州長史神武剋鄴欲納之京之不許遂牽曳取之京之尋死游氏於諸太妃中最有德訓諸王公主婚嫁常令主之馮娘者子昂妹也初爲魏任城王妃適尒朱世隆神武納之生浮陽公主李娘者廷寔從妹也初爲魏城陽王妃又王娘生永安王浚穆娘生陽平王淹並早卒不爲太妃

文襄敬皇后元氏魏孝靜帝之妹也孝武帝時封馮翊公主而歸於文襄容德兼美曲盡和敬初生河間王孝琬時文襄爲世子三日而孝靜幸世子第贈錦綵及布帛萬匹世子辭求通受諸貴禮遺於是十屋皆滿次生兩公主文宣受禪尊爲文襄皇后居靜德宮及天保六年文宣漸致昏狂乃移居於高陽之宅而取其府庫曰吾兄昔姦我婦我今須報乃淫於后其高氏女婦無親疏皆使

左右亂交之於前以葛爲絙令魏安德主騎上使人推引之又命胡人苦辱之帝又自呈露以示羣下武平中后崩祔葬義平陵琅邪公主名玉儀魏高陽王斌庶生妹也初不見齒爲孫騰妓騰又放棄文襄遇諸途悅而納之遂被殊寵奏魏帝封焉文襄謂崔季舒曰爾由來爲我求色不如我自得一絶異者崔暹必當造直諫我亦有以待之及暹諮事文襄不復假以顏色居三日暹懷刺墜之於前文襄問何用此爲暹悚然曰未得通公主文襄大悅把暹臂入見焉季舒語人曰崔暹常忿吾佞在大將軍前每言叔父合殺及其自作體佞乃體過於吾玉儀同產姊靜儀先適黃門郎崔括文襄亦幸之皆封公主括父子由是超授賞賜甚厚焉

文宣皇后李氏諱祖娥趙郡李希宗女也容德甚美初爲太原公夫人及帝將建中宮高隆之高德正言漢婦人不可爲天下母宜更擇美配楊愔固請依漢魏故事不改元妃而德正猶固請廢后而立段昭儀欲以結勳貴之援帝竟不從而立后焉帝好捶撻嬪御乃至有殺戮者唯后獨蒙禮敬天保十年改爲可

賀敦皇后孝昭卽位降居昭信宮號昭信皇后武成踐阼逼后淫亂云若不許
我當殺爾兒后懼從之後有娠太原王紹德至閤不得見慍曰兒豈不知耶姊
姊腹大故不見兒后聞之大慚由是生女不舉帝橫刀詬曰爾殺我女我何不
殺爾兒對后前築殺紹德后大哭帝愈怒裸后亂撾撻之號天不已盛以絹囊
流血淋漉投諸渠水良久乃蘇犢車載送妙勝尼寺后性愛佛法因此爲尼齊
亡入關隋時得還趙郡段昭儀韶妹也婚夕韶妻元氏爲俗弄女壻法戲文宣
文宣銜之後因發怒謂韶曰我會殺爾婦元氏懼匿婁太后家終文宣世不敢
出昭儀才色兼美禮遇殆同正嫡後主時改適錄尚書唐邕王嬪者琅邪人也
嬪姊先適崔修文宣並幸之數數降其夫家超用修爲尚書郎薛嬪者本倡家
女也年十四五時爲淸河王岳所好其父求內宮中大被嬖寵其姊亦俱進御
文宣後知先與岳通又爲其父乞司徒公帝大怒先鋸殺其姊薛嬪當時有娠
過產亦從戮
孝昭皇后元氏開府元蠻女也初爲常山王妃天保末賜姓步六孤孝昭卽位

立爲皇后帝崩從梓宮之鄴始度汾橋武成聞后有奇藥追索之不得使閹人就車頓辱降居順成宮武成既殺樂陵王元被閟隔不得與家相知宮闈內忽有飛語帝令檢推得后父兄書信元蠻由是坐免官后以齊亡入周氏宮中隋文帝作相放還山東

武成皇后胡氏安定胡延之女其母范陽盧道約女初懷孕有胡僧詣門曰此宅瓠蘆中有月既而生后天保初選爲長廣王妃產後主日有鴞鳴於產帳上武成崩尊爲皇太后陸媪及和士開密謀殺趙郡王叡出婁定遠高文遙爲刺史和陸諂事太后無所不至初武成時后與諸閹人褻狎武成寵幸和士開每與后握槊因此與后姦通自武成崩後數出詣佛寺又與沙門曇獻通布金錢於獻席下又挂寶裝胡牀於獻屋壁武成平生之所御也乃置百僧於內殿託以聽講日夜與曇獻寢處以獻爲昭玄統僧徒遙指太后以弄曇獻乃至謂之爲太上者帝聞太后不謹而未之信後朝太后見二少尼悅而召之乃男子也於是曇獻事亦發皆伏法幷殺元山王三郡君皆太后之所昵也帝自晉陽奉

太后還鄴至紫陌卒遇大風舍人魏僧伽明風角奏言即時當有暴逆事帝

詐云鄴中有急彎弓纏矟馳入南城令鄧長顒幽太后北宮仍有勑內外諸親

一不得與太后相見久之帝迎復太后太后初聞使者至大驚慮有不測每太

后設食帝亦不敢嘗周使元偉來聘作述行賦敘鄭莊公剋段而遷姜氏文雖

不工當時深以爲愧齊亡入周恣行姦穢開皇中殂

弘德夫人李氏趙郡李叔讓女也初爲魏靜帝嬪武成納焉生南陽王仁盛爲

太妃姊爲南安王思妃坐夫反以燒死太妃聞之發狂而薨文宣王嬪及中人

盧勤又妹武成並以爲嬪武成崩後胡后令二嬪自殺二嬪悲哭後主爲之惻

愴私遺衣物令出外避焉盧養淮南王後爲太妃又有馬嬪亦得幸爲后所妬

自縊死彭樂任祥並有女因坐父兄事皆入宮爲文宣所幸武成以彭爲夫人

養齊安王任生丹陽王並爲太妃

後主皇后斛律氏左丞相光之女也初爲皇太子妃後主受禪立爲皇后武平

三年正月生女帝欲悅光詐稱生男爲之大赦光誅后廢在別宮後令爲尼齊

滅嫁爲開府元仁妻

後主皇后胡氏隴東王長仁女也胡太后失母儀之道深以爲愧欲求悅後主故飾后於宮中令帝見之帝果悅立爲弘德夫人進左昭儀大被寵愛斛律后廢陸媼欲以穆夫人代之太后不許祖孝徵請立胡昭儀遂登爲皇后陸媼既非勸立又意在穆夫人其後於太后前作色而言曰何物親姪女作如此語言太后問有何言曰不可道固問之乃曰語大家云太后行多非法不可以訓太后大怒喚后出立剃其髮送令還家帝思之每致詩以通意後與斛律廢后俱召入內數日而鄴不守后亦改嫁云

後主皇后穆氏名邪利本斛律后從婢也母名輕霄本穆子倫婢也轉入侍中宋欽道家姦私而生后莫知氏族或云后即欽道女子也小字黃花後字舍利欽道婦妬輕霄面黥爲宋字欽道伏誅黃花因此入宮有幸於後主宮內稱爲舍利太監女侍中陸大姬知其寵養以爲女薦爲弘德夫人武平元年六月生皇子恒於時後主未有儲嗣陸陰結待以監撫之任不可無主時皇后斛律氏

丞相光之女也慮其懷恨先令母養之立爲皇太子陸以國姓之重穆陸相對又奏賜姓穆氏胡庶人之廢也陸有助焉故遂立爲皇后大赦初有折衝將軍元正烈於鄴城東水中得璽以獻文曰天皇后璽蓋石氏所作詔書頒告以爲穆后之瑞焉武成爲胡后造真珠裙袴所費不可稱計被火燒後主既立穆皇后復爲營之屬周武遭太后喪詔侍中薛孤康買等爲弔使又遣商胡齎錦綵三萬疋與弔使同往欲市真珠爲皇后造七寶車周人不與交易然而竟造焉先是童謠曰黃花勢欲落清觴滿盃酌言黃花不久也後主自立穆后以後昏飲無度故云清觴滿杯酌陸息駱提婆詔改姓爲穆陸大姬皆以皇后故也后既以陸爲母提婆爲家更不採輕霄輕霄後自療面欲求見爲大姬陸媪使禁掌之竟不得見

馮淑妃名小憐大穆后從婢也穆后愛衰以五月五日進之號曰續命慧黠能彈琵琶工歌舞後主惑之坐則同席出則並馬願得生死一處命淑妃處隆基堂淑妃惡曹昭儀所常居也悉令反換其地周師之取平陽帝獵於三堆晉州

亟告急帝將還淑妃請更殺一圍帝從其言識者以爲後主名緯殺圍言非吉徵及帝至晉州城已欲沒矣作地道攻之城陷十餘步將士乘勢欲入帝勑且止召淑妃共觀之淑妃粧點不獲時至周人以木拒塞城遂不下舊俗相傳晉州城西石上有聖人跡淑妃欲往觀之帝恐弩矢及橋故抽攻城木造遠橋監作舍人以不速成受罰帝與淑妃度橋橋壞至夜乃還稱妃有功勳將立爲左皇后卽令使馳取褘翟等皇后服御仍與之並騎觀戰東偏少却淑妃怖曰軍敗矣帝遂以淑妃奔還至洪洞戍淑妃方以粉鏡自玩後聲亂唱賊至於是復走內參自晉陽以皇后衣至帝爲按轡命淑妃著之然後去帝奔鄴太后後至帝不出迎淑妃將至鑿城北門出十里迎之復以淑妃奔青州後主至長安請周武帝乞淑妃帝曰朕視天下如脫屣一老嫗豈與公惜也仍以賜之及帝遇害以淑妃賜代王達甚嬖之淑妃彈琵琶因絃斷作詩曰雖蒙今日寵猶憶昔時憐欲知心斷絕應看膠上弦達妃爲淑妃所譖幾致於死隋文帝將賜達妃兄李詢令著布裙配舂詢母逼令自殺後主以李祖欽女爲左昭儀進爲左娥

英裴氏爲右娥英娥英者兼取舜妃娥皇女英名陽休之所制樂人曹僧奴進二女大者忤旨剝面皮少者彈琵琶爲昭儀以僧奴爲日南王僧奴死後又貴其兄弟妙達等二人同日皆爲郡王爲昭儀別起隆基堂極爲綺麗陸媼誣以左道遂殺之又有董昭儀毛夫人彭夫人王夫人小王夫人二李夫人皆嬖寵之毛能彈箏本和士開薦入帝所幸彭夫人亦音妓進死於晉陽造佛寺與總持相埒一李是隸戶女以五弦進一李卽孝貞之女也小王生一男諸閹人在傍皆蒙賜給毛兄思安超登武衞董父賢義爲作軍主田昭儀闕 亦超登開府其餘姻屬多至大官

周文皇后元氏魏孝武之妹也初封平原公主適開府張歡歡性貪殘遇后無禮帝殺歡改封后爲馮翊公主以配周文帝生孝閔帝魏大統十七年薨恭帝三年十二月合葬成陵孝閔踐阼追尊爲王后武成初又追尊爲皇后

文宣皇后叱奴氏代人也周文帝爲丞相納爲姬生武帝天和三年六月尊爲皇太后建德三年三月崩五月葬永固陵

孝閔皇后元氏名胡摩魏文帝第五女也初封晉安公主帝之爲略陽公也尚焉及踐阼立爲王后帝被廢后出俗爲尼建德初武帝誅晉公護上帝尊號以后爲孝閔皇后居崇義宮隋革命后出居里第大業十二年殂

明敬皇后獨孤氏太保衞公信之長女也帝之在藩納爲夫人二年正月立爲王后四月崩葬昭陵武成初追崇爲皇后明帝崩與后合葬焉

武成皇后阿史那氏突厥木杆可汗俟斤之女也突厥滅蠕蠕後盡有塞表之地志陵中夏周文方與齊人爭衡結以爲援俟斤初欲以女配帝既而悔之武帝卽位前後累遣使焉保定五年二月詔陳公純許公宇文貴神武公竇毅南安公楊符等備皇后文物及行殿幷六宮以下一百二十人至俟斤牙所迎后俟斤又許齊婚將有異志純等累請不得反命會雷風大起飄壞其穹廬俟斤大懼以爲天譴乃禮送后純等奉之以歸天和三年三月至武帝接以親迎之禮后有姿貌善容止帝深敬禮焉宣帝卽位尊后爲皇太后大象元年二月改爲天元皇太后二年二月又尊曰天元上皇太后宣帝崩靜帝尊爲大帝太后

隋開皇二年殂年三十二隋文詔有司備禮祔葬后於孝陵

武皇后李氏名娥姿楚人也于謹平江陵后家被籍沒至長安周文以后賜武帝後得親幸生宣帝宣政元年七月尊爲帝太后大象元年二月改爲天元帝太后七月又尊爲天皇太后二年二月尊爲天元聖皇太后宣帝崩靜帝尊爲大帝太后隋開皇元年三月出俗爲尼改名常悲八年殂以尼禮葬于京城南

宣皇后楊氏名麗華隋文帝之長女也帝在東宮武帝爲帝納后爲皇太子妃宣政元年閏六月立爲皇后帝後自稱天元皇帝號后爲天元皇后尋又立天皇后及左右皇后與爲四皇后二年二月詔取象四星於是后及三皇后並加大焉冊授后爲天元大皇后又立天中大皇后與后爲五皇后焉后性柔婉不妬忌四皇后及嬪御等咸愛而仰之帝後昏暴滋甚喜怒乖度嘗譴后欲加之罪后進止詳閑辭色不撓帝大怒遂賜后死逼令自引決后母獨孤氏聞之詣閤陳謝叩頭流血然後得免帝崩靜帝尊后爲皇太后居弘聖宮初宣帝不豫詔隋文帝入禁中侍疾及大漸劉昉鄭譯等因矯詔以隋文帝受遺輔政后初

雖不豫謀然以嗣主幼沖恐權在他族不利於己聞昉譯已行此詔心甚悅後
知隋文有異圖意頗不平及行禪代憤惋愈甚隋文內甚愧之開皇初封后爲
樂平公主後又議奪其志后誓不許乃止大業五年從煬帝幸張掖殂於河西
詔還京所司備禮祔葬后於定陵
宣帝后朱氏名滿月吳人也其家坐事沒入東宮宣帝之爲太子后被選掌衣
服帝召幸之遂生靜帝大象元年四月立爲天元帝后七月改爲天皇后二年
二月又改爲天大皇后后本非良家子又年長於帝十餘歲疎賤無寵以靜帝
故特尊崇之班亞楊皇后焉宣帝崩靜帝尊后爲帝太后隋開皇元年二月出
俗爲尼改名法淨六年殂以尼禮葬于京城西
宣帝后陳氏名月儀自云頴川人大將軍山提之第八女也大象元年六月以
選入宮拜爲德妃月餘日立爲天左皇后二年二月改爲天左大皇后二月又
詔以坤儀比德土數惟五四大皇后外增置天中大皇后一人於是以后爲天
中大皇后帝崩后出俗爲尼改名華光后永徽初終父山提本尒朱兆之隸仕

齊位特進開府東兗州刺史謝陽王武帝平齊拜大將軍封淅陽公大象元年以后父超授上柱國進鄅國公除大宗伯
宣帝皇后元氏名樂尚河南洛陽人開府晟之第二女也年十五被選入宮拜貴妃大象元年七月立爲天右皇后二年二月改爲天右大皇后帝崩后出家爲尼改名華勝初后與陳皇后同時被選入宮俱拜爲妃及升后又同日受冊帝寵遇二后禮數均等年齒復同特相親愛及爲尼後李朱及尉遲后並相繼殞歿而二后貞觀中尚存后父晟少以元氏宗室拜開府大象元年七月以后父進位上柱國封翼國公
宣帝皇后尉遲氏名繁熾蜀公迥之孫女也有美色初適杞公亮子西陽公溫以宗婦例入朝帝逼幸之及亮謀逆帝誅溫追后入宮拜長貴妃大象二年三月立爲天右大皇后帝崩后出俗爲尼改名華道隋開皇十五年殂
靜帝司馬皇后名令姬柱國滎陽公消難之女也大象元年二月宣帝傳位於帝七月爲帝納后爲皇后二年九月隋文帝以后父奔陳廢后爲庶人後嫁爲

隋司州刺史李丹妻貞觀初猶存

隋文獻皇后獨孤氏諱伽羅河南洛陽人周大司馬衞公信之女也信見文帝有奇表故以后妻焉時年十四帝與后相得誓無異生之子后姊爲周明帝后長女爲周宣帝后貴戚之盛莫與爲比而后每謙卑自守及周宣帝崩隋文居禁中總百揆后使李圓通謂文帝曰騎獸之勢必不得下勉之及帝受禪立爲皇后突厥嘗與中國交市有明珠一篋價直八百萬幽州總管陰壽白后市之后曰當今戎狄屢寇將士罷勞未若以八百萬分賞有功者百寮聞而畢賀文帝甚寵憚之帝每臨朝后輒與上方輦而進至閤乃止使宮官伺帝政有所失隨則匡諫多所弘益候帝退朝而同反宴寢相顧欣然后早失二親常懷感慕見公卿有父母者每爲致禮焉有司奏曰周禮百官之妻命於王后憲章在昔請依古制后曰以婦人與政或從此漸不可開其源也不許后每謂諸公主曰周家公主類無婦德失禮於舅姑離薄人骨肉此不順事爾等當誡之后姑子都督崔長仁犯法當斬文帝以后故免之后曰國家之事焉可顧私長仁竟坐

死異母弟陁以猫鬼巫蠱呪詛於后坐當死后三日不食爲之請命曰陁若蠹政害民者不敢言今坐爲妾身請其命陁於是減死一等后雅性儉約帝嘗合止利藥須胡粉一兩宮內不用求之竟不得又欲賜柱國劉嵩妻織成衣領宮內亦無上以后不好華麗時齊七寶車及鏡臺絕巧麗使毀車而以鏡臺賜后后雅好讀書識達今古凡言事皆與上意合宮中稱爲二聖嘗夢周阿史那后言受罪辛苦求營功德明日言之上爲立寺追福焉后兄女夫死於并州后嫂以女有娠請不赴葬后曰婦人事夫何容不往其姑在宜自諮之姑不許女遂行后頗仁愛每聞大理決囚未嘗不流涕然性尤妬忌後宮莫敢進御尉遲迥女孫有美色先在宮中帝於仁壽宮見而悅之因得幸后伺帝聽朝陰殺之上大怒單騎從苑中出不由徑路入山谷間三十餘里高熲楊素等追及扣馬諫帝太息曰吾貴爲天子不得自由高熲曰陛下豈以一婦人而輕天下帝意少解駐馬良久夜方還宮后候上於閤內及帝至流涕拜謝熲素等和解之上置酒極歡后自此意頗折初后以高熲是父之家客甚見親禮至是聞熲謂己爲

一婦人因以銜恨又以熲夫人死其妾生男益不善之漸加譖毀帝亦每事唯后言是用后見諸王及朝士有妾孕者必勸帝斥之時皇太子多內寵妃元氏暴薨后意太子愛妾雲氏害之由是諷帝黜高熲竟廢太子立晉王廣皆后之謀也仁壽二年八月甲子日暈四重己巳太白犯軒轅其夜后崩於永安宮時年五十九葬於太陵其後宣華夫人陳氏容華夫人蔡氏俱有寵帝頗惑之由是發疾及危篤謂侍者曰使皇后在吾不及此云

宣華夫人陳氏陳宣帝女也性聰慧姿貌無雙及陳滅配掖庭後選入宮爲嬪時獨孤皇后性妬後宮罕得進御唯陳氏有寵煬帝之在藩也陰有奪宗之計規爲內助每致禮焉進金駞金蛇等物以取媚於陳氏皇太子廢立之際頗有力焉及文獻皇后崩進位爲貴人專房擅寵主斷內事六宮莫與爲比及帝大漸遺詔拜爲宣華夫人初帝寢疾於仁壽宮夫人與皇太子同侍疾平旦更衣爲太子所逼夫人拒之得免歸於上所上怪其神色有異問之夫人泣以實對帝恚曰畜生何堪付大事獨孤誠誤我意謂獻皇后也因呼兵部尚書柳述皇

門侍郎元巖曰呼我兒述等呼太子帝曰勇也述巖出閤爲勑書訖示左僕射楊素素以白太子太子遣張衡入寢遂令夫人及後宮同侍疾者並就別室俄聞上崩而未發喪也夫人與諸後宮相顧曰事變矣皆色動股慄晡後太子遣使者齎金合帖紙於際親署封字以賜夫人夫人見惶懼以爲鴆毒不敢發使者促之乃發見合中有同心結數枚諸宮人相謂曰得免死矣陳氏恚而却坐不肯致謝諸宮人共逼之乃拜使者其夜太子烝焉煬帝卽位出居仙都宮尋召入歲餘而終時年二十九帝深悼之爲製神傷賦

容華夫人蔡氏丹楊人也陳滅以選入宮爲世婦容儀婉嫕帝甚悅之以文獻后故希得進幸后崩後漸見寵遇拜爲貴人參斷宮掖亞於陳氏帝寢疾加號容華夫人帝崩後亦爲煬帝所烝

煬帝愍皇后蕭氏梁明帝巋之女也江南風俗二月生子者不舉后以二月生由是季父岌收養之未幾岌夫妻俱死轉養舅張軻家軻甚貧窶后躬親勞苦煬帝爲晉王文帝爲選妃於梁卜諸女皆不吉巋乃迎后於舅氏令使者占之

曰吉遂冊爲妃后性婉順有智識好學解屬文頗知占候文帝大善之煬帝甚寵敬焉及帝嗣位立爲皇后帝每游幸未嘗不隨從時后見帝失德心知不可不敢措言因爲述志賦以自寄焉其詞曰承積善之餘慶備箕箒於皇庭恐脩名之不空將負累於先靈迺夙夜而匪懈實黽懼於玄冥雖自強而不息亮愚蒙之多滯思竭節於天衢才追心而弗逮實庸薄之多幸荷隆寵之嘉惠賴天高而地厚屬王道之升平均二儀之覆載與日月而齊明迺春生而夏長等品物而同榮願立志於恭儉私自兢於誡盈孰有念於知足苟無希於濫名惟至德之弘深情弗邇於聲色感懷舊之餘恩求故劍於宸極叨不世之殊眄謬非才而奉職何寵祿之踰分撫胸襟而未識雖沐浴於恩光內慚惶而累息顧微躬之寡昧思令淑之良難實不遑於啓處將有情而自安若臨深而履薄心戰慄其如寒夫居高而必危每處滿而防溢知恣夸之非道乃攝生於沖謐嗟寵辱之易驚尚無爲而抱一履謙光而守志且願安乎容膝珠簾玉箔之奇金屋瑤臺之美雖時俗之崇麗蓋哲人之所鄙愧絺綌之不工豈絲竹而喧耳知道

德之可尊明善惡之由己蕩嚚煩之俗慮乃服膺於經史綜箴誡以訓心觀女圖而作軌遵古賢之令範冀福祿之能綏時循躬而三省覺今是而昨非嗤黃老之損思信爲善之可歸慕周姒之遺風美虞妃之聖則仰先哲之高才慕至人之休德質菲薄而難蹤心恬愉而去惑乃平生之耿介實禮義之所遵雖生知之不敏庶積行以成仁懼達人之蓋寡謂何求而自陳誠素志之難寫同絶筆於獲麟及帝幸江都臣下離貳有宮人白后曰外聞人人欲反后曰任汝奏之宮人言於帝帝大怒曰非汝宜言乃斬之後宮人復白后曰宿衞者往往偶語謀反后曰天下事一朝至此勢去已然無可救也何用言徒令帝憂煩耳自是無復言者及宇文化及之亂隨軍至聊城化及敗沒於竇建德建德妻曹氏妬悍煬帝妃嬪美人並使出家弃后置於武強縣是時突厥處羅可汗方盛其可賀敦卽隋義城公主也遣使迎后建德不敢留遂攜其孫正道及諸女入於虜庭大唐貞觀四年破突厥皆以禮致之歸于京師賜宅於興道里二十一年殂詔以皇后禮於揚州合葬於煬帝陵諡曰愍

論曰男女正位人倫大綱三代已還逮於漢晉何嘗不敗於嬌詖而興於聖淑至如后稷稟靈巨迹神元生自天女克昌來葉異世同符魏諸后婦人之識無足論者文明邪險幸不墜國靈后淫恣卒亡天下傾城之誡其在茲乎乙后追於畏逼有足傷矣昔鉤弋年少子幼漢武所以行權魏世遂爲常制子貴而其母必死矯枉之義不亦過乎孝文終革其失良有以也神武肇興齊業武明追蹤周亂温公之敗邦家馮妃比跡褒后然則汙隆之義蓋有係焉其餘作孽爲責外乎內蠱鑒之近代於齊爲甚周氏粵自文皇逮乎宣帝年踰二紀世歷四君業非草昧之辰事殊權宜之日乃棄同即異以夷亂華汩婚姻之彝序求豺狼之外利既而報者倦矣施者無厭向之所謂和親未幾已成讎敵奇正之道有異於斯于時武皇雖受制於人未親庶政而謀士韞奇直臣鉗口過矣哉而歷觀前載以外戚而居宰輔者多矣而傾漢室者王族喪周家者楊氏何滅亡之禍若合契焉隋文取鑒於已遠大革前失故母后之家不罹禍敗獨孤權無呂霍獲全仁壽之前蕭氏勢異梁竇不傾大業之後至或不隕舊基或更隆克

構豈非處之以道其所致然乎

北史卷十四

北史卷十四考證

齊武明皇后婁氏傳○齊一本作神

文襄敬皇后元氏傳玉儀同產姊靜儀○玉監本訛王今改從南本

武成皇后胡氏傳彎弓纏䏶馳入○䏶一本作䏶

後主皇后胡氏傳送令還家○送監本訛道今改從南本

後主皇后穆氏傳屬周武遭太后喪○遭監本訛曹今改從齊書

周文皇后元氏傳魏大統十七年○周書無十字

明敬皇后獨孤氏傳武成初追崇為皇后○成監本訛功今改從周書

武成皇后阿史那氏傳至俟斤牙所迎后○牙字下一本有帳字

靜帝尊為大帝太后○大帝一本作太皇

宣帝后陳氏傳月餘日立為天左皇后○周書無日字

宣帝皇后元氏傳名樂尚○樂南本作藥

宣帝皇后尉遲氏傳名繁熾○周書名熾繁

隋文獻皇后獨孤氏傳時年五十九○隋書無九字

煬帝愍皇后蕭氏傳後宮人復白后曰○白監本訛曰今改從隋書

北史卷十四考證

西元二〇二〇年十一月一日重製一版

北史（附考證）冊一（唐李延壽撰）

平裝六冊基本定價肆仟伍佰元正
（郵運匯費另加）

發行人　張敏君
發行處　中華書局
臺北市內湖區舊宗路二段一八一巷八號五樓（5FL., No. 8, Lane 181, JIOU-TZUNG Rd., Sec 2, NEI HU, TAIPEI, 11494, TAIWAN)
客服電話：886-2-8797-8396
公司傳真：886-2-8797-8909
匯款帳戶：華南商業銀行西湖分行 179100026931
印　　刷：維中科技有限公司 海瑞印刷品有限公司

No. N1052-1

國家圖書館出版品預行編目(CIP)資料

北史/(唐)李延壽撰. -- 重製一版. -- 臺北市 :
中華書局, 2020.11
冊 ; 公分
ISBN 978-986-5512-32-3(全套 : 平裝)

1.北史

623.601   109016727